21世纪教师教育系列教材·初等教育系列

小学融合教育概论

雷江华　袁　维　主编

北京大学出版社
PEKING UNIVERSITY PRESS

图书在版编目 (CIP) 数据

小学融合教育概论 / 雷江华，袁维主编 . —北京：北京大学出版社，2024.1
21 世纪教师教育系列教材 . 初等教育系列
ISBN 978-7-301-34608-2

Ⅰ . ①小… Ⅱ . ①雷… ②袁… Ⅲ . ①小学教育 – 特殊教育 – 教材 Ⅳ . ① G764

中国国家版本馆 CIP 数据核字 (2023) 第 212055 号

书　　　名	小学融合教育概论 XIAOXUE RONGHE JIAOYU GAILUN
著作责任者	雷江华　袁　维　主编
责 任 编 辑	李淑方
标 准 书 号	ISBN 978-7-301-34608-2
出 版 发 行	北京大学出版社
地　　　址	北京市海淀区成府路 205 号　100871
网　　　址	http://www.pup.cn　　　新浪官方微博：@北京大学出版社
微信公众号	通识书苑（微信号：sartspku）　科学元典（微信号：kexueyuandian）
电 子 邮 箱	编辑部 jyzx@pup.cn　　总编室 zpup@pup.cn
电　　　话	邮购部 010-62752015　发行部 010-62750672　编辑部 010-62767857
印 刷 者	河北滦县鑫华书刊印刷厂
经 销 者	新华书店
	787 毫米 ×1092 毫米　16 开本　15.25 印张　340 千字 2024 年 1 月第 1 版　2024 年 1 月第 1 次印刷
定　　　价	59.00 元

未经许可，不得以任何方式复制或抄袭本书之部分或全部内容。
版权所有，侵权必究
举报电话：010-62752024　电子邮箱：fd@pup.cn
图书如有印装质量问题，请与出版部联系，电话：010-62756370

前　言

融合教育作为世界潮流,不但在幼儿园中需要推进,而且需要在小学、中学、大学各个阶段逐步推进,实现全程融合。近年来,我国在各项政策文件中强调了在各个学段推进融合教育的举措,但在师资培养上,将融合教育作为教师教育专业的必修课程只在幼儿教育教师培养上有所体现。随着在幼儿园接受融合教育的特殊儿童毕业升入小学,小学实行融合教育势在必行,提升小学教师的融合教育素养迫在眉睫。有鉴于此,我们组织编写了《小学融合教育概论》教材,完善小学融合教育教师培养的课程与教材体系。

本教材在编写过程中重视小学融合教育的理论指导、策略引领、实践效果三个方面,并将这一思路贯穿到教材的每一章节,试图用策略将理论与实践进行有机的衔接。在理论指导方面,明确提出了"生态融合"的理念;在策略引领方面,希望通过策略引领指导教师在对特殊儿童进行教育教学的过程中实现"深度融合";在实践效果方面,希望通过优化实践环节,达到"高效融合"。教材在第一章概述小学融合教育的基本理论、理念、原则、策略等的基础上,分章阐述不同类型特殊需要学生的小学融合教育,每章在理论概述的基础上简介相应类型的特殊儿童融合教育的发展历史,随后重点阐述具体的教育教学策略,最后试图通过具体的案例来阐明理论与策略如何应用于具体的实践。

本教材由雷江华设计编写思路与写作提纲,最后统一定稿。各章节编写人员的具体分工如下:第一章由范佳露、雷江华完成,第二章由张春蝶、雷江华完成,第三章由刘晓玲、袁维完成,第四章由马红霞、程三银完成,第五章由张春宇、徐添喜完成,第六章由代美娜、孙玉梅完成,第七章由易雅丽、苏慧完成,第八章由王娇娇、朱楠完成,第九章由邱岚珍、彭兴蓬完成。

本教材是首批新文科研究与改革实践项目"融合教育专业人才培养模式实践研究(教高厅函[2021]10号)"、华中师范大学2023年度中央高校基本科研业务费(人文社科类)特殊儿童语言认知与融合教育青年学术创新团队项目(项目号30106230223)和

2022年度湖北省教育厅哲学社会科学研究项目"基于 Stark 模型的融合教育专业课程体系建构研究(项目编号 22G011)"项目的研究成果之一,从拟订提纲到成文定稿的过程中,得到了华中师范大学本科生院和教育学院的大力支持,在出版的过程中得到了北京大学出版社李淑方老师的友情帮助,在此表示由衷的感谢!教材在编写过程中参考了大量的研究成果,我们尽量按要求做到引用规范,既便于读者进一步学习参考,又表示对文献作者的感谢,但难免挂一漏万,在此对未列入注释和参考文献的作者,表示诚挚的歉意。

最后,由于时间仓促,涉及的撰稿者较多,编写风格在大体保持一致的情况下尽量让编写者体现出个人的写作风格,虽数易其稿,但仍难免有疏漏与欠妥之处,敬请各位同仁不吝赐教为感!

编者

2023 年 3 月

目 录

第一章 小学融合教育概述 …………………………………………………（1）
第一节 小学融合教育基本概念 …………………………………………（2）
一、小学教育 ……………………………………………………………（2）
二、融合教育 ……………………………………………………………（3）
三、小学融合教育 ………………………………………………………（4）
第二节 小学融合教育的发展 ……………………………………………（5）
一、国外小学融合教育的发展 …………………………………………（5）
二、我国小学融合教育的发展 …………………………………………（8）
第三节 小学融合教育的理念 ……………………………………………（10）
一、生态融合 ……………………………………………………………（10）
二、全人融合 ……………………………………………………………（12）
三、全程融合 ……………………………………………………………（13）
四、深度融合 ……………………………………………………………（13）
第四节 小学融合教育的课程与教学调整 ………………………………（14）
一、课程与教学调整的定义 ……………………………………………（14）
二、课程调整模式 ………………………………………………………（14）
三、教学调整策略 ………………………………………………………（16）

第二章 听觉障碍学生的融合教育 …………………………………………（19）
第一节 听障学生的特点 …………………………………………………（20）
一、生理特点 ……………………………………………………………（21）
二、心理特点 ……………………………………………………………（21）
三、学习特点 ……………………………………………………………（24）
第二节 我国听障学生融合教育发展历程及特点 ………………………（24）
一、发展历程 ……………………………………………………………（24）
二、发展特点 ……………………………………………………………（26）
第三节 听障学生融合教育策略 …………………………………………（27）
一、环境创设 ……………………………………………………………（27）
二、教学指导 ……………………………………………………………（30）
三、班级管理 ……………………………………………………………（34）
四、家校合作 ……………………………………………………………（38）

　　　　五、社区支持 …………………………………………………… (39)
　　第四节　听障学生融合教育案例分析 …………………………… (39)
　　　　一、基本情况 …………………………………………………… (39)
　　　　二、现况分析 …………………………………………………… (40)
　　　　三、融合教育过程 ……………………………………………… (41)
　　　　四、总结反思 …………………………………………………… (44)

第三章　视觉障碍学生的融合教育 …………………………………… (47)
　　第一节　视障学生的特点 ………………………………………… (48)
　　　　一、生理特点 …………………………………………………… (49)
　　　　二、心理特点 …………………………………………………… (50)
　　　　三、学习特点 …………………………………………………… (51)
　　第二节　我国视障学生融合教育的发展历程及特点 …………… (53)
　　　　一、发展历程 …………………………………………………… (53)
　　　　二、发展特点 …………………………………………………… (54)
　　第三节　视障学生融合教育策略 ………………………………… (54)
　　　　一、环境创设 …………………………………………………… (55)
　　　　二、教学指导 …………………………………………………… (57)
　　　　三、班级管理 …………………………………………………… (62)
　　　　四、家校合作 …………………………………………………… (62)
　　　　五、社区支持 …………………………………………………… (63)
　　第四节　视障学生融合教育案例分析 …………………………… (63)
　　　　一、基本情况 …………………………………………………… (63)
　　　　二、现况分析 …………………………………………………… (63)
　　　　三、融合教育策略 ……………………………………………… (64)
　　　　四、总结反思 …………………………………………………… (66)

第四章　肢体障碍学生的融合教育 …………………………………… (68)
　　第一节　肢体障碍学生的特点 …………………………………… (69)
　　　　一、生理特点 …………………………………………………… (69)
　　　　二、心理特点 …………………………………………………… (70)
　　　　三、学习特点 …………………………………………………… (71)
　　第二节　我国肢体障碍学生融合教育发展历程及特点 ………… (72)
　　　　一、发展历程 …………………………………………………… (72)
　　　　二、发展特点 …………………………………………………… (74)
　　第三节　肢体障碍学生融合教育策略 …………………………… (74)
　　　　一、环境创设 …………………………………………………… (74)
　　　　二、教学指导 …………………………………………………… (76)
　　　　三、班级管理 …………………………………………………… (81)

四、家校合作 …………………………………………………（82）
　　　五、社区支持 …………………………………………………（85）
　第四节　肢体障碍学生融合教育案例分析 ………………………（85）
　　　一、基本情况 …………………………………………………（85）
　　　二、现况分析 …………………………………………………（86）
　　　三、融合教育过程 ……………………………………………（86）
　　　四、总结反思 …………………………………………………（88）

第五章　超常学生的融合教育 …………………………………………（90）
　第一节　超常学生的特点 …………………………………………（91）
　　　一、生理特点 …………………………………………………（91）
　　　二、心理特点 …………………………………………………（92）
　　　三、学习特点 …………………………………………………（94）
　第二节　超常学生融合教育发展历程及特点 ……………………（96）
　　　一、发展历程 …………………………………………………（96）
　　　二、发展特点 …………………………………………………（97）
　第三节　超常学生融合教育策略 …………………………………（99）
　　　一、环境创设 …………………………………………………（99）
　　　二、教学指导 …………………………………………………（102）
　　　三、班级管理 …………………………………………………（109）
　　　四、家校合作 …………………………………………………（111）
　第四节　超常学生融合教育案例分析 ……………………………（113）
　　　一、基本情况 …………………………………………………（113）
　　　二、现况分析 …………………………………………………（114）
　　　三、融合策略 …………………………………………………（114）
　　　四、总结反思 …………………………………………………（115）

第六章　孤独症学生的融合教育 ………………………………………（118）
　第一节　孤独症学生的特点 ………………………………………（118）
　　　一、生理特点 …………………………………………………（119）
　　　二、心理特点 …………………………………………………（120）
　　　三、学习特点 …………………………………………………（126）
　第二节　孤独症学生融合教育发展历程及特点 …………………（129）
　　　一、发展历程 …………………………………………………（129）
　　　二、发展特点 …………………………………………………（132）
　第三节　孤独症学生融合教育策略 ………………………………（135）
　　　一、环境创设 …………………………………………………（135）
　　　二、教学指导 …………………………………………………（136）
　　　三、班级管理 …………………………………………………（139）

四、家校合作 …………………………………………………… (139)
　　五、社区支持 …………………………………………………… (140)
　第四节　孤独症学生融合教育案例 ………………………………… (140)
　　一、基本情况 …………………………………………………… (141)
　　二、融合教育过程 ……………………………………………… (141)
　　三、总结反思 …………………………………………………… (143)

第七章　智力障碍学生的融合教育 ……………………………………… (145)
　第一节　智障学生的特点 …………………………………………… (146)
　　一、生理特点 …………………………………………………… (146)
　　二、心理特点 …………………………………………………… (146)
　　三、学习特点 …………………………………………………… (148)
　第二节　我国智障学生融合教育的发展历程及特点 ……………… (149)
　　一、发展历程 …………………………………………………… (149)
　　二、发展特点 …………………………………………………… (152)
　第三节　智障学生的融合教育策略 ………………………………… (155)
　　一、环境创设 …………………………………………………… (155)
　　二、教学指导 …………………………………………………… (163)
　　三、班级管理 …………………………………………………… (167)
　　四、家校合作 …………………………………………………… (171)
　第四节　智障学生融合教育案例分析 ……………………………… (178)
　　一、基本情况 …………………………………………………… (178)
　　二、现状分析 …………………………………………………… (178)
　　三、融合教育策略 ……………………………………………… (180)
　　四、总结反思 …………………………………………………… (181)

第八章　学习障碍学生的融合教育 ……………………………………… (184)
　第一节　学习障碍学生的特点 ……………………………………… (185)
　　一、生理特点 …………………………………………………… (185)
　　二、心理特点 …………………………………………………… (185)
　　三、学习特点 …………………………………………………… (187)
　第二节　国际学习障碍学生融合教育发展历程及特点 …………… (188)
　　一、发展历程 …………………………………………………… (188)
　　二、发展特点 …………………………………………………… (190)
　第三节　学习障碍学生融合教育策略 ……………………………… (192)
　　一、环境创设 …………………………………………………… (192)
　　二、教学指导 …………………………………………………… (194)
　　三、班级管理 …………………………………………………… (197)
　　四、家校合作 …………………………………………………… (198)

五、社区支持 ……………………………………………………………… (199)
　第四节　学习障碍学生融合教育案例分析 ………………………………… (200)
　　　一、基本情况 ……………………………………………………………… (200)
　　　二、现况分析 ……………………………………………………………… (200)
　　　三、融合教育过程 ………………………………………………………… (201)
　　　四、总结反思 ……………………………………………………………… (204)

第九章　情绪与行为障碍学生的融合教育 ……………………………………… (206)
　第一节　情绪与行为障碍学生的特点 ……………………………………… (207)
　　　一、生理特点 ……………………………………………………………… (208)
　　　二、心理特点 ……………………………………………………………… (208)
　　　三、学习特点 ……………………………………………………………… (210)
　第二节　情绪与行为障碍学生融合教育发展历程及启示 ………………… (210)
　　　一、隔离教育 ……………………………………………………………… (211)
　　　二、多元安置 ……………………………………………………………… (211)
　　　三、高质量的教育干预 …………………………………………………… (212)
　　　四、启示 …………………………………………………………………… (213)
　第三节　情绪与行为障碍学生的融合教育策略 …………………………… (215)
　　　一、环境创设 ……………………………………………………………… (215)
　　　二、教学指导 ……………………………………………………………… (217)
　　　三、班级管理 ……………………………………………………………… (224)
　　　四、家校合作 ……………………………………………………………… (225)
　第四节　情绪与行为障碍学生的融合教育案例分析 ……………………… (226)
　　　一、基本情况 ……………………………………………………………… (226)
　　　二、现状分析 ……………………………………………………………… (226)
　　　三、融合教育策略 ………………………………………………………… (227)
　　　四、总结反思 ……………………………………………………………… (228)

第一章 小学融合教育概述

学习目标

1. 理解并掌握小学融合教育的内涵与特征。
2. 了解国内外小学融合教育的发展历程。
3. 理解并掌握小学融合教育的理念。
4. 了解小学融合教育的课程调整模式与教学调整策略。

【案例导入】 孤独症学生小腾,由上海精神卫生中心诊断患中重度孤独症,就读于上海市某普通小学三年级,为了小腾能接受融合教育,学校提供了多方面的支持。首先,在融合理念层面,学校营造的整体融合氛围良好,学校领导支持实施融合教育,班级老师、同伴以及普通学生家长愿意接纳小腾。其次,在环境安排上,班级老师根据小腾的情况合理地调整了物理环境,如,让他坐在教室第一排、在他左右两侧安排辅助的小伙伴等。再次,在学习支持和同伴支持方面,班级老师及时根据小腾的学习能力调整不同学科的课程与教学目标,帮助小腾适应普通小学的课程与教学,如,降低阅读理解与作文的难度和要求等;同伴则在学业、社交、行为管理等方面为小腾提供支持。此外,学校还注重与家庭之间的互动和合作,教师和家长不仅围绕小腾的学习和适应等问题进行沟通,还经常互相分享、交流孤独症和融合教育相关的信息等。在合作过程中,双方就儿童的发展和教育干预达成共识,整合相关资源来提高小腾融合教育的质量和发展小腾的优势。[①] 总之,小腾在学校融合环境中得到了其所需的支持和帮助,因而获得了适宜的、良好的发展。

思考:

1. 小学融合教育和学前融合教育的区别有哪些?
2. 普通小学可从哪些方面为有特殊教育需要的学生提供支持?

---

① 苏雪云,顾泳芬,杨广学.发展生态学视角下的自闭症儿童融合教育支持系统:基于个案分析和现场研究[J].基础教育,2017(2):84—89,95.

第一节 小学融合教育基本概念

一、小学教育

小学教育是指面向 6~12 岁学龄儿童的，以传授基本人文素养和科学知识，开发儿童心智潜能，以及培养儿童终身发展能力为目标的学校教育。[①] 小学教育具有基础性、全民性、义务性、全面性等基本特征。具体体现在：①基础性，小学教育是整个教育事业的基础，要提高整个教育事业的质量，必须从小学教育做起。②全民性，小学教育面向全体儿童开放，确保每个儿童有接受基础教育的权利。③义务性，小学教育是普及的、强制的、免费的学校教育，在整个教育中具有义务教育的性质。④全面性，小学教育是向儿童实施德、智、体、美、劳全面发展的教育，小学阶段是人的智力、能力和良好习惯形成的最佳时期，小学教育的每一个方面都不可偏废。[②] 小学教育是对学前教育的延伸，小学教育和学前教育在教育性质、教育目的、教学内容等方面可能都存在差异（见表 1-1）。

表 1-1 学前教育和小学教育的区别

	学前教育	小学教育
教育性质	非义务教育	义务教育
教育目的	关注幼儿身心全面和谐地发展	培养学生德、智、体、美、劳全面发展
教学内容	与幼儿生活紧密相关的浅显知识	系统的学科知识
教学方法	归纳法为主	演绎法为主
教学评价	主观评价为主	考试、考查为主

最早的小学教育机构出现在公元前 2500 年左右，主要是古埃及的宫廷学校，专门接收皇家子孙和朝臣子弟进行教育。近代初等教育机构最早产生于 16 世纪的德国，到了 17 世纪初，提供初等教育的学校逐渐增多，并发展成为实施义务教育的机构。18 世纪 60 年代开始的产业革命极大地促进了资本主义经济的飞速发展。19 世纪以后，为了缓解阶级社会的矛盾，普及初等教育开始作为国家政策被提出，国民教育制度逐渐建立。19 世纪末到 20 世纪初，初等教育得到进一步普及，其质量也得到更多的关注。西方国家的现代小学教育形成于 20 世纪初期，第二次工业革命迫切要求小学教育制度化，"新教育运动"和"进步教育运动"也促使小学教育发生深刻变革，在现代儿童观的指导下，现代小学教育正式出现。

我国的小学教育也经历了从古代、近代到现代的发展阶段。古代小学教育经历

[①] 潘海燕. 小学教育概论[M]. 北京：北京师范大学出版社，2013：24.
[②] 孙式武，于淑君. 小学教育概论[M]. 济南：山东人民出版社，2014：37—39.

了产生、发展、兴盛三个阶段。西周出现了"小学"一词,秦汉时期出现了专门的"小学"和蒙馆,隋唐时期小学教育开始从中央扩大到民间,而宋代的小学教育不仅被纳入国家的教育部署当中,其小学教育理论也有了巨大的进步。元明清时期是小学教育发展的兴盛时期,小学教育制度和管理更加规范化。清朝末期是我国近代小学教育的开始,西方传教士和中国留日学生将小学教育制度引入我国,我国的小学教育形式从教会学校逐渐向自办小学转换,1902年清政府颁布的"壬寅学制"标志着近代小学教育的开端。

当代小学教育是对古代、近代和现代小学教育的延续,作为一种特定的文化现象,小学教育经历了生活化的教育、学习化的教育、学习共同体的教育三种形态。生活化的小学教育主要指人类的生活和生产实践,并没有现代意义上的小学教育之说。学校化的小学教育标志着小学教育制度的正式出现,是教育走向专门化的标志。学习共同体的小学教育既关注为儿童营造合适的学习环境,又关注儿童自身的成长与发展,更加强调知识的主体建构性、情境性和复杂性。[①]

二、融合教育

融合教育思想起源于美国20世纪50年代以来的民权运动,再往前可以追溯至文艺复兴时期以及法国启蒙运动时期西方追求自由、平等的一系列社会运动。[②] 1994年,西班牙召开的世界特殊需要教育大会通过了著名的《萨拉曼卡宣言》(*The Salamanca Statement*)和《特殊教育行动纲领》(*Framework for Action on Special Needs Education*),正式提出了融合教育(Inclusive Education)的概念,明确了融合教育的原则,确立了融合教育的地位。融合教育的核心观点是:特殊学生不应在隔离的特殊环境中学习,而应该在普通学校和普通学生一起学习;教师应调整设计环境、教材、教学方法,来适应不同学生的学习。[③]

随着"融合教育"的概念在西方国家逐渐流行,世界各国都开始将实施融合教育提上日程。[④] 美国、英国、澳大利亚、加拿大等发达国家以及智利、秘鲁、南非等发展中国家都开展了较大规模的融合教育的理论和实践研究,国际上也多次召开融合教育研讨会,并推进融合教育相关政策文件的制定与实施。如,2000年7月,第五届国际特殊教育大会在英国曼彻斯特大学召开,会议以"融合教育"为主题,呼吁各国积极进行融合教育改革,努力使有特殊需要的儿童享有平等教育的权利。[⑤] 2002年,联合国教科文组织编写了融合教育经验手册——《融合教育共享手册》,积极在世界各

---

① 黄甫全. 小学教育学[M]. 北京:高等教育出版社,2007:3—20.
② 邓猛,朱志勇. 随班就读与融合教育——中西方特殊教育模式的比较[J]. 中国特殊教育,2007,46(4):125—129.
③ 邓猛. 融合教育理论指南[M]. 北京:北京大学出版社,2017:2.
④ Singal N. Mapping the Field of Inclusive Education: A Review of Indian Literature. International Journal of Inclusive Education,2005(9):331—350.
⑤ 黄志成. 从第五届国际特殊教育大会看全纳教育的发展[J]. 现代特殊教育,2001(3):45—47.

国推行融合教育,①2005年又发布了《融合教育指南:确保全民教育的通路》,进一步明确了融合教育的理论和实践操作方法。2008年,联合国教科文组织在瑞士召开国际教育大会,主题为"融合教育:未来之路",进一步推动了世界各国融合教育的实施。2009年在西班牙萨拉曼卡召开世界融合教育大会,回顾了各国融合教育所取得的成就,并对未来融合教育的发展进行展望。②

根据融合教育的发展可知,融合教育的内涵和特征主要表现在以下三个方面③:

1. 全民性与公平性

融合教育是面向每个儿童的教育,每个儿童都有接受教育的基本权利,都有机会获得一种他们可以接受的教育。"人人享有受教育权利",且这种权利是平等的、公平的。因此,"学校应该接纳所有儿童,而不是考虑其身体的、智力的、社会的、情感的、语言的或其他任何条件"。

2. 参与性与融合性

"参与""融合"和"合作"是融合教育最重要、最基本的概念。特殊儿童被社会接纳、能参与到社会生活中去,这是实现融合教育的重要标志;不仅如此,融合教育还应当能"促进学生参与就近地区的文化、课程、社区活动,并减少学生被排斥的过程"④。此外,只有不断加强教育教学过程中的各方合作,如教师合作、师生合作、学生合作、学校与家庭合作等,融合教育才能促进有特殊需要的学生最大限度地融入社会。

3. 开放性与社会性

融合教育从经济和社会发展的全局考虑教育事业的发展,体现出开放性的特征。在思维范式和实践方式上,融合教育又体现着从医疗模式向社会模式的转变,⑤融合教育理论认为社会环境的限制是障碍产生的根源,因此把改善社会环境、提高特殊群体的生存和发展质量作为政策制定和实施时要考虑的重点,强调从社会方面建立融合教育支持体系,体现出社会性特征。

三、小学融合教育

小学融合教育是指让有特殊教育需要的学龄儿童进入普通小学,与普通小学生一起接受小学教育的教育形式。小学融合教育的内涵至少包括以下三方面的内容:①所有学龄儿童(包括有特殊需要的儿童)都能够进入本学区的普通小学学习,并在与其年龄相当的普通班内接受教育。②为所有的儿童提供适宜的教育服务,任何教育服务都应建立在普通教育体系内且在普通班级内实施。⑥③充分发挥所有学生的

---

① 刘春玲,江琴娣. 特殊教育概论[M]. 上海:华东师范大学出版社,2008:27.
② 黄志成,张会敏. 试论全纳教育与人权[J]. 湖南师范大学教育科学学报,2010(2):51—54.
③ 丁勇. 全纳教育——当代教育发展的方向、内涵和启示[J]. 外国教育研究,2007,34(8):22—26.
④ 黄志成,等. 全纳教育——关注所有学生的学习和参与[M]. 上海:上海教育出版社,2004:62.
⑤ 冼权锋,杜秀慧. 融合教育:从认识到实践[M]. 香港:香港教育学院,2001:19—21.
⑥ 柳树森. 全纳教育导论[M]. 武汉:华中师范大学出版社,2007:3.

能力,使所有学生都能参与到学校的学习和生活中去。①

由于小学教育和学前教育的教育性质、教育目的、教育内容等均存在较大区别,所以小学融合教育和学前融合教育也有一定差异。首先,小学融合教育要以小学教育的教育目的、教学内容、教学方法等为根本指导,相对于学前融合教育而言更难开展。其次,小学融合教育要特别兼顾特殊学生在学习方面的需求,要为学生制订个别化教育计划和安排相应的活动,充分发挥特殊学生的学习潜能,鼓励普通学生和特殊学生在不同领域内的发展,②这就要求教师不仅需要具备更加专业的融合教育的相关知识,还要具备更多的能力、热情与技巧。最后,学前儿童的社会化程度不高,更容易接纳特殊幼儿③,但普通小学生整体上对特殊同伴持消极到中性的态度,④如,普通小学生普遍排斥、不接纳智障学生,⑤这会对在普通学校接受融合教育的特殊学生的学习和生活造成不利影响,教师应通过适当的教育干预改善普通小学生对班级特殊学生的接纳态度。⑥

第二节 小学融合教育的发展

从20世纪50年代民权运动的开展,到1994年"融合教育"的正式提出,实施融合教育逐渐成为多数国家的基本教育政策,也成为全球共同关注的教育话题。本节主要探讨小学融合教育在国外和我国的发展历程,并对我国小学融合教育所面临的困境进行分析。

一、国外小学融合教育的发展

20世纪50年代特殊教育的"正常化"运动拉开了融合教育的序幕。融合教育在其短暂的发展过程中经历了"正常化"运动、回归主流、一体化教育等发展阶段。大多数学者认为,这些语词只是在表达上有所不同,实质并无太大差异。⑦

(一)美国融合教育的发展

1975年,美国颁布了《所有障碍学生教育法》(*Education for All Handicapped Children Act*,又称94—142公法),正式提出为所有残疾学生提供免费的、合适的、公立的教育,将特殊儿童的教育纳入了公共教育系统。法案明确界定了儿童的每个权利,为每个特殊儿童能够在相对公平的环境中接受教育提供了保障,但是同时指出

---

① 黄志成.试论全纳教育的价值取向[J].外国教育研究,2001,28(3):17—22.
② 方俊明.融合教育与教师教育[J].华东师范大学学报(教育科学版),2006,24(3):37—49.
③ 雷江华,刘慧丽.学前融合教育[M].2版.北京:北京大学出版社,2022:12.
④ 琚四化.普通小学生对残疾儿童的态度及其干预研究[D].上海:华东师范大学,2017.
⑤ 吴支奎.普小学生对随班就读弱智生接纳态度的研究[J].中国特殊教育,2003(2):16—22.
⑥ 李晓杰.普小学生对随班就读弱智同伴接纳态度的干预研究[J].教育探索,2009(10):120.
⑦ 雷江华.融合教育导论[M].2版.北京:北京大学出版社,2017:48.

必需根据特殊儿童的实际情况为每个特殊儿童制订完整的服务计划。① 1977年,94—142公法在美国学校首次实施,标志着回归主流教育的开始。②

20世纪80年代,美国公立学校普遍开展回归主流运动,要求特殊学生和普通学生一样,在普通学校接受教育;但在实际实施回归主流的过程中,普通学校对特殊学生的接纳有一定局限性,不能自主地为特殊学生提供合理的服务,无法为特殊学生提供必要的支持和辅助,这种"回归"仅仅停留在表面。1986年,美国爆发了普通教育主动性运动(The Regular Education Initiative),这场运动提出,普通学校要根据特殊学生的实际学习需求调整教育教学方案,普通学校应主动承担起特殊学生的教育责任,创建合理的教学环境,让特殊学生享受更好的教育资源。③

20世纪90年代,随着1993年联合国教科文组织《残疾人机会均等实施准则》的颁布以及1994年《萨拉曼卡宣言》的推行,美国学术界于1995年重新思考特殊教育问题,美国政府进一步对原有的学校教育系统进行改革,对学校教育的价值取向进行调整,这次改革旨在为所有学生提供更加全面和细致的服务,并更好地满足所有学生的权益和需求。④⑤ 1990年的《残疾人教育法案》(*The Individual with Disabilities Education Act*,IDEA)及其修订案(1997年、2004年)不断对针对特殊学生的个别化教育计划的规定进行调整、修订和更新,以践行国家为所有学生提供精心设计的、公立的、融合的以及合适的教育这一理念和教育许诺。⑥ 在美国,融合教育已经成为特殊学生接受教育的基本安置方式。美国融合教育的理念不断进行着更新、转变和整合,美国的融合教育总体呈现出融合教育师资队伍专业化程度高、融合教育服务模式广泛、融合教育实施形式多样化等特点。⑦

(二)英国融合教育的发展

1976年英国议会通过了《1976年教育法》,其中提出"支持把残疾儿童放在普通学校学习的做法",这是英国历史上第一次以立法的形式明确保障残疾儿童进入普通学校接受教育的权利,为后期特殊教育一体化的发展奠定了基础。

20世纪80年代以来,随着《沃诺克报告》和《教育中的特殊需要》白皮书的公布,1981年英国政府颁布了《1981年教育法》,该法是英国从隔离式教育到一体化教育转变的立法标志,对英国特殊教育的发展有着里程碑式的意义,⑧融合教育理念成为

---

① 黄建辉.美国融合取向的特殊教育教师培养模式探析——以波特兰州立大学SDEP项目为例[J].外国教育研究,2016(11):83—95.
② 佟月华.美国全纳教育的发展、实施策略及问题[J].中国特殊教育,2006(8):5—10.
③ 戴士权.美国全纳教育发展历程及其对我国的启示[J].延边大学学报(社会科学版),2018,51(3):126—132.
④ Pugach M C. On the Failure of Imagination in Inclusive Schooling[J]. Journal of Special Education,1995,(2):212—223.
⑤ Ferguson Dianne L. The Real Challenge of Inclusion: Confessions of a "Rabid Inclusionist"[J]. Phi Delta Kappan,1995,(4):281—287.
⑥ 傅王倩,王勉,肖非.美国融合教育中个别化教育计划的发展演变、实践模式与经验启示[J].中国特殊教育,2018,45(6):102—115.
⑦ 黄艳华.英美特殊儿童融合教育的实践模式及其启示[D].成都:四川师范大学,2013.
⑧ 张秀.英国特殊教育立法的演进及对我国大陆地区特殊教育的启示[D].西安:陕西师范大学,2014.

英国教育的基本理念,并以此为指导逐步进行实践改革。

1993年颁布的《教育法案》回应了《沃诺克报告》,强调教育的目的是想办法满足学生的各种学习需求,而将学生隔离在特殊学校的做法无法达到教育的目的。1994年,英国教育部发布了《特殊教育实践章程》,提供了详细的融合教育服务模式。1997年,英国教育暨就业部发表了《特殊教育绿皮书》,明确了融合教育的开展形式和指导思想,进一步保障了特殊儿童的受教育权利。可见,英国制定了一系列的教育法案和政策,保障了融合教育实践的开展。除了法律法规的保障外,英国还成立了专门的融合教育研究中心,指导融合教育的开展,并提供相关信息、咨询和支持。在财政方面,英国政府为学校开展融合教育提供了充裕的专项资金,还资助普通学校创立融合学校,以提高其接收特殊学生的能力。英国还非常重视教师教育,英国大学开设了许多培训融合教育教师的课程。[①]

(三)日本融合教育的发展

日本曾在相当长的一段时期内,根据特殊学生身心障碍的类型和程度来实施适当的教育。这一时期,日本对特殊学生的安置形式以隔离形态的特殊教育为主,也包括了在普通小学设立特殊班级或者将特殊学生安置在小学普通班级就读。20世纪六七十年代开始,受到"去机构化""回归主流"等观念的影响,日本开始反思并探索新的特殊教育之路。1993年,日本文部科学省提出"通级指导"这一特殊教育模式,让特殊学生在中小学普通班级中接受大部分学科课程的学习,"通级指导"以"资源教室"模式运行,是日本融合教育实施的主要模式。[②] 随着1994年《萨拉曼卡宣言》中"融合教育"理念的正式提出,日本更加关注融合教育的推行。[③] 2007年日本正式开始施行特别支援教育,力图建立不管是否存在障碍,所有学生都能在一起快乐学习、和谐生活的共生社会。很多学者认为特殊教育应秉持"正常化"理念,应从资金、教学方法、教育环境等方面为特殊群体提供支持与帮助,尽可能使特殊学生跟普通学生一样生活和学习。[④] 2012年,文部科学省提出"构建融合教育体系"的理念,强调尊重人的多样性,最大限度地开发障碍者的心理和生理能力,使其能自由而有效地参与社会生活,并实现共同学习。"通级指导"面对的主要是小学和初中阶段的特殊学生,从1993年到2017年,接受"通级指导"的学生人数逐年增长,而且越来越多的特殊学生在小学阶段接受"通级指导"后,有机会在初中阶段继续接受"通级指导"。[⑤]

(四)其他国家融合教育的发展

其他一些国家也在法律法规政策、教育管理机制、财政资金保障、师资建设、课程教学等方面积极实践,有效推动了融合教育在本国的推行和发展。例如,荷兰的《初等教育法》和"一起去上学"融合教育计划,提出为特殊学生提供均等的教育机

[①] 黄艳华.英美特殊儿童融合教育的实践模式及其启示[D].四川师范大学,2013.
[②] 林泰余,雷江华.日本通级指导的发展及启示[J].现代特殊教育,2018(20):66—73.
[③] 谢燕,肖非.日本特殊教育向特别支援教育的嬗变[J].外国教育研究,2016(11):72—84.
[④] 赖晶玲.日本特殊教育研究综述[J].赣南师范大学学报,2017(4):129—133.
[⑤] 林泰余,雷江华.日本通级指导的发展及启示[J].现代特殊教育,2018(20):66—73.

会。瑞典的《1985年教育法》和《2010年新教育法》均强调教育应促进所有学生的发展并体现对人权和民主的尊重,教学应适合每个学生的能力和需要。芬兰实施灵活的教育体制,这根除了排斥特殊学生的做法,从学校到社会形成了融合的社会氛围。新加坡增加了包容性和双重性的课程内容,既满足特殊学生的教育需求,又兼顾特殊学生的适应性。澳大利亚的特殊教育课程参照普通教育课程标准设置,针对学生实际状况制订个别化教育计划。①

总之,融合教育实施较好的国家,都非常注重以下几个方面:形成良好的社会传统与民主氛围、完善法律法规与反歧视政策、满足特殊教育需求、重视移民教育与开展双语教学、尊重学生学习的自主权与强调教学的民主性等。②

二、我国小学融合教育的发展

国内学者一般用"随班就读"一词来指称融合教育在我国的实践。随班就读是我国特殊教育工作者在长期的实践工作中,吸取西方回归主流的观念,结合中国的经济、文化等具体情况,让轻度特殊儿童进入普通学校学习的特殊教育模式。③ 有些学者将随班就读与融合教育等同对待,认为它们是相同的概念。但另有一些学者认为,随班就读与西方的回归主流教育或融合教育等有本质区别。④ 如,朴永馨指出,随班就读"与西方的一体化、回归主流教育在形式上有某些共同之处,但在出发点、指导思想、实施办法等方面有中国的特色"⑤。

20世纪七八十年代,我国就开始实施融合教育的自主尝试,东北地区的一些学校让智障儿童就近跟班学习,如,绥化市海伦县出现了聋童、多重残疾儿童在农村小学就读的实践。1983年,教育部在《关于普及初等教育基本要求的暂行规定》中明确指出"弱智儿童目前多数在普通小学就学"⑥。1986年,国务院转发了《关于实施〈义务教育法〉若干问题的意见》,最早提出了可在普通小学或初中附设特殊教学班,把虽有残疾,但不妨碍正常学习的儿童吸收到普通中小学接受教育。1987年,国家教委在《关于印发〈全日制弱智学校(班)教学计划〉(征求意见稿)的通知》中提及:"在普及基础教育的过程中,部分智障儿童已经进入就近小学随班就读。"北京、河北、江苏等省市地区陆续开展了随班就读的实验,随班就读逐渐成为全国性的教育实践。

20世纪80年代以来,我国的"随班就读"实践不断得以推广和开展。1988年9月《中国残疾人事业五年工作纲要(1988—1992年)》中提到,要采取有力措施,积极推动普通学校和幼儿园附设特教班,及普通班中吸收肢残、轻度智障、弱视和重听(含经过听力语言训练达到三级康复标准的聋童)儿童等随班就读。1988年11月在

---

① 谢爱明,王玉玲,李智玲.融合教育实践的现状及启示[J].现代特殊教育(高教),2016(8):27—32.
② 张婷.北欧全纳教育的特色分析研究[D].上海:华东师范大学,2011.
③ 雷江华.融合教育导论[M].2版.北京:北京大学出版社,2017:8.
④ 邓猛,朱志勇.随班就读与融合教育——中西方特殊教育模式的比较[J].中国特殊教育,2007,46(4):125—129.
⑤ 朴永馨.特殊教育辞典[M].3版.北京:华夏出版社,2014:43.
⑥ 朴永馨.融合与随班就读[J].教育研究与实验,2004(4):37—40.

全国第一次特殊教育工作会议上,国家教委的报告中明确提出要在办好特殊教育学校的同时,有计划地在一部分普通小学附设特殊教育班或吸收能够跟班学习的残疾儿童随班就读。1989—1994年国家教委委托八省市进一步试验盲、聋、弱智三类学生随班就读,并多次召开现场会和研讨会,中国的融合教育发展逐步走向成熟。

20世纪90年代开始,我国出现了保护残疾人受教育权利的法律文件,为随班就读的进一步推进以及社会观念的转变奠定了坚实的法律基础。1990年的《中华人民共和国残疾人保障法》(已于2008年修订并实施)和1994年的《残疾人教育条例》(已于2017年最新修订并实施)均以法律法规的形式保障了残疾人受教育的基本权利。2006年《中华人民共和国义务教育法》将随班就读纳入国家教育法律中。

21世纪以来,我国更加重视"随班就读"实践的开展及其质量的提升。2003年,教育部下发了《关于开展建立随班就读工作支持保障体系实验县(区)工作的通知》,在全国100个县(区)开展建立随班就读支持保障体系实验工作,使"随班就读"这个残疾儿童少年接受义务教育的主要形式更加科学化、规范化、制度化。[①] 2015年1月,教育部公布37个市(州)、县(区)为国家特殊教育改革实验区,针对我国特殊教育改革中的重难点问题开展有关随班就读、医教结合、送教上门等方面的实验区建设,随班就读支持保障体系不断得到完善。[②] 在2010年的《国家中长期教育改革和发展规划纲要(2010—2020年)》中提出,"各级各类学校要积极创造条件接收残疾人入学,不断扩大随班就读和普通学校特教班规模""鼓励和支持接收残疾学生的普通学校为残疾学生创造学习生活条件"。[③] 2014年国务院转发了《特殊教育提升计划(2014—2016年)》,首次提出"全纳教育"一词,总目标为"全面推进全纳教育,使每一个残疾孩子都能接受合适的教育"[④]。2017年《第二期特殊教育提升计划(2017—2020年)》启动实施,强调"加快特殊教育改革发展要坚持统筹推进、普特结合,全面推进融合教育"。2021年教育部等联合发布《"十四五"特殊教育发展提升行动计划》,明确了"全面推进融合教育"是高质量教育体系的有机组成部分。这些政策文件对融合教育地位与价值的强调,使得融合教育理念在实践中得到更透彻的理解,融合教育教师的质与量备受重视,融合教育体系逐渐完善。[⑤]

近半个世纪以来,我国普通小学的随班就读实践取得了较大的成就。2007年开始,我国随班就读的招生对象从以往的听障、视障、智障三类儿童扩展为听障、视障、智障和其他残疾儿童四类。我国普通小学、初中随班和附设特教班招收特殊学生数量也有所增加。但我国在小学融合教育理念、法律法规、课程与教学、教师与资源支

[①] 中华人民共和国教育部.关于开展建立随班就读工作支持保障体系实验县(区)工作的通知[EB/OL].[2003—02—19]. http://old.moe.gov.cn/publicfiles/business/htmlfiles/moe/s3331/201001/82025.html.

[②] 方俊明.随班就读支持保障体系的构建与完善[J].现代特殊教育,2017(3):31—33.

[③] 国家中长期教育改革和发展规划纲要(2010—2020年)[EB/OL].[2010—07—29]. http://old.moe.gov.cn/publicfiles/business/htmlfiles/moe/info_list/201407/xxgk_171904.html.

[④] 国务院办公厅关于转发教育部等部门特殊教育提升计划(2014—2016年)的通知[EB/OL].[2014—01—08]. http://old.moe.gov.cn/publicfiles/business/htmlfiles/moe/moe_1778/201401/162822.html.

[⑤] 郭文斌,张晨琛.我国融合教育热点领域及发展趋势研究[J].残疾人研究,2017,9(3):63—69.

持等方面依然存在一些问题。第一,我国的小学融合教育理念相对落后,普通小学教师、普通小学生家长以及普通小学生对特殊学生的接纳态度仍不够稳定,且行动支持不足。第二,我国还未出台专门的残疾人特殊教育法,且已有的法律文本没有具体规定残疾儿童"有接受普通教育能力"的鉴定标准,也没有提出拒收符合随班就读条件特殊学生的惩罚性规定或法律救助途径。第三,小学融合教育课程体系尚未建立,课程内容落后,教学方法单一,课程评价缺乏弹性,个别化教育计划未能得到有效实施。第四,小学融合教育教师具有丰富的普通教育教学经验,但缺乏特殊教育知识与技能以及资源教室工作经验;普通学校教师之间的主体合作意识缺乏,教育合力不足,特殊学生的需求无法真正得到满足。第五,小学融合教育资源支持不够,资源共享缺失;教育经费投入相对不足、区域差异较大;支持性特殊教育社区缺乏。[1]

我们需要从以下几个方面入手,促进我国融合教育更好地发展:第一,加强融合教育宣传,增强社会接纳程度。第二,完善特殊教育法律,增强政策的适应性。第三,完善课程教学体系,提升融合教育质量。第四,加大师资培训力度,促进教师专业发展。第五,扩展融合教育资源,增大融合教育经费投入。

第三节 小学融合教育的理念

小学融合教育的总目标是充分发挥特殊学生的学习潜能,鼓励普通学生和特殊学生在不同领域内获得全面的发展。这一目标的实现需要在小学融合教育背景下遵循一定的教育原则与理念。

一、生态融合

1979年,美国心理学家布朗芬布伦纳(Urie Brofenbrenner)提出了生态系统理论。该理论以学生为中心,将学生所处的复杂的关系系统由内到外分为微观系统(Microsystem)、中间系统(Mesesystem)、外层系统(Exosystem)、宏观系统(Macrosystem)和历时系统(Chronosystem)。[2] 前四个系统中包括学生日常生活所处的家庭、学校、社区环境等系统,以及文化和习俗等宏观系统。历时系统是指经历一段时间后,任何一个系统都会发生变化,强调要结合时间和环境来考察学生发展的动态过程。

根据生态系统理论,班级和家庭是学生直接参与正式与非正式学习活动的微观融合环境,班级环境包括教师、同伴、课程、教学环境、物理环境等要素,家庭环境包括家长、家庭成员、家庭环境、家庭文化氛围等要素。班级或家庭中的各个要素之间彼此联系、相互影响,如,在班级微观系统中,良好的班级融合环境的营造需要以教

---

[1] 赵斌,杨银. 共生理论视域下我国融合教育发展的困境与反思. 教师教育学报,2018,5(6):1—7.
[2] Urie Bronfenbrenner. The Ecology of Human Development[M]. Cambridge:Harvard Press,1979:94.

师为主导,教师与同伴互相配合,以创建合适的班级环境、设置合适的课程、进行适切的教学等;家庭环境中,家长的融合教育理念常常会对家庭成员的参与以及家庭融合氛围等产生积极影响。班级和家庭这两个子系统之间也存在着联系,教师和家长的良好沟通与合作更能促进特殊学生的融合。以上这种微观系统各要素之间或微观系统之间的联系,也即生态系统理论"中间系统"的内涵所在。与班级和家庭相比,学校和社区(即外层系统)的范围更大,后两者虽然不是学生直接参与学习活动的环境,却影响着学生对班级和家庭直接环境的参与。如,学校的融合政策、学校领导结构、学校人员、学校文化与理念等,常常会对教师的融合理念、融合教育教学能力等产生重要影响,继而会对特殊学生在班级环境中的融合结果产生影响;社区环境中的社区文化与理念、社区成员的接纳态度等,也在一定程度上决定着家庭是否能形成良好的融合氛围。反过来,若学生在良好的班级和家庭融合环境中获得了适当的支持和适宜的发展,可能也会对学校和社区融合环境的形成产生一定的推动作用。比学校和社区范围更大的是融合教育的大环境,主要包括国家、地方的政策文件所影响的政治环境和社会文化环境(即宏观系统)等。国家或地方关于"融合教育"的政策文件中,会对融合教育对象、融合教育目标、融合教育政策价值观、融合教育实施方式以及保障措施等有明确的规定,能对学校的融合教育实践起到重要的规范和引领作用,进而推动班级和家庭融合教育工作的开展,促进学生的发展。不论是微观、中间、外层还是宏观系统,都会随着时间的变化发生改变,这种改变不仅体现在课程、环境或政策等方面,更映射在文化与理念之中,学生正是在各要素或系统的动态变化中实现着发展。

在生态系统理论的影响下,2014年安德森等构建了生态融合系统,这也是在融合教育的基础上对布朗芬布伦纳生态系统理论的进一步概念化。[①] 生态融合理论认为,学生是生态融合系统的核心成分,特殊学生应能参与学校的所有活动,并和他们的同伴在融合环境中共同学习,参与、成就和价值是生态融合的核心要义。生态融合系统中的每一层环境或系统创设都会对学习者产生影响,为了所有学生能够获得更好的发展,必须创设可以提高和促进融合教育实践的环境或系统。因此,在推进生态融合的过程中,不仅要重视各个系统之间以及系统内部各要素之间的双向互动关系,将其放在一个完整的生态融合系统中去构建,还要深入把握系统的核心要义,一切以学生为根本,实现真正的融合。

在生态融合理论指导下,小学融合教育需始终将学生放在核心地位,并重视与学生关联的各大系统之间以及系统内部各要素之间的双向互动关系,以此促进学生获得最大限度的发展。

[①] Anderson J, Boyle C, Deppeler J. The Ecology of Inclusive Education: Reconceptualising Bronfenbrenner [M]// Zhang H, Wing P, Chan K, Boyle C (Eds.). Equality in Education: Fairness and Inclusion. Rotterdam. The Netherlands: Sense Publishers, 2014:23—34.

二、全人融合

全人教育(Holistic Education)起源于20世纪六七十年代的美国,美国学者隆·米勒(R. Miller)正式提出"全人教育"的概念。[①]"全人教育"思想认为,教育的过程不仅仅是知识的传递与技能的训练,更应关注人的内在情感体验与人格的全面培养。[②]全人教育主张培养完整的人,培养躯体、心智、情感、精神、心灵力量融会一体的人,[③]其核心要义被概括为完整、平等、开放、民主、生命体验等。

"全人教育"思想对我国的小学教育目标产生了重要的影响。1952年,在中华人民共和国成立初期,我国的《小学暂行规程》提出小学教育目标为"给儿童以全面的基础教育";1958年的《全日制小学暂行工作条例》规定小学教育目标为"扫除文盲";1963年的《全日制小学暂行工作条例》指出,小学教育的目标在于培养学生"具有初步的阅读、写作和计算的能力,具有初步的自然常识和社会常识,培养良好的学习习惯,使学生的身心得到正常的发展,具有健康的体质,培养良好的生活习惯和劳动习惯"[④]。可见传统的小学教育目标侧重于基础教育,旨在为高一级学校提供生源,输送合格新生。随着"全人教育"思想的提出,以及我国教育改革的不断推进,小学教育目标已然发生变化。2001年,《基础教育课程改革纲要(试行)》规定,培养目标应体现时代发展的要求,要使学生"逐步形成正确的世界观、人生观、价值观;具有社会责任感,努力为人民服务;具有初步的创新精神、实践能力、科学和人文素养以及环境意识;具有适应终身学习的基础知识、基本技能和方法;具有健壮的体魄和良好的心理素质,养成健康的审美情趣和生活方式,成为有理想、有道德、有文化、有纪律的一代新人"[⑤]。当前我国小学教育的目标在坚持与时俱进、全面发展原则的基础上,实现科学主义与人文主义的结合,促进小学生的全面发展和各方面能力的协调发展[⑥],这是"全人教育"思想的有力体现。

在"全人教育"思想指引下,"全人融合"理念是小学融合教育应当遵循的基本理念。"全人融合"包括两层含义:一是全体融合,即不论学生是否存在障碍,也不论学生的障碍程度和障碍类型如何,小学融合教育要以促进所有学生的发展为根本宗旨,要以适应所有学生的不同教育需求为根本追求,通过合理的课程设计、有效的资源支持等促进在小学融合环境中的普通学生和特殊学生达成真正的、有效的融合;二是全面融合,小学教育目标的内在要求为促进学生的"全面发展",包括德、智、体、美、劳方面的发展;以此为基础,小学融合教育要能促进普通学生和特殊学生的全面发展,实现知识技能、情感体验、人格心灵等的"全面融合",小学融合教育对特殊学

---

① 张立平. 当代中国全人教育的一种意涵——扎根理论分析与建构的视角[J]. 教育学术月刊,2018(2):3—9.
② 谭敏,范怡红. 西方当代全人教育思想探析[J]. 外国教育研究,2006(9):48—51.
③ 刘宝存. 全人教育思潮的兴起与教育目标的转变[J]. 比较教育研究,2004(9):17—22.
④ 高奇. 中国教育史研究(现代分卷)[M]. 上海:华东师范大学出版社,1994:395.
⑤ 中华人民共和国教育部. 基础教育课程改革纲要(试行)[EB/OL]. http://old.moe.gov.cn//publicfiles/business/htmlfiles/moe/moe_309/200412/4672.html,2001—06—08.
⑥ 田友谊. 小学教育学[M]. 北京:北京大学出版社,2016:132.

生的支持应是全方位、多维度的,其最终目标是使所有学生(尤其是特殊学生)都能成为真、善、美、健的"全人"。[1][2]

为了更好地实现"全人融合"理念,在小学融合教育中最好能做到同类融合和按比例融合教育。同类融合教育是指将同一种障碍类型的特殊学生安排在同一个班级中接受融合教育。按比例融合教育是指将特殊学生与普通学生按照一定的比例安置在一个班级中接受教育。全人融合是为了保证所有学生均获得全面发展,不仅要以小学教育目的为根本指导,还要顾及特殊学生在学习方面的特殊需求。由于不同障碍类型的特殊学生在身心发展特征上具有一定的差异,若同一班级出现不同障碍类型的特殊学生,无疑会对融合班级的教师提出更高的要求;同类融合便于教师更为深入地了解某一类特殊学生的发展特点,并为其制订针对性的教育计划,让他们获得更好的发展。根据自然比例(Natural Proportions)原则,融合班级中特殊学生的比例应反映社会中残疾人口的比例。[3] 根据2006年全国残疾人抽样调查结果推测,我国残疾人占全国总人口数的6.07%左右,该数据为我国融合班级中可容纳的特殊学生人数提供一定参照。

三、全程融合

全程发展观指出,人的发展是整个生命历程持续不断的变化过程,这个过程由多个发展阶段组成,[4]每个阶段都有着发展的可能性。小学生的年龄一般为6~7岁至11~12岁,处于快速、协调发展的阶段,具有较大的发展潜能和较强的可塑性,因此小学阶段是促进小学生智力发展、形成和谐个性、培养良好心理品质与行为习惯的最佳时期。在对普通小学生进行教育时尚且需要充分考虑小学生的个体差异性、发展不平衡性以及对教育的依赖性,并强调差异教学、开发潜能、因材施教等,在小学融合教育的过程中,针对特殊学生的教育更加需要针对其发展特点和特殊需求,并结合不同年级小学生的发展特点和不同年级阶段的具体教育目标,为特殊学生设计个性化的教学目标和个别化的教育计划,以实现特殊学生在小学各个年级阶段的全程融合,这是尊重所有学生差异性、开发所有学生潜能、适应所有学生个性发展的充分体现。

四、深度融合

深度融合是指"融合"不能仅仅停留在表面,而应当是一种逐层深入、层层递进的状态。深度融合可以结合生态系统理论进行解释,学生处于多层的融合环境之中,小至家庭、班级,大至学校、社区,再大则是社会、国家,各种环境下的融合都应当是深度的融合。比如,当特殊学生处于融合班级环境之中,最表层的融合只是将特

---

[1] 邵云. 实施全人教育的思考与实践[J]. 现代特殊教育,2016(11):29—31.
[2] 舒川. 全人发展视野下学龄前残疾儿童运动康复课程理论与实践[D]. 福州:福建师范大学,2017.
[3] Jung L A, Frey N, Fisher D, et al. Your Students, My Students, Our Students: Rethinking Equitable and Inclusive Classroom[M]. Alexendria: ASCD, 2019: 33—58.
[4] 雷江华,方俊明. 特殊教育学[M]. 2版. 北京:北京大学出版社,2016:16—18.

殊学生安置于融合教室，形成空间上或环境上的融合，这种融合状态下特殊学生常常是"随班混读"或"随班就坐"，并不是真正的"融合"。当融合班级教师意识到特殊学生与普通学生的差异，并为他们制订个别化教育计划或进行通用课程设计；当班级的普通学生开始真正接纳特殊学生，两者彼此包容、共荣共生，这才是深度融合的体现。① 其他环境下的融合也应当如此。所以，深度融合不是简单的班级融合环境的创设或融合政策文本的颁发，而是融合理念的深入人心。

第四节 小学融合教育的课程与教学调整

1994年发布的《萨拉曼卡宣言》指出，每个儿童都有着独特的兴趣、能力和学习需要；教育系统设计和教育项目实施应考虑这些特点和需要的多样性；融合取向的普通学校应以学生为中心，有能力满足儿童的特殊需要；这类学校还能为大多数儿童提供有效教育，提高整个教育系统的成效。② 小学教育的目的是培养学生德、智、体、美、劳诸方面的发展，小学融合教育要特别兼顾特殊学生多方面的发展需求，充分发挥特殊学生的潜能，并根据学生的特殊需求做出相应的课程与教学调整。

一、课程与教学调整的定义

广义的课程是所有学科（教学科目）的综合，狭义的课程是指一门具体的学科。教学是对课程实施的一种活动，是在教师引导下学生能动地学习知识以获得个性发展的过程。简单来说，课程解决"教什么"的问题，而教学解决"怎么教"的问题。奥利娃（Oliva）指出，课程与教学之间是一种相互联结且循环运作的关系，教学受到课程的指引，课程也受到教学的影响，彼此之间呈现一种动态的互动关系。③④

课程与教学调整是指普通学校为满足所有学生不同学习需求、学习风格以及文化背景等多方面的差异而设计的弹性的、相关的和可调整的课程与教学体系，旨在使有特殊教育需要的学生能够和普通学生一起充分、平等地参与学校的教学活动，获得自身发展。⑤ 课程与教学调整并不是仅仅针对融合班级中的少数几名特殊学生，而是为了适应所有学生的个别差异和特殊需求。课程与教学调整是提升小学融合教育质量的重要途径之一。

二、课程调整模式

国内外学者大多依据学生的能力以及所需的支持服务力度来提出课程调整的

---

① 雷江华. 融合教育的四重境界[J]. 现代特殊教育，2016(5)：29—31.
② UNESCO. The Salamanca Statement and Framework for Action on Special Needs Education[A]. World Conference on Special Needs and Education: Access and Quality[C]. Spain: Salamanca，1994.
③ 王道俊，郭文安. 教育学[M]. 北京：人民教育出版社，2009.
④ 钮文英. 拥抱个别差异的新典范——融合教育[M]. 2版. 台北：心理出版社，2015：357—366.
⑤ 邓猛. 融合教育理论指南[M]. 北京：北京大学出版社，2017：149—187.

模式,学生需要的支持服务越多,课程调整的幅度也就越大。如,King-Sear 的课程调整模式包括微调、调整、平行课程和重叠课程四种。钮文英教授提出的四种课程与教学调整模式依次为无须介入支持服务和教育方案调整、介入支持服务、调整教学方案、介入支持服务以及调整教育方案。张文京教授也从学生的能力出发,提出了四种课程调整选择模式:一般课程无需调整、一般课程调整、一般课程与特殊课程整合、特殊课程。① 这四种课程调整模式下的课程调整幅度均逐渐加大,调整内容均逐渐增多。

课程又包括课程目标、内容、组织和过程四个要素,因此无论采取何种课程调整模式,在该模式下的每个阶段都可以从这四个要素入手进行具体的调整。不同的研究者分别从这四个要素的角度提出了不同的课程调整策略。例如,在课程目标上,可以使用简化(降低能力目标的难度)、减量(减少能力目标的内容)、分解(将能力目标分解为几个小目标,在不同阶段或同一阶段分开学习)、替代(用另一种方式达成目标)这四种策略。在课程内容上,可考虑从各个学科角度分别切入调整,为学生精心选择教学任务和材料,还可辅以课程教导学习策略的使用和先备知识的学习。在课程组织上,为学生创设结构化的学习环境,提供教学媒体,并选择合作学习、教师合作调整、小先生制等适宜的组织形式。在课程实施过程中,充分考虑环境、教材呈现、活动步调、学生反应、学生结果以及各种教学策略和辅助技术等的协调操作。②

近年来,较为流行的课程调整模式是学习通用设计(Universal Design for Learning,UDL),这一模式非常适用于小学融合教育的课程调整。学习通用设计提供一种以满足学生多样化需求为基础的课程设计框架,其课程目标、课程内容、表达方式和课堂参与、课程评价等都是多样化的。与传统的课程设计相比,学习通用设计的基本理念是在课程的各要素设计之中渗透数字媒体技术,强调在教学未发生之前就必须考虑学生在学习中可能遇到的障碍和困难,据此来设计课程目标、内容等。③ 在课程目标上,学习通用设计旨使所有学生都能参与到普通教育课程中学习适宜的知识,享受高质量的教育。在课程内容的安排上,学习通用设计强调课程内容对所有学生来说都应当具备一定的挑战和难度,要教授所有学生都要努力学习的知识和技能。课程材料的呈现方面,学习通用设计遵循"通达性"原则,即通过多种信息呈现、表达和参与的方式,使具有不同背景、学习风格和能力的普通学生和特殊学生都能真正获得和理解知识。例如,将学习通用设计应用于设计小学六年级语文古诗词教学,教师先要对班级学生的学习特点和学习需求进行分析,尤其要考虑班级特殊学生的需求,保证所有学生都参与进来。在课程内容方面,教师要安排多样化的内容呈现和学习方式,如,可将古诗词文字和音频材料录入电脑,设计灵活的学习界面,使学生可以根据自己的需要自行搜索学习内容,还可以根据自身特殊需求改变字体的大小或声音的音量等,通过多样化的信息呈现方式达到教学目标。在表

---

① 程敏芬. 融合教育学生课程调整的行动研究[D]. 重庆师范大学,2018.
② 同上.
③ 颜廷睿,关文军,邓猛. 融合课堂中差异教学与学习通用设计的比较分析[J]. 中国特殊教育,2015(2):3—9.

达和参与时,学生可以任意选取自己喜欢的或适合自己的表达方式,如书面文字、口头表达、画画、唱歌等。这一课程设计始终体现了学习通用设计的"通达性"①。

三、教学调整策略

教学调整是对课程调整的具体实现,也是对课程调整理念有效性的验证。教学调整包括教学环境、教学内容、教学策略、教学评价等方面的调整。其中,教学策略的调整和教师的教学技能水平最为相关,以下介绍几种适用于小学融合教育的教学调整策略。

(一) 差异化教学

美国特殊教育专家汤姆林森(Tomlinson)认为,差异化教学是指教师根据学生的认知水平、学习兴趣和风格主动设计和实施多种形式的教学内容、教学过程与教学目标,以使教学适合学习者的独特需求;差异化教学会使全班所有学生受益,是融合教育课堂中教师设计课程与实施教学的主要原则。我国华国栋教授认为,差异化教学是指在班集体教学中立足学生个性差异,满足学生的不同学习需要,以促进每个学生最大限度发展的教学。② 差异化教学与小学教育中的"因材施教"原则有共同之处,都是要使每个学生在各自的基础上扬长避短,获得最佳发展。③

差异化教学立足于班级所有学生的差异,不仅要求教学目标、内容和方法等符合学生的个别需要,还要求符合整个班级教学的需要,达成共性与个性的辩证统一。在小学融合教育的课堂中,差异化教学主要体现在教学内容、教学过程、教学目标的差异这三个方面。④

教学内容方面,教师要根据特殊学生的障碍程度和特殊需求对教学内容进行不同层次的调整,以适应学生的能力水平、兴趣和学习风格等。调整层次主要有以下四种:①维持不变,即不对课程做出任何调整,这种调整适合于学生对学习内容的需求差异较小时,如针对肢体残疾学生、轻度智障学生的课程。②调适,即对教学目标做出部分调整,但总体上仍与原教学目标保持一致,适合轻度和中度之间的残疾学生。③修改,这种调整需要教师简化教学内容、降低学习标准、改变内容编排等,一般针对中重度障碍学生。④添加与补充,即增加原教学内容的深度和广度或者另外增加"特殊化课程",以满足学生的特殊需求。⑤

教学过程方面,主要需要考虑教学安排、教学策略、教学内容呈现等。教师应当以满足学生的需要为根本宗旨,灵活地选择和运用协同教学、小组教学、个别化教学等多种教学策略,⑥以满足学生的多样化需求。在呈现教学内容时,教师要借助各种多媒体设备和教具,如计算机、电子白板等,帮助学生获得鲜明生动的知识表象,这

---

① 王青青.学习通用设计在小学语文中的应用研究[D].重庆:重庆师范大学,2018.
② 华国栋.差异教学论[M].北京:教育科学出版社,2001:16.
③ 赵秀云,张良朋. 小学教学实施[M].济南:山东人民出版社,2014:35.
④ 颜廷睿,关文军,邓猛.融合课堂中差异教学与学习通用设计的比较分析[J].中国特殊教育,2015(2):3—9.
⑤ 邓猛.关于全纳学校课程调整的思考[J].中国特殊教育,2004(3):1—6.
⑥ 姜智,华国栋."差异教学"实质刍议[J].中国教育学刊,2004(4):52—55.

与小学教学中的直观性原则相一致。

教学目标方面，首先，教师要意识到每个学生之间的差异，根据学生的能力提出不同的难度要求。其次，教师不仅要考查学生的知识与技能掌握情况，还要注重考查学生的情感态度与价值观等。此外，教学评价方式上，应建立评价学生全面发展的指标体系，关注过程性评价，实现评价方式的多样化，根据学生的个别差异选择更加适合他们的评价方式。[1]

（二）个别化教学

个别化教学是指在教学过程中，教师根据学生的能力、兴趣、需要、身体状况等设计不同的教学计划和方案，采用不同的教学资源、不同的教学方法和不同的评价方法进行教学工作，使班级每一个学生都能得到合适的教育，取得尽可能大的进步。个别化教学特别适合小学融合教育中对有特殊需要学生的个别辅导。个别化教学中较常采用个别化教育计划（Individualized Education Plan，IEP）。个别化教育计划是根据每个学生的身心发展特征和实际需要制订的针对每个特殊学生实施的教育方案，它既是对特殊学生教育和身心发展的总体构想，又是对他们进行教育教学的指南。

在小学融合教育中为特殊学生实施 IEP 之前，必须得到特殊学生父母对 IEP 的书面许可。此外，IEP 必须在最少受限制的环境中实施。美国的《残疾人教育法》明确规定了 IEP 必须包括的内容：①现有发展水平声明，即对特殊学生目前学习成绩和功能性表现水平的描述，它是制订 IEP 的起点和基础。②可测量的年度目标，年度目标不仅要能满足特殊学生因残疾问题而产生的需要，使特殊学生能够参与到普通教育课程的学习中并取得进步，还要满足由残疾所导致的其他教育需求。③测量与进度报告，主要是为了说明特殊学生在实现年度目标过程中的情况，教师要对学生的表现进行测量与评估，对学生的情况进行监控，及时调整不合适或不可行的目标，引导个别化教育的有效实施。④特殊教育和相关服务，在 IEP 中要说明为特殊学生提供哪些特殊教育、相关服务以及辅助设备等。⑤不能参与的程度，IEP 中应对特殊学生不能参与普通教育及相关活动的程度做出解释和说明。⑥服务的时间和地点，IEP 应明确指出服务开始与结束的时间、服务频率（每天或每星期的次数）、每次服务的持续时间以及服务地点（普通教室或资源教室）。[2]

（三）同伴辅导

同伴辅导是指让学生充当教师角色辅导其他学生。在小学融合教育环境中，主要由普通学生担任辅导者，特殊学生为被辅导者，普通学生向特殊学生提供学业上的辅导，帮助特殊学生获得发展和进步。同伴辅导不仅可以促使辅导者和被辅导者的学业成绩都得到提高，还可以延长学生专注于任务的时间，增加学生在课堂上的积极表现，提升学生对学校的积极印象。

适用于小学融合教育的同伴辅导模式主要有以下两种：①同伴支持干预模式，

---

[1] 孙式武，于淑君. 小学教育概论[M]. 济南：山东人民出版社，2014：78.
[2] 牛悦. 美国《残疾人教育法》中的个别化计划研究[D]. 杭州：浙江师范大学，2018.

该模式常用于在融合环境中对中到重度障碍特殊学生的学习提供支持。由1名或多名普通学生对一名特殊学生提供学习、沟通或生活上的帮助。教师会给支持者或"助学伙伴"提出具体要求,告诉他们如何帮助特殊学生参与课堂活动以及如何为他们提供干预或反馈。整个过程应有专业人员进行跟踪、示范和指导。②同伴辅助学习模式,该模式中班级里所有学生被两两配对,完成指定的学习任务,在任务中两个学生轮流充当教师和学生,执行过程中要把控好辅导前培训、配对方式、内容选择与活动设置、奖励和强化方式以及执行控制方式等多个环节。同伴辅导学习模式是最多次被证明对全体学生都有效且运用最广泛的模式。

总体来看,同伴支持干预模式中特殊学生得到的同伴关注和支持最多,因此较适用于中重度残疾儿童。而同伴辅助学习模式是一种双向辅导模式,各种类型的学生都能够从中获益,较为符合融合教育面向全体学生的特征。①

【推荐阅读】

[1] 邓猛. 融合教育理论指南[M]. 北京:北京大学出版社,2017.
[2] 钮文英. 拥抱个别差异的新典范——融合教育[M]. 2版. 台北:心理出版社,2015.
[3] 汤盛钦. 特殊教育概论[M]. 上海:上海教育出版社,1998.
[4] 雷江华,方俊明. 特殊教育学[M]. 2版. 北京:北京大学出版社,2016.
[5] 黄志成,等. 全纳教育——关注所有学生的学习和参与[M]. 上海:上海教育出版社,2004.
[6] 昝飞. 融合教育:融合与实践[M]. 上海:华东师范大学出版社,2016.
[7] 雷江华. 融合教育导论[M]. 2版. 北京:北京大学出版社,2017.

【本章小结】

本章首先从小学教育、融合教育的基本概念出发,对小学融合教育的基本概念、内涵及其与学前融合教育的差异进行分析。然后分别探讨了美国、英国、日本等国外发达国家以及我国小学融合教育的发展,并对我国小学融合教育面临的困境进行简要分析。接着提出小学融合教育的理念,包括生态融合、全人融合、全程融合、深度融合等理念。最后,从课程与教学调整的定义入手,对常见的小学融合教育的课程调整模式以及教学策略进行介绍。

思考与练习

1. 我国小学融合教育的发展模式与国外发达国家有何区别?
2. 结合实例,谈一谈如何在实际教学中贯彻小学融合教育的理念。
3. 针对不同类型的特殊儿童,应如何选择合适的课程调整模式或教学策略?

---

① 蒋邓鋆. 同伴辅导策略的理论解释及其在融合教育中的应用[D]. 武汉:华中师范大学,2011.

第二章 听觉障碍学生的融合教育

学习目标

1. 理解并掌握听障学生的心理特点和学习特点。
2. 了解国内听障学生融合教育的发展历程及特点。
3. 掌握针对听障学生的融合教育策略。

【案例导入】 周婷婷,听力丧失90分贝以上,毕业于辽宁师范大学,后就读于美国加劳德特大学。她1岁半时因药物而致双耳全聋,她的父亲一边为女儿四处求医治病,一边对女儿进行语言康复训练。在父母的辛苦付出下,周婷婷可以开口说话,而且与健听儿童一样走进了普通学校就读。她自幼没进过聋校,不会手语,家长也不主张她学习手语,一直让她就读于普通学校。她口语说得非常好,后来在电影中为自己的角色配音。周婷婷6岁时已认识2000个汉字;8岁能背出圆周率小数点后1000位数字,创造了吉尼斯世界纪录;10岁时,她与爸爸共同写作完成12万字的童话故事《从哑女到神童》;16岁时,她以优异的成绩提前学完高中课程,考入辽宁师范大学教育系,成为中国第一位少年聋人大学生。2011年起就职于美国加利福尼亚州政府出资的一个为残疾人服务的公司,具体负责电话项目的宣传工作,加利福尼亚现在有200万残疾人和老人受益于这个项目。

周婷婷的事迹表明,听障人士可以融入主流社会并活出自己的人生价值。周婷婷一直都在普通学校与健听孩子一起上课、生活,这对于从事特教行业的工作者而言是一种极大的鼓励:听障学生可以适应普通学校的环境,可以与同学、老师友好相处,可以获得全面发展……根据第二次全国残疾人抽样调查数据推算,我国各类残疾人的总数为8296万人,听障者2004万人,占24.16%,在各类残疾人所占比重中位居第二。因听障者占比较大,如何使这类群体接受到合适的教育显得尤为重要。[①]

思考:

1. 听障学生有什么样的生理及心理特点?

---

① 案例来源:聋人大学生周婷婷:从哑童到神童.搜狐网[EB/EL].[2011—5—15]. http://www.cautism.com/2011/5—15/1151591370893.html

2. 如何协助听障学生更好地融入普通的校园生活？
3. 听障学生进入普通学校学习时有什么特殊需要？

第一节 听障学生的特点

听觉障碍又称为听力残疾、听力障碍。2006年第二次全国残疾人听力调查对听力残疾的定义是：听力残疾是由于各种原因导致双耳不同程度的永久性听力障碍，听不到或听不清周围环境声及言语声，以致影响日常生活和社会参与。[①] 听觉系统任何一方面出现问题，听觉都会受到影响，继而影响语言沟通与交往的能力。听力障碍分为五个级别：

- 轻度听障（听力损失 26~40 分贝）
- 中度听障（听力损失 41~55 分贝）
- 中度严重听障（听力损失 56~70 分贝）
- 严重听障（听力损失 71~90 分贝）
- 深度听障（听力损失 90 分贝以上）

听障学生听不到或听不清楚人们说话的声音，在学习方面存在较大困难，教师可参考表2-1内容，了解听障学生的需要。

表 2-1 听力障碍分级和能力水平

听力受损的级别	沟通能力
轻度（听力损失 26~40 分贝）	1. 别人轻声说话或是在嘈杂的环境下与人交谈时，未能完全了解说话的内容； 2. 部分学生的发音轻微不准。
中度（听力损失 41~55 分贝）	1. 能听到较近距离的谈话，但若声音细微，尤其在嘈杂的环境下，倾听会有困难； 2. 课堂谈论时，若说话者在视线以外，会发生漏听的情况； 3. 部分发音不准。
中度严重（听力损失 56~70 分贝）	1. 如无助听器的协助，只可听到近距离的谈话，沟通时颇依赖唇读； 2. 倾听录音带及没有字幕的电视节目会有困难； 3. 言语发展有较大的阻碍，发音亦欠清晰。
严重（听力损失 71~90 分贝）	1. 可近距离听到一些洪亮的声音，如鼓声、汽车声等； 2. 佩戴助听器后，沟通仍需依赖唇读； 3. 倾听录音带及没有字幕的电视节目会有很大的困难； 4. 言语发展迟缓，但若能及早接受言语训练，发音仍清晰可辨。
深度（听力损失 90 分贝以上）	1. 通常极难听到声音，只会感受震动，必须依靠助听器听到有限的声音； 2. 佩戴助听器后，沟通时仍需依赖唇读，手势及身体语言等其他视觉提示也可辅助理解谈话内容； 3. 无法清楚倾听录音带； 4. 语言学习有极大困难，早期训练非常重要。

---

① 孙喜斌.第二次全国残疾人抽样调查听力残疾标准的制定[J].中国听力语言康复科学杂志,2007(1):10—13.

由于听力受损,听障学生在日常学习及生活中会遇到不同的问题,教师应在了解听障学生发展特点的基础上加以引导、教育。本章讨论的对象是听障小学生,他们既与健听小学生有着相同的发展规律,又有自身的独特性,教师应注重共性与个性相统一。为了更好地了解听障小学生,制订适合他们的融合教育发展方案,下面将从听障小学生的生理特点、心理特点及学习特点三方面进行阐释与探讨,希望在今后的教育教学工作中能够对教师有所启发。

一、生理特点

生理机能是心理发展的基础,只有当生理器官发育成熟时,学生的各种心理活动才会获得发展。总体来说,听障学生和健听学生具有相似的特征,形态指标的均值随年龄的增加而逐年提高,但在发育速度方面呈现出不均衡的特点。听力障碍会不同程度地影响身体发育,使听障学生与健听学生在身高、体重、胸围、肺活量、运动平衡能力等方面表现出差异。但是,听力损失并不是影响身体发育的决定性因素,后天环境也尤为重要。我们要加强后天的卫生保健和教育工作,不断提高听障学生的身体素质。

二、心理特点

(一)认知发展

1. 感知觉:感知觉能力随着年龄的增加而提高

学前阶段,听障学生由于没有接受系统的训练和治疗,视知觉发展缓慢,不能很好地适应社会生活。当接受视觉能力训练后,视知觉能力会得到迅速发展。以下两个试验数据可以说明这一情况。第一个试验是苏联学者 K.M.施夫做的听障儿童视觉反应速度试验:让被试者坐在桌子旁边,把一个开关交给他,要求他在看到桌子上的试验仪器小窗口里发出信号(一种绿色的小方块)时,立刻作出反应——扳一下开关。这时电源切断,信号消失。利用特定的仪器可以准确地测出反应所需时间,试验结果如表 2-2 所示。

表 2-2 听障儿童与健听儿童视觉反应时比较(单位:毫秒)[1]

年级	听障儿童	健听儿童
一	409	283
二	350	—
三	317	268
四	280	—
五	273	247
六	262	—

---

[1] 朴永馨.聋童教育概论[M].合肥:安徽教育出版社,1985:82—83.

参加实验的普通儿童是一、三、五年级的学生。由表 2-2 可以看出：一年级听障学生的反应速度慢，需要 400 毫秒以上的时间。在后来的二三年中，两者之间的差距逐渐缩小，六年级时，听障学生的反应速度已比一年级时快了很多。而普通学生反应速度加快得较少。说明听障学生在此期间反应速度的发展超过了普通学生。

第二个试验是苏联学者 K.H.维列索茨卡娅做的听障儿童视觉认知实验：把一些常见的日常用品绘成图形，在非常短的时间内出示给被试者辨认。每张图片的出示时间由 22 毫秒，依次增加到 27 毫秒、32 毫秒。出示图片时，先是在正常位置出示，再倒转 180°出示，被试者是一年级的健听儿童和成人，二、四年级的听障儿童。在三次试验中三者分别正确认出的图形总数如表 2-3 所示。

表 2-3 听障儿童与健听儿童、成人视觉认知[1]

年级	正常位置出示		倒转位置出示	
	听障被试	健听被试	听障被试	健听被试
一	—	123	—	59
二	110	—	45	—
四	134	—	73	—
成人	—	141	—	80

由表 2-3 可以看出：二年级听障学生正确认出的图形的数量（110）比一年级健听学生正确认出的（123）少，说明听障学生的视觉认知过程比一年级健听学生慢，四年级时超过了一年级普通学生，已经接近成人的指标，在认知倒转位置图形方面听障学生显得更加困难，二年级听障学生认出的图形数量远低于一年级健听学生。

2. 注意：无意注意占主导，有意注意发展比较迟缓[2]

生理发展是心理发展的前提，低年级学生生理发展尚未成熟，注意的发展以无意注意为主导，但随着年龄增加，有意注意会缓慢发展。就学习而言，小学生在上课过程中更容易被教室外的环境所吸引，比如，如果教室外飞过一群小鸟，那么他们的注意很有可能会转移到这群小鸟身上。听障学生进行注意选择时往往取决于物体的刺激特征，主要依靠视觉、嗅觉、感知觉来获得对事物的认识，比如依赖面部特征的变化感知交流者的喜怒哀乐，抚摸不同材质的物体来区分事物的特点等，而听力发挥的作用则较小。

3. 记忆：视觉形象记忆为主

听力损失导致听障学生对直观形象的事物具有更好的记忆表现。让听障儿童描述具体事物时，他们会根据事物的形象，使用语言和手势进行描述。比如，低年级的听障学生描述"小鸟""狗""水杯"时，会将这些事物的特性通过自己的肢体动作描

---

[1] 朴永馨.聋童教育概论[M].合肥：安徽教育出版社,1985:82.
[2] 张宁生.听觉障碍儿童的心理与教育[M].北京：华夏出版社,1995:60—80.

述出来。与此同时,听障学生还有着特殊的记忆方法,即手语记忆法。[①] 手语以其独特的方式为听障学生提供了学习交往的渠道,将手势所表达的文字符号变成动态图像,更有利于学生进行编码存储,以便信息的提取。记忆方法中,有一种是联想记忆法,而手语记忆法恰恰运用了这种记忆方法,通过对手语字词的观察,我们便会发现这些词大部分都是形象词,每个词的表示方法和现实中的事物有相似之处,有利于听障学生联想和记忆。

4. 思维:抽象逻辑思维发展迟缓

在小学阶段,学生的抽象逻辑思维发展所需时间较久,在其发展过程中形象思维仍发挥重要作用。[②] 有研究者发现,听障学生的类比推理能力随着年级增加而提高,但是其发展水平可能会滞后于健听学生5个年级。健听学生进入小学后,抽象思维能力在四年级(10~11岁)后就会有迅速提升,而听障学生需要在15~16岁以后,抽象思维能力才会占据主要地位。听障学生分析一种事物时,往往从颜色、大小、外形等外部特征来分析,很少能直接概括事物的本质特征,比如,"西红柿、黄瓜"分别表现的外部特征是"红、绿,圆、长",听障学生很难分析出西红柿、黄瓜同属于蔬菜这一本质特征。

(二)人格发展

受听力损失的影响,听障学生的人格特征也会产生一些特有的问题。比如,不太喜欢和健听学生一起玩耍,喜欢独处;听容易受到不良因素的影响等。国内有研究表明,听障学生在独立性、忍耐性、领导性等方面表现较差,[③] 具有缺乏自我控制力、较冲动、挫折容忍力较低、易受他人暗示等人格特性,易产生固执心理。研究者还发现听障学生的自我意识水平低于健听学生。[④] 自我意识不仅会促进个性的形成,更是个体发展水平的标志。自我意识水平低,很大程度上会影响学生对自己积极方面的肯定,易形成消极心理,例如,不相信自己、自卑、怯懦等。很多学生因自卑而不敢表达自己的想法,甚至不敢抬头正视陌生人,年龄较大的听障学生则会选择自我封闭,不向外界表露自己真实的内心世界。

(三)社会性发展

良好的社会适应能力有利于听障学生更好地学习和生活。但是听力受损使得听障学生难以完整地接收和认识环境中的信息,语言接收的被动性、不完整性、不准确性,阻碍了他们与外界的交流。有研究显示,听障学生在社会交往技能方面受到限制,与健听学生相比,他们的社会交往技能水平较低;在自我管理技能方面,听障学生与健听学生不存在显著差异,但就其平均能力来说,听障学生能力偏低。[⑤] 由此可见,听障学生可以适应学校的规章制度,调节自身的行为活动,但其管理水平与健听学生仍存在一定差距。在反社会行为方面,现在尚缺乏一致的观点,有研究人员

---

① 朴永馨.特殊教育学[M].福州:福建教育出版社,2000:56—70.
② 王志毅.听力障碍儿童的心理与教育[M].天津:天津教育出版社,2007:31.
③ 张福娟,刘春玲.听觉障碍儿童个性特征研究[J].中国特殊教育,1999(3):24—27.
④ 谭千保,陈芳,傅朝晖.听障儿童与正常儿童的自我意识对比研究[J].中国特殊教育,2006(2):19—21.
⑤ 刘扬.1—6年级聋生与普通学生学校社会行为的比较研究[J].中国特殊教育,2004(11):42—46.

认为听障学生表现出更多的反社会行为,例如,不服从、脾气粗暴、恶意中伤、偷窃、欺骗、说脏话、反抗权威、打架、逃课、离家出走等,但在刘杨的研究中却发现听障学生的反社会行为水平没有健听学生高,甚至更低一些。他们的社会性发展可以通过教育的方式进行引导,这就需要发挥教育的作用,通过学校、家庭和社会的共同努力,让听障学生与社会形成正向的、良好的联结。

三、学习特点

(一)学习目标个性化

听觉系统是一个十分重要的感官系统,是人们发展语言,进行学习、沟通和各种社会交往活动的基础。听障小学生的语言发展及学习经验都因生理原因受到局限,所以在学习目标的制定上与健听小学生相比有很大的不同,教师应鼓励听障小学生利用剩余的听力学习语言,以掌握足够的沟通技巧,方便在日常生活中使用;同时训练他们的看话、听话能力,使他们能与别人友好相处,以便融入社会。学习目标的制定应充分重视听障学生的个性化发展,善于发现学生的优势,积极开发学生潜质,比如有些学生的写作能力较弱,但在绘图、艺术和设计方面有天赋,因而在进行小组专题活动时,应充分发挥他们的专长。

(二)学习过程复杂化

听障学生在说话和语言学习方面存在较大困难,这些困难会因学生失听程度的不同而有所差别。部分听障小学生的发音能力较差,较难发出高频率的辅音,比如f、s、t、k 等这些高频率辅音,音量较弱,因此听障小学生很难分辨一些如沙/sa/、他/ta/、卡/ka/ 等字。同时又因为在控制呼吸和声调方面有困难,听障学生的声音会比较单调,与人沟通时便出现困难。学习语言时,听障学生在理解抽象词语、复杂的语句结构、不熟悉的概念、学习写作和阅读等各方面都会存在障碍。重度听力受损者的书写困难一般比较大,易出现用词不当、错别字、语序颠倒、漏字等问题;另外,他们难以掌握虚词、助词或抽象词的运用。由于语言经验不足,基于已有教育经验,听障学生所写的作文较为简短、文章结构较为松散。听障学生若及早接受语言康复训练,逐渐养成写作习惯,将会提升写作能力,而且有助于改善表达能力。

第二节 我国听障学生融合教育发展历程及特点

本节结合相关听障学生的政策与文献,介绍我国听障学生随班就读的发展历程,了解其发展特点,为听障学生融合教育的良好发展提供启示。

一、发展历程

1959 年,我国开始开展防聋治聋及听觉语言训练的科研试验。1960 年,武汉市第二聋校开始利用集体助听器进行教学。1965 年,武汉市第一聋校将有条件的听障儿童编入"微听班",与聋校相分离。① 张宁生教授在《试论聋童"一体化"教育安置的心理条件》中写道:在20世纪70年代,我国聋教界冒出一股不小的潮流,将有一定听力的听障学生转入普通学校插班学习,以借助普通学校的语言环境带动聋儿练习说话……当时,有人将它叫作分散办学。这一时期主要依靠各地区的教育自觉性,探寻适合听障儿童身心发展的教育措施。

1987年,黑龙江省海伦市率先开展听障儿童随班就读试验,全市85名听障儿童进入当地普通学校进行学习。随后,北京、江苏与河北相继进行改革。1988年,江苏省委在盐城市郊区9所普通小学进行听障儿童的随班就读试验,主要目的是探究听障儿童在普通学校随班就读的可行性,研究听障儿童在普通学校就读可采取的教学方法、教材处理办法等。通过听力检测,确定9名听力损失在85分贝以下的儿童为随班就读的对象。经过试验,这些听障儿童在听力、说话能力、性格、知识的掌握程度等方面有了很大的进步。1992年,国家教委又委托北京、江苏、黑龙江和湖北等省市进行听力语言残疾儿童、少年的随班就读试验,这标志着随班就读的对象扩充到了三类儿童。② 自此,听障儿童的随班就读工作逐渐受到国家的重视。

1993年,江苏省教委制定了《江苏省残疾儿童、少年随班就读工作基本要求(试行)》,同年,还试办了聋人普通高中班,南京市根据聋人生理、心理特点编写新教材、探寻新方法,后来首届8名毕业生全部考取天津理工学院。1994年5月22—25日,国家教委和江苏省教委在盐城市联合召开了全国暨江苏省残疾儿童少年随班就读工作会议,交流、总结自1989年以来我国随班就读教育试验的情况,讨论了《关于开展残疾儿童少年随班就读工作的意见》,在促进随班就读工作发展方面形成了一致意见。会议提出要着重抓好3个层次的工作:一是要发挥政府行为的作用,坚持依法治教,制定有利于残疾儿童少年随班就读的方针、政策、制度等。二是普通学校要落实有关随班就读的工作,建立健全档案资料,提供相应的设备,积极与家长进行沟通。三是各地特殊教育学校要在推进残疾儿童少年随班就读工作中发挥骨干中心作用,积极培训随班就读任课教师、巡回指导教师,为残疾儿童少年的家长提供咨询和指导。这次会议突出政府行为的重要作用,同时强调以特殊教育学校为依托,普通学校为着力点的残疾儿童发展格局,对推进全国残疾学生随班就读工作的开展具有重要意义。

盐城会议后,国家教委下发了《关于开展残疾儿童少年随班就读工作的试行办法》,对随班就读的对象、入学条件、教学要求、师资培训、家长工作以及教育管理等进行了具体的规定,促进了随班就读工作的规范化、系统化。1996年,国家教委和中国残联颁布了《残疾儿童少年义务教育"九五"实施方案》,要求严格按照依法治教的途径,推动随班就读工作的开展,提高残疾儿童义务教育的入学率。

1999年,教育部有关部门与21省、自治区、直辖市教育行政部门正式签订《1999—2000年残疾儿童少年义务教育项目责任书》,对在校学生数、普通学校特教

---

① 余敦清.我国听障儿童随班就读教育的发展历程[J].中国听力语言康复科学杂志:2013(6):454—455.
② 黄培森.中国特殊教育史略[M].成都:西南交通大学出版社,2015:186—189.

班数、残疾学生数提出了明确要求,同时还明确规定了国家特殊教育补助经费划拨额度,为残疾学生进入普通学校提供制度、资金方面的支持,确保残疾儿童义务教育的发展。在这一时期,出现了一批关于随班就读的著述,比如陈云英主编的《随班就读师资培训初步研究》,李慧聆主编的《听力残疾儿童随班就读工作手册》,张宁生主编的《听觉障碍儿童的心理与教育》,华国栋主编的《随班就读教学》等,这些著作为听障儿童随班就读工作的开展提供了教育教学方面的指导。

2001年,在第三次全国特殊教育工作会议上,教育部副部长王湛在报告中指出:特殊教育开始走上依法治教的轨道,随班就读已经成为普及残疾儿童少年义务教育的主要形式。会议之后,为完善随班就读工作,国家实施了一系列相关措施。

近年来,《国家中长期教育改革和发展规划纲要(2010—2020)》中明确了听障教育的发展目标,逐步形成"以特殊学校为龙头、特殊班为骨干、大量随班就读为主体"的教育体系,构建了学前教育、义务教育、高中教育、高等教育的完整体系。

二、发展特点

(一)发展时间早,实践经验较为丰富

20世纪60年代初期,听障学生的随班就读工作在一些城市已初步开展。以武汉为代表的城市根据当地听障学生发展的实际情况进行试验,积极进行教学方式改革,为各个省份听障学生随班就读工作的开展奠定了基础。这些实践不仅影响了听障学生教育教学工作的发展方向,而且对于听障学生教材编制、授课方式等有积极的推动作用,对此后听障学生的融合教育工作的开展也具有一定的促进作用。

(二)政府关注度较高,法律制度逐渐完善

1982年,《宪法》确定"国家和社会须帮助安排盲、聋、哑和其他有残疾的公民的劳动、生活与教育",首次将聋教育问题列入根本大法。1986年,《中华人民共和国义务教育法》开始将聋教育纳入义务教育体系。1989年《关于发展特殊教育的若干意见》归纳出发展聋教育的基本方针,即"实行普及与提高相结合、以普及为重点的方针,着重发展义务教育和职业教育,积极开展学前教育,逐步发展中等以上教育"。1994年《残疾人教育条例》为进一步保障聋人教育权提供了法律依据。1997年《聋校义务教育课程设置实验方案》对聋校教学工作提出科学指导。在《国家中长期教育改革和发展规划纲要(2010—2020)》中明确了聋教育的发展目标。21世纪初期,教育部与21个省份签订责任书,从法律保障、经费支出等方面推动残疾儿童的义务教育,各个省份加大了对残疾儿童的关注度及支持力度。听障学生在这样的大环境下,得到了国家政府及各界人士的支持与帮助。[①]

---

① 高以翔,刘艳虹.中国的聋教育:历史与反思[J].教育史研究辑刊,2012(4):6.

第三节 听障学生融合教育策略

融合教育不是将听障学生放置在普通学校任其发展,而是要协助他们真正适应普通学校的生活,使他们从心理上接纳自己与别人的不同并正视自己,在普通学校中积极地学习,健康地成长。小学时期的融合教育对学生以后的发展至关重要,但听障学生在接受融合教育时不可避免地会遇到一些问题,那么我们应如何帮助学生减少这些问题对他们造成的困扰呢?下面主要从环境创设、教学指导、班级管理、家校合作、社区支持等五个方面介绍听障小学生的融合教育策略。

一、环境创设

良好的校园环境有利于学生身心发展,激发学生去学校的意愿。听障小学生更加需要学校提供良好的环境,让他们感受到爱、平等、尊重。这样学生才能在悦纳自己的同时悦纳别人,建立良好的心态并不断促进个体的良好发展。下面将从物理环境和心理环境两方面探讨如何营造有利于听障小学生发展的环境。

(一)物理环境

1. 适宜使用助听仪器

创设班级环境时应考虑理想的倾听环境,鼓励听障小学生佩戴助听器及辅助倾听系统,运用剩余听力,帮助他们提高学习成效。同时教师应提醒他们携带备用电池,以确保助听器最佳的扩音效果;如果学生有需要,教师应尽量配合学生使用其他辅助倾听系统,以减轻因师生距离、噪声及教室内回音而产生的对语言接收方面的影响,提高他们在课堂上的倾听与沟通能力。

2. 安排合适的座位

班级中座位的摆放大多采用"秧田式",只有极少部分学校使用"圆桌式"。在秧田式座位摆放方式中,很多老师将听障小学生安排在前排,距离的拉近有利于听障学生对信息的接收,但除了依据距离这一标准来安排位置,我们更应考虑按照"视觉无障碍"原则来安排学生位置。[①] 听障小学生更依赖视觉通道获取信息,经过前期康复训练的听障学生,已经具备了读懂字、词、句的基本能力,再加上听障小学生可以通过看话的方式获取信息,所以在安排座位时,应首先考虑不会对听障小学生的视觉造成干扰的位置。例如,双耳戴助听器的孩子最好安排坐在教室中间靠前的位置,便于发挥助听器的作用(一般助听器的有效距离为 2 米),同时也有助于他看清老师的口形;对于单耳戴助听器或电子耳蜗的孩子,最好将其安排在中间或者戴助听器耳在讲桌一侧的位置,这样可以防止出现"头影效应"[②](如图 2-1 所示)。

3. 恰当利用资源教室

资源教室是为有特殊需求的儿童进行康复训练、个别化教育计划实施、补救教

[①] 北京市教育委员会,北京市特殊教育中心.随班就读教师基础知识与技能[M].北京:知识产权出版社, 2013:222—237.
[②] 徐敏娟.从教室座位安排透视教育过程均等[J].现代教育论丛.2007(6):42—46.

学、教育心理诊断、教学支持、教育效果评估等多种功能于一体的辅助机构或场所（如图2-2资源教室可为听障学生提供的仪器）。资源教室建设与特殊学生的融合发展、随班就读工作的开展紧密联系，设置目的是为特殊学生提供专业支持服务，让更多特殊儿童融入普通学校。对于听障小学生而言，资源教室的重要工作内容是对听力损失、语言障碍进行功能补偿训练，包括：① 看话训练。看话是听障学生语言学习的重要学习手段，看懂发音口形，熟悉老师口语，能够提高听障学生的学习能力。② 说话训练。在日常学习和生活中，充分发挥助听器的作用，激发他们说话的积极性，并随时矫正他们的发音，使知识、听力和语言同时发展。①

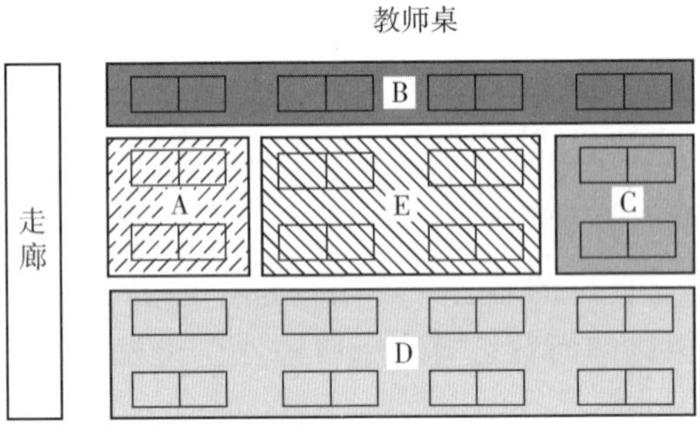

座位范围A：座位较靠侧边，看话较困难

　　　　　走廊旁边有噪声，影响倾听

　　　　　距离较远，助听器接收效果不理想

座位范围B：座位太靠前，需要抬头看老师，影响看话

座位范围C：座位较靠侧边，且教师可能背光，看话较困难

　　　　　教师面向没有戴助听器的学生授课，影响接收信息的效果

座位范围D：距离太远，助听器接收信息的效果不理想

　　　　　看话不清楚

　　　　　前面座位的学生容易阻碍其视线

作为范围E：距离适中

　　　　　远离走廊噪声

　　　　　面向教师，有助于看话

图2-1　听障儿童随班就读教室座位安排分析

与此同时，资源教师与普通学校教师要相互配合，共同为听障学生提供帮助。在学习过程中，听障学生由于自身生理缺陷而不能随堂掌握很多学习内容，这就需要资源教师根据学生的语言特点，必要时辅以特殊的教学辅导来帮助他们。一般分为三部分：一是针对课堂内容进行辅导，二是针对存在的困难进行专项训练，三是预习新知识。教师可充分运用现代教育设施、恰当设置情景，以口语教学为主，必要时辅以手势语，协助他们理解课本内容。

---

① 曹照琪，张建华，岳丽.听障儿童融合教育中构建特教资源室初探[J].成都师范学院学报，2003，19(8)：66—67.

(二) 心理环境

1. 教师树立平等尊重的态度

教师以平等尊重的态度对待听障学生是建设班级良好心理环境的前提,物理环境的建设固然重要,但是心理环境的支持更能激起学生发展的潜能。教师的态度、关注度、教育理念等都会影响听障学生的发展,皮格马利翁效应说明了教师的期待对学生的影响。这种尊重、平等、关心是否来源于教师内心,学生可以真切感受,特别是对于低年级的听障学生而言,他们可以捕捉教师细微表情的变化从而感受教师

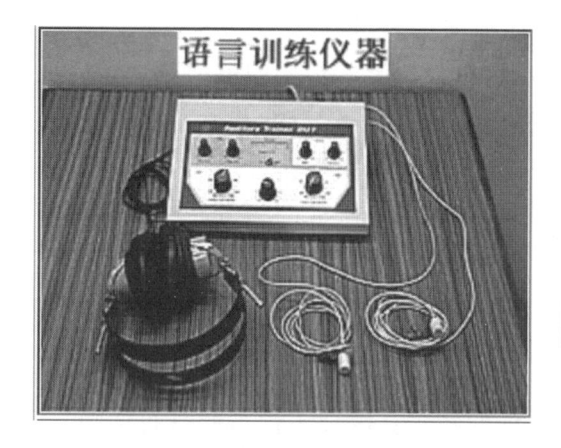

语言训练室内设置一台语言训练仪器,学生可因个人失聪程度调校合适的音量,而老师及听障学生都可借助该语言训练器的两个麦克风输入声音。

视觉语言训练仪器,可提供有趣的电脑图像,诱导听障学生学习语言。

S音显示器检测听障学生发出的 /S/ 音是否准确。

图 2-2 资源教室为听障学生提供的仪器

的态度。有教师说道:"他(听障生)的确比其他孩子学得慢一点,但我一般都会在课堂上鼓励他,允许他犯错误,给他机会回答问题。回答错了没关系,回答对了抓住机会多表扬一下,培养他的信心,慢慢地他也能在课堂上主动回答问题了。"

2. 营造温馨友爱的班级氛围

教师可以开展多种形式的活动以加强班级宣导,拉近听障学生和健听学生的距离,培养学生团结合作的能力,形成团结友爱的集体氛围。开展活动前,需要对活动做详细的规划,活动是否可行、有无阻碍、阻碍是否可以解决等一系列问题都值得我们思考。每一次活动并不仅仅是为了活动而活动,它是教育中十分重要的一个环节,教育无处不在,并不仅仅只有在课堂上才能进行教育。精心的活动设计往往可以达到预先的设想。开展活动时,教师应根据学生的年龄和需要开展合适的活动,实时进行调整。教师还要善于引导并帮助学生正确看待彼此之间的不同,发现对方的优点,相互尊重,相互理解,使学生形成良好的同伴关系。良好的同伴关系不仅可以在生活、学习上给予听障学生以帮助,更重要的是能让听障学生和健听学生之间建立起平等、互相尊重的关系,让他们认识到即使双方有差异,但这种差异只是生命体的不同呈现方式。

3. 定期进行心理咨询与康复

听障学生在普通学校中属于弱势群体,他们经常会出现不恰当的自我认知、自卑、人际关系失调等问题。因此教师应从他们的心理康复需求入手,采用团体和个体相结合的方式,实施以团体游戏疗法、艺术疗法、箱庭疗法为主要途径的心理康复训练,[①]帮助听障学生正确认识自己,促进其人格的健全发展,从而以健康心态面对未来。

二、教学指导

(一)适时考虑特殊需要

首先,教师讲解内容时,适当增加课堂板书内容和具象化演示。听障学生主要依靠视觉来接收信息。因此板书对帮助他们理解知识、培养学习能力能起到事半功倍的效果。教师可以借助多媒体演示内容以帮助学生理解知识,但多媒体展示的内容往往一闪而过,不利于学生对所学知识的记忆和掌握,不符合听障学生的学习特点。同时,教师在板书的时候不能只板书概念、法则、重点词语,这是因为健听学生看到板书中的重点词语就能联想到相关书面语表达的句子,但听障学生则存在较大的理解困难,尤其对低年级学生来说难度更大。依据听障学生现有的汉语水平,他们难以通过板书中的几个词语来理解、领会、记忆所学知识,更不能根据这几个词语联想到与之相关的书面语表达的句子,所以,板书最好以完整的句子的形式出现。

其次,教师讲课时应该注意避免背对学生讲话。听障学生主要依赖看话的方式获得信息,所以教师讲到关键的词语或句子时应适当放慢速度,提高音量,但也不要

---

① 黄美贤,须芝燕.随班就读学生康复训练课程方案的编制与实施[J].现代特殊教育;2014(4):49—51.

特意夸张自己的口形，维持正常的口头表达就可以。注意表达要清晰，必要时，使用手势和面部表情辅助学生理解，切记不要一边踱步一边讲课。如果学生需要个别辅导，应注意距离适当，尽可能在助听器发挥作用的有效距离之内，不要在背光或黑暗的地方讲话。

最后，注重学生的语言康复训练。语言包括理解（听理解和视理解）和表达（口头表达、书面表达、非符号性表达）两个方面，语言理解和表达能力的提高有助于提升听障学生的人际沟通交流能力，所以教师要把对听障学生的语言训练当作首要任务。训练前教师要带领学生进行汉语拼音的发音练习，结合练习的重点，让学生进行组词，扩大学生的词汇量。如在练习"m"的发音时，学生根据自己的联想可以组词为"妈妈""马儿"等词，接着老师可以根据学生所组词语提出"早上，是妈妈送你到学校的吗""你在什么地方见过马儿"等问题，引导学生树立句子意识。之后，教师可以根据实际情况从各种教材中选取句子进行练习。如让听障学生练习扩写句子时，教师首先出示句子"这是一只狗"，让学生在"狗"一词前加定语，"这是一只小狗""这是一只胖狗"，接着让学生扩写"这是一只可爱的小狗""这是一只有颜色的狗"等以激发学生的发散思维，教师则继续提出要求"这只小狗是什么样子的呢？""这只小狗在哪里呢？""它在做什么呢？"在教师的提示下，学生可能会说出"这只小狗有两种颜色，正在客厅里吃饭""这只小狗长得胖乎乎的，耳朵上有点黑色，正在吃狗粮"。于是音组成字，字组成词，随后短句经过扩展，最后成了一个长句，甚至一段话，这一过程中，学生造句的思路得以拓展，练习说话的积极性自然也会提高。

> **小贴士：**
>
> 授课时若发现听障小学生难以理解教师所说内容，教师可先将说话内容重新组织表达，避免不断重复原来的句子；部分听力严重受损的学生可能需要动作提示或依靠书写方式协助沟通。
>
> 教师说话时应减少走动，让学生看清楚口形、面部表情或手势，以帮助他们了解说话内容。
>
> 教师说话时不用刻意提高声音，因为太过响亮的声音经助听器扩大后反而会失真。
>
> 教师授课时尽量使用完整句子，避免不必要的停顿，否则会破坏意思的完整度；转换话题时，应给予提示，帮助学生明白学习内容。
>
> 教师切忌讲解和书写同时进行。

（二）灵活设置学习任务

融合班级中教师面对不同类型的学生，想要使所有的学生都能掌握所授的内容，无疑是有难度的。每个学生的接受能力不同，学习速度不同，再加上环境的影响等，使得学生的学习效果会产生差异。因此，教师需要根据学生的具体情况，观察学生变化，调整教学内容，设置不同的学习任务。随班就读时，应照顾到听障学生这一小众群体的需要，设计恰当的学习任务单，下面是两张分别为班级全体学生和小鲁（一名随班就读的听障学生）设计的学习任务单。

案例 2.1

小鲁的基本情况:严重的听力障碍,虽植入人工耳蜗,但康复效果不尽如人意,他的识字量大,记忆能力较强。

学习任务单(一)

学习任务:迎面接力

任务要求:1.能通过形式多样的接力跑,进一步掌握正确的迎面接力方法;

2.懂得在活动中相互竞争、合作比赛,增强与同伴的合作意识。

学习任务	正确技巧	评分
任务一:错肩的位置	在正确的( )内打"√" 左错肩跑进( ) 右错肩跑进( )	
任务二:握棒的位置	在( )内写上"上""中""下" 传棒:棒的( )端 接棒:棒的( )端	
任务三:传接棒的时机		

学习任务单(二)

学习任务:迎面接力

任务要求:1.能通过形式多样的接力跑,进一步掌握正确的迎面接力方法;

2.懂得在活动中相互竞争、合作比赛,增强与同伴的合作意识。

学习任务	正确技巧	评分
任务一:错肩的位置	在正确的( )内打"√" 左错肩跑进( ) 右错肩跑进( )	
任务二:握棒的位置	在( )内写上"上""中""下" 传棒:棒的( )端 接棒:棒的( )端 调整持棒的方法:一边跑一边用棒的任意一端顺势在身体外侧轻敲一下,以便接棒	

续表

学习任务	正确技巧	评分
任务三：传接棒的时机	传棒人在距离交接点2~3步前，将持棒手伸直，保持棒垂直。接棒人面向前进方向，将接棒手积极伸直，看准接牢棒后，快速启动。	

——案例提供者：静安区市西小学 冯德芳老师

我们可以看出任务单二的结构与其他学生使用的任务单是一样的，只是在任务二、三的"正确技巧"板块增加了文字描述，这些文字内容是该生在班级讨论时无法通过听课获得的。教师根据他的学习特点，发挥小鲁识字、阅读的长项以弥补其听力损失。后来教师反馈说："在特别学习任务单的帮助下，小鲁基本与同伴同步掌握迎面接力跑的动作要领，在之后的迎面接力比赛中做到错肩正确、交接棒正确、传棒时机也掌握得当，没有出现失误。"

（三）妥善安排教学组织形式

合作学习是现代教学中不可忽视的教学组织形式，它强调团结合作的能力、互帮互助的精神。合作学习可以促进听障学生人际交往能力、学习能力、协调能力等多种能力的发展，融合班级中教师可以根据学科性质、教学内容的不同，让学生进行合作学习。

1. 小组教学

小组的成绩和每个成员息息相关，只有所有成员共同努力，整个小组才能共同进步。因此，组内成员是相互依存的关系，不仅要确保自己掌握知识，还要帮助其他同学学习并理解知识。在对听障小学生进行分组时，需考虑他们听力受损的性质和严重程度。教师可以在本班组成特别小组，也可安排学生至其他班，或可抽调学生组成另一个班。为达到最佳效果，这些分组安排需定期检查，同时需要注意以下问题：①人员数量不宜过多，最好保证每个小组的成员在3~6人左右，且每组都要有特殊学生，方便每个学生都可以参与教学活动中，也可以避免有些学生不作为。②事先设计小组学习内容，根据每组成员的实际情况提出相应的任务，内容过难或过于简单都会影响小组合作的效果，影响学生的学习积极性。一定要充分发挥小组集思广益的作用，鼓励组员发表自己的不同观点，最后形成一定的共识。③注重小组成员之间的分工合作，不要让小组合作学习流于形式，出现个别学生承担大多数任务，而其他学生没事做的现象。一旦分组，教师在巡视的过程中要注意观察，必要时给予学生信息的反馈和指导，引导学生自觉培养发现问题、解决问题的能力。同时还要做好听障学生的个别辅导，观察小组成员如何与听障学生进行协作，发现问题时可提供帮助。表2-4为融合教育班组成主题报告合作小组时，小组的工作内容分配表示例。

表 2-4　融合教育班主题报告小组工作内容分配表

主题：

工作内容	负责人	预计完成日期	执行结果
搜集资料			
整理资料（大纲）			
写报告			
内容输入电脑			
封面封底设计			
制作插图			
准备成果呈现（画海报）			
担任报告人			

2. 伙伴教学

陶行知先生在乡村教育中提出"小先生制"，这虽是一定时代下的产物，但对于今天的教学来说仍然具有教育意义。"小先生制"中的双主体都是学生，实行"小先生制"有利于营造一种轻松愉悦的教学氛围，不仅有利于被教者知识的学习，还有利于教者知识的巩固。伙伴教学就是"小先生制"的另一种体现，可通过班级中小伙伴的帮助来提高学习效果。伙伴教学的具体做法是：挑选同伴或者高年级能力强的学生，经过适当培训，充当听障学生的小先生。[①] 最常见的就是建立帮扶小组，让班级中学习成绩好的学生帮助成绩滞后的学生。但教师一定要制定帮扶小组的整体流程，比如，人员的选定、前期的思想工作指导、方法的选择、时间及场所的选定、定期进行汇报的时间。由于听障学生的特殊需要，他们的帮扶工作更应该经过周密的计划与处理，必要时要请专业的工作人员进行指导。

三、班级管理

班级是学生学习和生活的主要场所，有效的班级管理有助于形成良好的班风和学风，促进学生的健康发展。成功的班级管理对促进整个班集体的发展至关重要，下面将从良好行为习惯的培养和不良行为的预防两个方面探讨班级管理问题。

（一）良好行为的培养

培养良好的行为习惯要从小抓起。刚入学的听障小学生面临学习环境、生活、心理方面的巨大变化，必须得到正确引导。培养低年级学生的良好习惯应着重从三个方面进行培养：

首先是学习习惯。教师应当引导学生形成良好的课前准备习惯、上课习惯、练习习惯等，在上课前 5 分钟就要将自己的课本和文具整齐地放在桌面上，不能到上课了才慌忙地拿出自己的学习用品。如果有学生做得好，教师要及时对其进行表扬，

---

① 汤盛钦.特殊教育概论[M].上海：上海教育出版社，1998：110—111.

比如在其个人考评表中贴上一朵小红花,或奖励学生小礼物。没有进入小学前,听障学生的活动主要是以游戏为主,纪律相对宽松。而小学课堂有一定的纪律约束,比如进教室时要说"报告",上课有紧急情况发生或者想回答问题时,都要向老师举手示意。在这个过程中,教师要及时给予反馈,及时表扬其做得对的地方,对于做错的地方要告知如何改正。在培养学生的练习习惯时,教师要严格要求学生按照规定的格式书写、写字坐姿要端正、错误要订正、按时完成作业等。任课教师要积极与资源教师进行沟通,了解所在班级听障学生的基本情况,按照他的实际水平提出恰当的学习要求。

其次是生活习惯。听障学生由于听力损失,家长很容易对其溺爱,什么事情都由家长来做,易造成学生什么也不会做,什么也不想做的情况。为了避免这种现象的发生,教师应积极与家长进行沟通,通过家校合作形成合力,共同培养学生的生活自理能力。在劳动课中,教师可安排适合学生做的劳务,比如,扫地、擦桌子等。在日常生活中,还可以教给学生一些环保知识,如,爱护树木、节约用水、节约用纸等。之后可以让学生之间相互学习、监督,每天看看谁的桌椅摆放得最整齐,卫生打扫得最干净。此外,可以利用课外活动教育学生爱护校园环境,不随地扔垃圾、吐痰,看见纸屑要捡起,保持校园和教室的卫生,培养他们爱劳动、讲卫生的好习惯。

最后是日常行为习惯。教师应利用班会课时间教育学生要尊敬老师、团结同学、孝敬父母、关心他人、见到老师主动问好;当别人帮助自己时要说"谢谢",打扰别人要说"对不起",不能随意拿别人的物品;教育学生如何遵守秩序,告诫学生哪些行为属于危险行为,遇到危险如何保护自己等。良好行为习惯的培养离不开家长的配合,所以在教育过程中,教师应及时与家长进行沟通,反馈学生的在校表现,和家长一起讨论教育孩子的方法。

(二)不良行为的预防

行为矫正领域中,问题行为指的是不符合常态,给他人或者自己的身体、学习、生活、工作带来危害甚至危险的行为。社会学家把不良行为具体划分为五种类型:①攻击:身体或语言攻击等。②缺德:说谎话或偷东西等。③反抗权威:和老师对着干。④扰乱班级秩序:上课说话或干扰别人学习等。⑤游手好闲:旷课或睡觉等。由此可以看出不良行为具有给他人或自己带来不好的影响这一特征。[①] 我们应当认识到,这些不良行为背后可能是听障学生在特定场合的某些需要没有得到满足,或者是听障学生本人没有进入教师的教学场景中,而不能单纯地将其定义为一种麻烦,对听障学生表现出厌烦的态度。面对不良行为时,应该从多方面进行分析而不是将其单方面地归结为学生的问题。

1. 重视预防

对于不良行为,应"防患于未然",设想多种情况的发生,并根据不同的情况制定应对策略,学会利用多种干预方式预防不良行为。通常情况下,课堂上出现的不良

---

① 汤盛钦.特殊教育概论[M].上海:上海教育出版社,1998:111—113.

行为和课堂环境本身有着密切联系,教师要找寻听障学生没有融入教学过程的原因,根据原因制定干预措施。课堂上可以应用的干预方式有:语言干预(直接命令)、非语言干预(面部表情)、惩罚、忽视(对其行为不理睬)、正强化(表现良好行为时,可以给予学生喜欢的东西)、负强化(良好行为出现时,撤销之前对他的惩罚)等。

2. 找出合适方法告别不良行为

如果出现不良行为,要对其进行认真分析,找寻合适的解决方法帮助听障学生告别不良行为。下面我们来看一位教师如何让听障学生告别不良行为。

案例 2.2

赏识:让听障生告别不良行为
——以崔同学个案转化为例

一、个案基本情况

崔同学,男,现年15周岁,重度听力障碍,六年级学生。各科学业成绩优秀,接受能力强,是全校教师公认的聪明学生。但他不良行为较多:越墙外出去网吧上网、欺负小同学、不遵守作息时间、上课随意下位、课上做小动作等,更有甚者,鼓动同学群体违纪,以对抗学校的管理。

二、个案问题分析

我通过对崔同学日常行为的观察,访谈家长、班主任、任课教师、保育员,以及和崔同学面谈等,了解崔同学的具体情况。

崔同学聪明,接受能力较强,因而有优越感,认为自己优秀,同学就应该听从他,服从他的管理,对不服从的同学,往往采用武力。缺乏进取心、上进心,尤其进入青春期后,心智与生理发展失衡,不能控制情绪,易意气用事,不计后果;不会规划人生,没有人生目标;平时比较讲义气,具有号召力。崔同学每两星期回家一次,由于语言障碍,他与父母基本无法沟通,屈从于父亲的暴力,母亲除日常生活外,基本无法关照孩子。

三、个案转化思路

赏识教育中的"尊重、信任、理解、激励、宽容、提醒"等理念,能满足崔同学渴望得到赏识、尊重、理解和爱的人性需求,也许能让他在"我是好孩子"的心态中觉醒。尝试通过赏识教育帮助崔同学树立起自信心、上进心、求胜心,使其告别不良行为。

四、转化步骤与方法

(一)全接纳,尊重孩子是独立个体

根据赏识教育"尊重、理解"的原则,我认为崔同学表现出来的全部状况,是他的生活环境、个体特点、心理因素多方面作用的结果,教师应尊重和理解他的个体独立性。我首先从心理上接纳崔同学,既接纳其优点,也接纳其缺点,以"花苞心态"对待他的成长。建立了这种心态后,我每天到校后不论有事无事都找机会与崔同学打招呼,询问他的生活起居情况。刚开始,崔同学对此毫不在乎,礼节性地回应一下便立即避开我。我坚持两星期之后,崔同学有了小的变化,会在看到我进校时主动向我走来问好,或与我并排走一段路,以示友好。

(二)做朋友,敲开孩子的心灵之门

要想走进崔同学的心灵之门,就得与他建立起彼此的信任。要让崔同学对我产生信任,得等待时机。这个时机终于来了,当时学校实行封闭式管理,对学生外出制定了严格的请假制度,特别是对崔同学这种情况,班主任一般都不予批假(他曾获假外出未归)。这次,崔同学想买一个指甲刀,他把这个想法告诉了我,我答应给他买来。第二天早上一到校,我就把指甲刀给他了,告诉他花了5元钱,让他下次放假时回家告诉妈妈,返校时再把钱还给我。这次事情过后,崔同学可能是觉得欠我一个人情,每天都来到我的办公室,帮我做清洁工作。我有意扩大自己的清洁范围,让他帮我做室外走廊、栏杆、扶手的清洁工作,这样一来二往,和崔同学接触的时间越来越多。看他经常帮我做清洁工作,我说我也希望帮他做点事,问他有什么需要我做的,他毫不犹豫地提出要我帮他登录QQ软件升级,我爽快地答应了。于是崔同学在我每天上班的时间都会到我的办公室,做完清洁工作,就在我的办公电脑上登录QQ,加锁后离开,我也一直坚持给他挂QQ,就连学校突然断电,电脑重启后,我也会在课间找到他,让他来重新登录QQ。这样我逐渐与崔同学建立信任关系,他的心灵之门慢慢向我打开。

(三)找优点,改变孩子的自我认识

要让孩子改变自己,就要帮孩子找到"好孩子"的感觉。崔同学由于有诸多不良行为,经常受到老师的批评教育,基本上没有当"好孩子"的自我意识。为了重塑崔同学当"好孩子"意识,我与他进行了一次长谈。我首先问他对我有什么看法,崔同学说了几个我的优点,我表示感谢,接着我问崔同学自己有什么优点,他用小拇指指着自己,连连摇头,对自己全盘否定。我把事前梳理好的崔同学的5条优点打印出来,让他自己看,并一条一条地结合他的实际进行讲解。第一条,学习好,每次考试都是班上的前三名;第二条,重感情,能帮助老师做事;第三条,懂礼貌,能向老师问好;第四条,有号召力,同学们都愿听你的话;第五条,QQ用得好,还教老师使用一些QQ功能呢!他听了,不好意思地笑了。我说,希望你把这5条优点进一步发扬光大,争取每次考试都拿班上第一名,同时多帮助一些学习困难的同学;多向其他老师问好;组织同学们积极参加劳动,把校园打扫得干干净净。他点头答应了。此后一段时间,感觉他整个人阳光了很多,"好孩子"的种子已经播在他的心里了。

(四)激内需,引领孩子的向上意识

让崔同学告别不良行为就要激发出他的内需,让"好孩子"的种子生根发芽,让他站在更高的台阶上认识自己。于是,我经常找一些残疾名人的事例给他看,如周婷婷、邰丽华、杨光、舟舟等的事例,也把前几届毕业的优秀学长的就业情况介绍给他听,让他想想自己毕业后的人生走向,确立自己的人生目标,并与他一起探讨实现这个目标的具体做法,激励他争取超越学长们。

(五)常提醒,修正孩子的成长之路

经过不断激励,崔同学有了明显变化,静下来思考问题的时间多了,上课下位的次数明显减少,欺负小同学的现象基本不再出现,鼓励同学集体违纪的情况很少发生,慢慢地告别了不良行为,朝着我的预期前进。但有时也有一些不良行为复发。此时,我不去刻意对他进行批评教育,而是向崔同学描述我对他的期望,或提醒他我们共同约定的奋斗目标。如上计算机课,他的打字速度比其他同学快,录完规定的文稿内容后会离开座位去影响其他同学。这时,我先向他伸出一个大拇指表扬他率先完成学习任务,然后打出"六十"的手语,提醒他与我的约定:把打字速度练到每分钟60字。他笑了笑后,会向我再要一篇文稿,此时我再给他一个赞许的微笑肯定他的正确行为。这样,他自己纠正了不良行为,一步一步地修正了自己的成长之路。

——案例提供者:重庆市秀山土家族苗族自治县特殊教育学校 邓波[①]

从上述案例,我们可以看出面对不良行为时,邓老师并没有采用威胁、言语制止的方式教育学生,而是在充分了解学生的基本情况之后,认真思考方案,选择合适的时机对其进行教育。邓老师选择赏识教育主题对崔同学进行教育,在整个教育过程中,老师对学生的尊重和理解是进行赏识教育的前提。邓老师并没有直接对崔同学说:"逃课行为不好、翻墙外出有危险,以后不要这样;鼓动同学对抗学校管理是不恰当的行为……"而是正视崔同学这些行为,找出他这些行为背后的原因,实施以人为本的教育。我们可以看到邓老师转变崔同学不良行为的关键是唤醒了崔同学当"好孩子"意识,多强调崔同学的优点,促使他朝着优点的方向更加努力。

四、家校合作

听障学生在接受融合教育的过程中,不仅需要学校各个方面给予支持,也需要家长与学校的相互配合,只有学校、家庭、学生本人共同努力才能促进听障学生更好地发展。

(一)培养听障学生家长主动参与的意识

父母是孩子的第一任教师,只有家长积极参与融合教育过程,为听障学生提供必要的支持与帮助,才能促进学生较快地发展,缩小其与同龄人之间的差距。学校可以组织多种形式的培训,帮助听障学生的家长树立正确的理念,积极看待听障学生的问题,主动参与学生的康复训练;了解听障学生的特点、学习语言康复的理论知识等。教师可以定期进行家访,对家长进行个别指导,随着融合过程的推进,听障学生的融合进程与外在表现会出现变化,采取的具体方法也会有所不同,根据这些情况的变化,教师应积极与家长进行沟通,将学生的表现告知家长,同时通过交流了解家长在学生康复中遇到的问题,和家长一起探讨,找出解决问题的方案,必要时可向专家咨询。教师也可建立听障家长微信群或者QQ群,每日进行交流,或者定期开展座谈交流会,相互交流经验。家长与孩子的相处中,可以发现教师不曾注意的一些变化,及时将这些变化反馈给教师,有助于教师更加全面地了解听障学生,在教育教学中做出相应调整。

(二)增加健听学生家长对听障学生的认识

听障学生可能会佩戴助听器、人工耳蜗等产品,有时也会使用手语与同学进行交流。在没有了解听障学生的情况下,部分家长可能会对听障学生的智力有疑虑,

---

[①] 邓波.赏识:让聋生告别不良行为——以崔同学个案转化为例[J].现代特殊教育,2014(3):46—47.

有的家长也许会担心手语的使用会影响自己孩子语言的发展等。学校应重视这些问题,并通过多种途径告知健听学生家长听力受损不会影响智力发育,更不会影响健听学生的发展,小学阶段的听障学生经过前期的康复训练,基本可以与健听学生交流。健听学生家长的认识直接关系到健听学生对听障学生的认识、态度等,对今后学校开展的各项工作有着直接或间接的影响。因而学校要尽可能地消除健听家长对听障学生的错误认识,使健听学生家长从心里接纳、尊重听障学生。学校可以开展家庭联合活动,通过活动,可以快速地帮助听障学生家长结识新朋友,健听学生家长也可以通过活动转变原来的观念;可以巧妙利用家长开放日,增进家长间的相互了解。

五、社区支持

学校应主动与所在社区建立联系,使社会上更多人了解、支持融合教育的工作,欢迎各界人士对融合教育工作提供各方面的支持,比如,助力资源教室建设、资助家庭贫困生、捐赠图书、支持对融合教育学生进行特长训练等,从而推动融合教育工作的持续发展。同时,学校可以组织融合教育学生走进社区,参与社会实践活动,如果有条件的话,可以建立融合教育学生的社区教育基地。学校也可以定期安排学生走进公共图书馆、博物馆、展览馆或各种类型的培训中心,参与力所能及的社区劳动,比如,社区植树活动、养老院打扫活动等。但要注意的是,带领学生参与社会活动时,要根据学生的差异选择适当的活动,听障学生要重点考虑听力补偿和语言学习两个方面,促进学生语言能力的发展。

第四节 听障学生融合教育案例分析[①]

Y小时候经历一场意外后双耳失聪,父母坚持不懈地对其进行早期语言康复训练,使得他一直就读于普通小学、初中、高中、大学,之后成为北京大学硕士研究生、清华大学博士生。此时Y与健听人使用普通话进行交流几乎没有什么问题,如果是用方言,则需要1~2天的适应期。Y此时可以很好地融入社会生活中去,与其一直接受融合教育有很大的关系,现在我们来分享一下Y小学阶段的融合教育是如何进行的。

一、基本情况

1. 性格

(1) 真诚、善良、宽容,为他人着想。Y的妈妈是老师,特别注重培养Y的社会交往融合能力。如果发现Y和小朋友之间存在问题,妈妈就会根据问题挑选相应的故

[①] 杜在新,姚登峰.登峰——从无声世界走出的清华学子[M].上海:上海教育出版社,2003:1—213.

事书册,让他们自己进行学习,然后引导他们学会为人处事的道理。在妈妈日常的点滴教育下,Y学会了分享、关心、帮助他人。妈妈还把《孔融让梨》《王祥卧冰》《铁杵磨成针》等故事作为语言训练的教材,在语言康复训练中,培养孩子对真善美的追求。

(2) 勤俭节约,爱好劳动。作为独生子女,Y并没有养成娇气、懒惰、以自我为中心的坏习惯,这都要得益于父母正确的教育方式。在对Y进行语言康复训练时,由于妈妈没有足够多的时间专门对其进行训练,便会在做家务劳动时让Y也参与进来,在劳动中学习语言。这既锻炼了Y的劳动能力,也使他明白了父母照顾自己的不容易。

(3) 有一定的生活自理能力。Y可以自己上下学,明白"自己的事情自己做"的道理。妈妈明白Y要想融入社会,必须具备一定的自理能力,这样才能让其养成独立处理事情的能力,所以Y小的时候,妈妈就十分注重Y在这方面的学习,进入小学后,Y基本可以生活自理。

(4) 具有顽强的意志力。自从接受语言康复训练以来,Y每天清晨五点半准时起来训练。

2. 交流方式:看话(唇读)

知识情况:进入普通小学前,在父母的教育下,Y基本掌握了汉语拼音,只是有些发音不那么准确,学习能力也比较强,对不认识的字、不懂的东西会依靠字典和书籍探寻答案,小学一、二年级的数学知识在父母帮助下也已基本掌握。

3. 家庭情况

(1) 父母均为知识分子,家里很多人从事与教育有关的职业,家庭成员的教育情怀浓厚,坚信教育的力量。

(2) 父母感情深厚,为Y的成长提供了一个友爱、和谐的家庭氛围,父母思想进步,在20世纪80年代,面对Y重度耳聋的情况,他们坚持选择不要二胎,将全部的爱和时间都给予了Y。

(3) Y生长于书香世家,这为Y的学习营造了良好的学习氛围。父母都比较喜欢看书,家里一般不看电视,偶尔看电视也是看新闻联播之类的节目。妈妈喜欢文学,爸爸喜欢理工科,空闲时间,大家都会阅读自己感兴趣的书籍。

(4) 父母对Y学习要求严格,学习期间不能做别的事情,如有客人来访,也绝不能打扰Y的学习。

二、现况分析

通过纯音检查发现,Y的两只耳朵对高频部分2000~4000 Hz的听力损失到了极点,但左耳低中频部分的听力还有所残留。Y智力正常,嗓音正常,可以进行简单的日常交流,但是发音不是很清晰,有些音节发音不准确。他可以通过看话的方式获取信息,但由于看话需要一定的适应期,所以可能在刚开始学习时获取的信息量较少。

三、融合教育过程

听障学生在接受小学融合教育的过程中面临来自多方面的挑战:学习方面的任务加重、多门学科知识的学习,要求听障学生必需合理安排好自己的学习时间。在教学过程中,教师采用集体教学的方式,肩负着全班学生的教学任务,相对而言,个别化教育时间较少,所以听障学生一定要在学习过程中找到适合自己的学习方法。与此同时,听障学生还要积极融入集体生活,学会与不同的同学交流,培养良好的伙伴关系,为将来更好地处理人际关系、融入社会奠定基础。这些挑战都是不可避免的,但是方法总比困难多,教师一定要坚信可以帮助他们减轻甚至克服困难。Y在进入普通小学前,在妈妈的帮助下接受过语言康复训练,虽然不是正规的、系统的康复训练,但却为Y进入普通学校提供了巨大帮助。他已经掌握了汉语拼音、数学的加减乘除等知识,可以进行简单的日常交流。

Y在普通小学时期的融合教育计划并不是连贯的、系统的、一致的。Y的个人融合教育计划是在妈妈和普通学校老师的帮助下进行的,具有灵活性、适应性、独特性。进入小学后的每个发展阶段,Y都面临不同的问题,教师一般根据当时面临的突出问题及时进行解决,与下阶段的融合过程并没有严格意义上的时间的连接,有的融合目标从Y接受康复训练以来一直就存在,只是在某个阶段表现得尤其重要,例如提升语言表达能力、培养良好的学习习惯等。还有的融合目标交叉进行,例如提升表达与阅读理解能力。

以下四个融合阶段是Y在普通学校不同时期所制定的融合教育目标,各有侧重,在不同的阶级中方法、形式各有不同,但同学、教师与父母一直默默帮助和支持他。

(一)第一阶段:看话训练和多种感觉通道相结合,提高发音正确率和清晰度(一个月左右)

初入小学一年级时,因为说话发音不准确、不清晰,影响了Y和同学及老师的交流、学习、作业的完成等。为了让Y更好地融入小学生活,可以正常交流,必须对其汉语拼音发音进行纠正。

1. 训练目标

①提高汉语拼音发音正确率;②融入健听学生生活;③适应集体教学。

2. 指导重点

着重培养看话能力,提高汉语拼音发音的正确率。

3. 训练内容和训练方法

①从最基本的"a""o""e"开始,Y积极与身边人进行交流,让他们指出自己发音不正确的地方,反复练习,争取咬准每一个音。②通过"看话"方式,Y仔细观看身边人说话时的口形,感受每个音节的气流,努力记住每个拼音的发音舌位。③在老师和妈妈的手势引导下Y学会感受声调的高低走向。④字典不离手,碰到不会读的字和音,Y自己查字典学习纠正。⑤举行"读音比赛",激起Y学习的兴趣,低年级的小

学生比较渴望得到父母的赞赏,有强烈的表现欲,教师根据这一特点举行"读音比赛",对Y进行语言的康复训练。

4. 家庭配合

这一过程中,妈妈积极参与Y的拼音发音训练计划中,让Y自己读拼音,找出读错的音节,结果发现Y将声母和韵母读错了,比如"xing"和"sheng"。还有一些音节的舌位发音不到位,比如"in"和"en"。然后妈妈为Y提出了改进的意见,并让他借助字典修正自己的发音。

5. 训练结果

Y的拼音发音学习进步很快,在学校拼音扫读竞赛中Y获得了第一名,基本可以拿着课本自己朗读,但有时还是需要纠正语音和语调。学习过程中,也逐步学会和同学们进行沟通交往,基本可以适应普通小学生活。

(二)第二阶段:板书为主,看书为辅,培养阅读理解能力,解决应用题难关(一年左右)

Y进入小学二年级后,数学题型中出现了应用题。听障学生理解应用题会有一些困难,特别是列出计算公式这一过程更加具有难度。

1. 训练目标

①可以读懂应用题题意;②可以理解相应的公式;③独立解决应用题。

2. 指导重点

帮助Y理解应用题,引导Y自己解决应用题。

3. 训练内容和训练方法

①上课时将数学老师的板书与课本相结合,理解应用题的题意;小学时期的应用题和日常生活实际息息相关,而且根据小学生心理发展水平,并不会涉及深层次的理解问题,所以家长会鼓励他必须提前预习课本内容,在课堂上认真捕捉授课内容。②"关键字眼解读"法:找出应用题中的关键信息,根据关键信息来解答相应的问题。③题海战术:做大量的习题,锻炼解题技巧,并对常见解法进行补充。

4. 家庭配合

为了培养Y的阅读理解能力,攻克数学应用题的难关,爸爸专门请了探亲假,回来辅导他的数学学习。

5. 训练结果

明白了谁比谁多、谁比谁少、谁是谁的几倍等概念的意思,掌握了解题的方法和能力,有时可以举一反三,三年级后数学成绩稳居前列。

(三)第三阶段:通过"写日记""写信""留便条"等方式,培养语言表达能力,促进写作能力的提高(三年左右)

1. 训练目标

①积累字词句;②掌握语句的正确表达方式;③培养写作能力。

2. 指导重点

教导正确的语音语法。

3. 训练内容和训练方法

(1) 句子训练。训练句子表达的完整性,主要采取三种基本的句式:谁干什么、谁是什么、谁怎么样,比如,我看书、我是Y、我喜欢看书。然后进行扩词成句练习。比如,书—故事书—我买了两本故事书—星期天,我和妈妈一起买了两本故事书—星期天,我和妈妈去了书店,买了两本故事书。进行这些训练后,又采取三种方法进行训练:一是定语练习,在名词前面加上修饰语。比如,小明看了一本(有趣的)故事书。二是加状语练习。例如,小明(蹦蹦跳跳地)进来了。三是补语练习。例如,同学们把教师布置(得漂漂亮亮)。听障学生虽然在听力方面有缺陷,但是在视觉方面特别具有优势,观察事物比较细致认真,所以平时教师和家长十分注意培养他的观察能力,从观察动作、外貌、形态、性质等方面对其进行训练。除此之外,还培养他用同一句式描写不同的事物,用不同的表达方式描写同一种事物。然后在学好句子的基础上进行扩句成段练习,最后进行开篇成文练习。

(2) 通过"写日记""写信""留便条"等方式,锻炼语言表达能力。应用模仿说写、看图说写、观察说写等多种形式,Y学会将自己生活中遇到的事情记录下来,如有不会写的字、词,可以用拼音代替,并鼓励Y查字典。这些训练也培养Y的学习意识。家长要求他每星期必须写几篇日记,如有特殊情况不想写日记,也要写上"今天不想写日记",总之,每星期的学习不可间断。后来进入二年级后,每篇日记不准有重复的话,对句子表达有了更加严格的要求。

(3) 以"复述"训练为基础,培养续编及自编故事的能力。听障学生在记忆、思维等方面发展较为缓慢,而语言的表达能力以及后期的写作能力都和记忆、思维想象力等因素关系密切。根据Y的实际情况,首先选择内容较为简单且富有情节的小故事给他讲一遍,然后让他进行复述,经过一段时间的训练,他可以进行故事的补充,在这一基础上继续进行续编故事、倒讲故事和自编故事的训练。讲解故事时,注意引导、启发、鼓励他进行多种设想,同时给予充分的反馈,表明认真对待他的讲解。

(4) "四多"法,即多读、多背、多写、多练。语言的表达及写作少不了日常的阅读和积累,所以在训练写作过程中,鼓励Y阅读课外书,如果遇到好的句子或片段,要背诵下来。与数学相比有所不同的是,作文并不特别强调理性思维,它最大的特点就是需要作者有丰富的想象和细腻的情感,所以在训练过程中尤其重视想象力的培养,鼓励Y多想、多思。同时尝试五种写作立意法:以事赞人、直抒胸臆、借物喻理、触景生情、托物言志。当发现Y写出优美的句子时,让他朗读自己所写的优美的句子或者在行为记录表中记下一个五角星对他进行鼓励,以提高学习热情。

4. 家庭配合

句子训练、日常作业检查、写日记等活动中几乎都是妈妈在对Y进行辅导训练,妈妈的高度参与使得语言康复训练效果比较好。妈妈不仅是计划的制订者、调整者、监督者,更是他康复训练时坚强的后盾。

5. 训练结果

Y不再害怕写作文,写作水平有了明显的提高,表述能力逐渐赶上了同龄孩子。

(四)第四阶段:培养良好的学习习惯,为以后进入普通初中、普通高中奠定基础(两年左右)

1. 训练目标

①严格遵守学习时间;②珍惜课堂时间,认真听讲;③培养自学能力。

2. 指导重点

锻炼独立自学能力。

3. 训练内容和训练方法

(1)"支架式"辅导。刚进入普通小学时,对于家庭作业,妈妈还会给予辅导,对题意、答题要求、解题思路进行指导。后来逐渐让Y先看书,如果看不懂,便让他从前面学过的部分开始看,如果还是不懂会及时给予一点提示,或者要求他看某一章节的相关知识点。

(2)利用"碎片化"时间学习。听障学生不仅要进行语言的康复训练,还要进行课程的预习、复习与完成课后作业,可见时间的合理利用对Y显得尤为重要。生活中,妈妈时刻培养他利用"碎片化"时间学习的意识,比如,穿衣服时做口舌操、上厕所时记两个英语单词、坐车的时候进行康复对话、等待集合队伍的时候背公式等,使Y学会灵活地安排自己的时间。

(3)集中精力做好一件事情。学习时间就是要学习,严禁做其他事情,不能离开座位,不能喝水,即使是上卫生间也不可以,除非身体不舒服。课堂时间是十分宝贵的,上课就是要认真听讲,不要试图在课堂上不听讲,课下进行补习。

4. 家庭配合

全家人都比较注重营造良好的学习氛围,Y学习时,父母也在看书,几乎不看或很少看电视,平常如有客人来访,一定等到他完成学习后才可以出来见客人。

5. 训练结果

经过训练,Y养成了良好的学习习惯,在小学后期、初中、高中取得了优异的成绩。

四、总结反思

(1)听障学生经过前期的语言康复,可以促进有声语言的发展,可以和健听学生进行沟通与交往。此案例是我国20世纪80年代融合教育的反映,那时候的技术、设备、师资还不能和现在相比。我们应当坚信融合教育是未来听障学生教育的重要走向,特殊教育学校并不是他们唯一的可去之地,我们可以通过多种方式让听障学生更好地融入普通学校。

(2)听障学生可以依靠"唇读"的方式,不断提高看话能力。Y的听力损失比较严重,在求学生涯中主要依靠看话(普通话)的方式获取信息,每个人的普通话能力或许有所差别,但通过一定时间的训练,完全可以和健听学生进行交流。

(3)听障学生的性格、与人交往的能力和后天培养息息相关。案例中Y性格开朗,基本都是微笑示人,宽容、善良、愿意为他人着想等这些优点都在Y身上有鲜明体现,而且无论在哪个求学阶段,都会发现 Y 有很多朋友,这和他自身的性格品质有关。而促进听障学生和健听学生建立良好的人际关系需要教师和家长的共同努力。

(4) 只要找到适合听障学生的学习方式与方法,他们的成绩可以提高甚至超过一般学生。学习过程中,获取信息的困难严重影响了他们的学习接受能力。但作为教师,我们不能放弃任何一个学生,我们要把他们的优势和教授内容相结合,促进学生对知识的理解和掌握。Y 是一个重度听力损失者,可是在学习过程中成绩十分优异,他根据自身特点,总结了"看、听、猜"三结合的学习方式。这在他的学习生涯中发挥了重要作用,可见,找到合适的学习方式尤为重要。

(5) 父母要正视孩子听力残疾的事实,打消"丢人"的想法,重视前期的语言康复训练。0~5 岁是语言发展的关键期,Y 被诊断为重度耳聋后,父母并没有放任不理,虽有哀怨但还是寻找各种途径为 Y 进行治疗,最终选择了语言康复训练的道路,在这一过程中尽管遭受了一些人的鄙视与白眼,但父母的坚持不懈,为他后期的学习、生活奠定了基础。

(6) 融洽有爱的家庭氛围是支持听障学生康复训练的重要力量。Y 是幸福的也是幸运的,父母和亲人都很爱他,家庭聚会时不会因为听力损失而忽视他;不会面对他听力损失而无动于衷;不会因为别人的蔑视而放弃他。相反,父母尽可能地将爱表达出来,让 Y 感受到来自他们的爱,比如,上学离开时,相互拥抱,妈妈站在阳台观望 Y 离去;归来时,放下手中的事情笑脸相迎,开心地说:"Y 回来了。"作为父母,不能选择谁来做自己的孩子,但我们可以选择如何对待孩子。

【推荐阅读】

[1] 朴永馨.聋童教育概论[M].合肥:安徽教育出版社,1985.
[2] 张宁生.听觉障碍儿童的心理与教育[M].北京:华夏出版社,1995.
[3] 北京市教育委员会,北京市特殊教育中心.随班就读教师基础知识与技能[M].北京:知识产权出版社,2013.
[4] 赵锡安.听力障碍学生教育教学研究[M].北京:华夏出版社,2006.
[5] 贺荟中.听障儿童的发展与教育[M].2 版.北京:北京大学出版社,2018.
[6] 王志毅.听力障碍儿童的心理与教育[M].天津:天津教育出版社,2007.

【本章小结】

本章介绍了听障小学生生理及心理的发展特点、随班就读的发展历程、融合教育策略及融合教育案例等内容。小学阶段听障学生身体及心理与健听学生有着明显不同,这些差异对他们的学习和生活产生深远影响。随班就读是融合教育在中国的独特形式,只有在掌握听障小学生身心发展特点的基础上才能制订适合的方案帮助他们更好地融入普通班级。从听障小学生融合教育的发展历程可以看出,融合教育是未来残疾人教育的发展趋势,因而普通学校教师要调整心态,积极面对融合教育。在融合教育策略中,主要从环境创设、教学指导、班级管理、家校合作、社区支持学生等方面分析在融合教育中可能会遇到的问题及策略,希望给普通学校教师以支持和启发。总之,听障学生融合教育的成功与否从来都不是单方面的因素,需要学校、家庭、社会等多方面的通力合作,协同支持。

思考与练习

1. 听障小学生的身心发展有什么特点?
2. 如何合理安排听障小学生的资源教室,资源教室中应该有哪些仪器?
3. 假如你是普通学校一年级的班主任,一名听障儿童即将进入你的班级接受融合教育,在这之前你会做些什么呢?
4. 思考一下开展主题班会活动时,如何设计让听障学生与健听学生共同参与的活动方案。

第三章 视觉障碍学生的融合教育

学习目标

1. 了解视障学生的生理特点,理解并掌握其心理特点和学习特点。
2. 了解我国小学阶段视障学生融合教育的发展历程与特点。
3. 掌握针对视障学生的融合教育策略。

【案例导入】 2017年年初,盲人蔡聪参加了网络综艺节目《奇葩说》。他提出的"世界上不应该有'残疾人'"的观点,让观看节目的所有人感到新奇和震惊。

1986年出生的蔡聪,早已经是一加一残障人公益集团合伙人、有人文化CEO、非视觉摄影培训师、中国社会科学院大学传播学专业在读博士,在众多头衔之下,他还是一个爸爸。蔡聪十岁那年因为药物性青光眼而逐渐失去视力,在周围很多人都跟他说他"完蛋了"的时候,父母没有把他送到特殊学校,而是让他继续在普通的小学学习下去,回到班集体的他成绩依然很好,同学和老师也都十分信任和喜欢他,幸运的他不仅没有受到歧视,还在老师和同学的帮助下在普通学校中度过了小学、中学直到高中。因为高考遭拒,蔡聪不得不就读于一所盲人大学。2013年,他采访了哈佛大学法学院历史上第一位聋盲学生哈本·吉尔玛(Haben Girma)。受她启发,蔡聪决定投身公益,改变社会对残疾人的认知和残疾人自身的心态。从广播到杂志,从演讲到培训,他甚至还成为国内较早接触非视觉摄影的盲人。2014年,他作为中国唯一的残障人士代表,参与了时任美国总统夫人米歇尔·奥巴马在华主持的教育圆桌会议。2017年,蔡聪与他同是视障人士的妻子,迎来了他们生命中的第一个小生命。虽然在视力上受损,但是他试着换一种方式生活,过着精彩的人生。

思考:

1. 在蔡聪视力受损时,他的父母为什么把他继续留在普通学校中学习?
2. 视障学生在普通学校学习有什么特殊需要?
3. 如何支持视障学生更好地在普通学校学习?

第一节 视障学生的特点

视觉障碍,又称视力残疾,是指由于各种原因导致双眼视力低下并且不能矫正或视野缩小,以致影响日常生活和社会参与。①视力残疾包括盲及低视力。按视力和视野状态分级,其中盲为视力残疾一级和二级,低视力为视力残疾三级和四级。2006年我国进行的第二次全国残疾人抽样调查和2011年颁布的《残疾人残疾分类和分级》都采用了如下标准(见表3—1)对视力残疾进行分级。视力残疾均指双眼而言,若双眼视力不同,则以视力较好的一眼为准。如仅有单眼为视力残疾,而另一眼的视力达到或优于0.3,则不属于视力残疾范畴。视野以注视点为中心,视野半径小于10°者,不论其视力如何均属于盲。②

表 3-1　第二次全国残疾人抽样调查视力残疾分级标准

类别	级别	最佳矫正视力
盲	一级	无光感～＜0.02,或视野半径＜5°
	二级	≥0.02～＜0.05,或视野半径＜10°
低视力	三级	≥0.05～＜0.1
	四级	≥0.1～＜0.3

教育中常用视觉功能来衡量视障儿童的视力情况。视障儿童的视觉功能有四个水平。第一个水平的范围从没有视觉到有光感;第二个水平为深度低视力和近盲,这一水平可用的视觉不可靠,只可以完成粗略的视觉任务。这两个水平的视障儿童都属于盲,使用盲文作为阅读媒介。第三个水平为严重低视力或教育低视力,能够执行视觉任务,但效率不高,阅读媒介可能是盲文或放大字体;第四个水平拥有相对有用的视力,但与视力正常的人相比仍然有限。这类儿童大多数在长大后能够阅读常规或放大字体。这两个水平属于低视力。③

视障有着复杂的病因。早产儿视网膜病变、视神经发育不全和皮质视力障碍是视障儿童最常见的眼病类型,此外还有白内障、白化病、结肠缺损、青光眼和视网膜疾病等。这些不同的眼病会导致眼睛、视神经或大脑损伤,进而导致不同程度的视力下降。由于复杂的病因,许多视障儿童同时有其他残疾,如智障、脑瘫、听障等。

视障儿童的身心发展与明眼儿童存在共性,也存在一定特性。本节主要介绍视

---

① 朴永馨,等.特殊教育辞典[M].3版.北京:华夏出版社,2014:55.
② 中国残疾人评定标准.[2019-11-04]. http://gy.bendibao.com/live/2019114/46969.shtm.
③ Hatton D D, Bailey D B Jr, Burchinaland M R, Ferrell K A. Developmental Growth Curves of Preschool Children with Vision Impairments[J]. Child Development. 1997, 68(5):788-806.

觉障碍学生的生理特点、心理特点以及学习特点,帮助教师加强对视障学生的认识,从而为理解后续有关视障学生融合教育的发展和策略的内容提供基础。

一、生理特点

（一）身体发育

儿童的生长发育受到遗传和环境的影响。视觉上的障碍对身体发育并不产生直接的影响。视障儿童在刚出生时与明眼儿童相差无几,随着成长,视觉在儿童成长中的作用越来越突出。有些家长和学校出于保护儿童或者避免无意中损害周围物品的目的,限制儿童的活动。视障儿童由于缺乏相应的活动锻炼,身体发育方面落后于普通儿童,出现个子矮小、身体瘦弱等现象。张永娟对长三角地区学校年龄在7～16岁的视障学生体质健康情况的调查结果表明:视障学生体型相对呈短粗状;心肺功能较明眼学生稍差;体能指标情况不一:立定跳远明显低于明眼学生;握力差异不大,男生在12岁以后低于明眼学生;一分钟仰卧起坐,视障女生与明眼女生差别不大。[1] 视觉方面的缺陷是影响视障儿童正常生长发育的一个因素,但只要积极进行运动锻炼,保证充足的营养,视障儿童可以达到明眼儿童的生长发育水平的。

（二）动作发展

在动作发展方面,由于缺少了视觉刺激,视障儿童不会主动地去抓握物体,站、爬、抓握等关键动作出现和掌握的时间都要明显迟于明眼儿童。一般视障儿童的动作发展要比明眼儿童延迟一年左右;[2]视障儿童自身的精细动作的发展要优于大动作的发展;由于无法通过视觉矫正自己的动作和缺乏空间概念等原因,视障儿童的动作控制能力较差。雷米尔(Reimer)等人以平均年龄为8岁的11名视障儿童和11名明眼儿童为研究对象,调查视障儿童与明眼儿童在动作控制方面的差异。研究结果表明,视障儿童在动作控制能力上得分较明眼儿童低13%。[3] 此外,部分视障儿童还会出现盲态。盲态又称为"盲相",是视力残疾人因早期干预不当而形成的一种外部状态。如个体因所需的一定量刺激得不到满足而转向自我刺激的表现形式:持续摇头、按揉眼睛、注视光源、用手指在眼前不停晃动、绕圈子转等,以及因早期缺乏定向行走指导而渐渐形成的不敢独立行走、行动迟缓,动作笨拙、手脚不协调、面无表情、低头垂肩、弓腰驼背、各种畸形步态、行走时身体后倾等盲人特殊的行为状态。[4] 因此,在视障儿童的教育中要注意促进其大动作和精细动作的发展。

---

[1] 张永娟."长三角"特殊教育学校视障学生体质健康和体育锻炼现状的调查研究[D]. 杭州:杭州师范大学,2005.
[2] 钟经华. 视力残疾儿童的心理与教育[M]. 天津:天津教育出版社,2007:36.
[3] Reimer A M, Cox R F A, Boonstra N F, et al. Effect of visual impairment on goal-directed aiming movements in children[J]. Developmental Medicine & Child Neurology. 2008, 50(10):778—783.
[4] 朴永馨. 特殊教育词典[M]. 3版. 北京:华夏出版社,2014:452.

二、心理特点

(一) 认知发展

1. 听觉、触觉记忆表象多,机械记忆能力好

在记忆方面,视障学生缺乏视觉记忆表象,以听觉、触觉记忆表象居多。例如,在现实生活中提及猫这种动物的时候,明眼学生首先想起的是猫的样子,而视障学生首先想起的是猫叫的声音以及毛茸茸的触感;视障学生的听觉记忆以及动觉记忆较好,对听过的声音,经过很长时间后仍然能够记得;视觉表象的匮乏导致获取的信息不完整,但是日常生活中又有许多需要记忆的事情,所以视障学生的机械记忆能力较强。在工作记忆方面,学者的研究表明,低中年级视障学生的工作记忆明显落后于明眼儿童,随着年级的增长,差异逐渐减少甚至消失,这有可能与年龄增长和训练有关。[①]

2. 有意注意较为突出,注意的分配能力和稳定性较好

注意是指心理活动或意识对一定对象的指向和集中。视障学生主要以听觉、触觉等感觉进行感知、获取信息,在这个过程中就需要大量的有意注意,使得有意注意不断得到强化,因此他们的有意注意发展较好。[②] 视障学生在注意的分配能力和稳定性方面表现也比较好。例如,在音乐表演中,他们可以一边演奏乐器,一边听其他人演奏,以此保证乐曲演奏得和谐。视障学生的注意分配一般在触觉和听觉中进行。例如,他们可以一边听老师讲课,一边写盲文。

3. 分类分析抽象概括能力较差,推理能力发展不平衡

视障儿童由于视觉表象的缺失,难以形成清晰具体的概念;分类、分析综合、概括抽象等方面的能力较差。但有研究表明:先天盲学生与明眼儿童在类比推理和类比关系分析方面并不存在显著的差异;盲学生推理能力的发展不平衡,存在着明显的类型差异,因果性类比推理能力发展较好。[③]

(二) 人格发展

1. 内向、自卑、孤僻、退缩的个性倾向

有关明眼儿童和视障儿童在个性特征上的对比研究未得出一致的结果。[④] 由于行动不便,与外界交往少,视障学生容易形成内向的性格,容易产生自卑心理,对自己的缺陷很敏感,很在乎别人对自己的议论、看法,有时表现得很孤傲。[⑤] 但并不是所有的视障儿童都有这些问题,有研究表明,视障儿童对失明能进行良好的心理调整,能正确对待自己的局限性,表现出积极向上的精神。他们的情绪、情感的深刻性较好,通过教育能形成良好的理智感,即从深刻的认识活动中培养起一种比较稳定

---

① 方俊明.感官残疾人认知特点的系列实验研究报告[J].中国特殊教育,2001(1):3—6,17.
② 贺荟中,方俊明.视障儿童的认知特点与教育对策[J].中国特殊教育,2003(2):41—44.
③ 方俊明.感官残疾人认知特点的系列实验研究报告[J].中国特殊教育,2001(1):3—6,17.
④ 彭霞光.视力残疾儿童的教育理论与实践[M].北京:华夏出版社,1997:67.
⑤ 朴永馨.特殊教育学[M].福州:福建教育出版社,2000:181.

的、深刻的情绪体验。①

2. 不稳定的情绪特征,易激动、焦虑

有研究表明,在情绪方面,视障学生容易出现不稳定,易激动、焦虑等特征。②③④⑤如邓晓红等人对广东沿海四至六年级视障小学生的调查研究发现,对人焦虑是影响视障小学生心理健康的首要问题。这可能是由于视障小学生在社会交往中的被动性,使其容易产生猜疑、畏惧等不良情绪,从而导致其对人的焦虑倾向过高。

（三）社会性发展

与普通儿童相比,视障儿童在空闲时间与他人进行交流的机会较少,一般社会能力发展迟缓。⑥ 在日常交往过程中,一方面,视障学生看到或看不清对方的手势、表情等,难以很好地理解对方的意思,也很难用面部表情、手势等向对方做出反应,社会性发展从而受到一定程度的影响;另一方面,部分视障学生会有某些不被周围人所理解的刻板行为（盲态）,这会让视障学生在人际交往中给对方留下负面印象,而周围人因此形成负面态度和行为,这又会反过来影响视障学生的社会性发展。

三、学习特点

（一）学习动机

动机是指引起和维持个体活动,并使个体活动朝向一定方向的内部动力。视障学生非常关注教师对他们的评价,教师的态度将直接影响视障学生的学习动机。教师要时刻注意自己的言行,保护视障生的自尊心,日常以鼓励为主,特别是当视障学生在学习生活中取得成绩时,教师要及时给予表扬。但是要注意,教师一味地表扬也有可能会使学生产生骄傲的情绪,针对不同类型的视障学生还需要不同的教师评价。⑦

（二）学习过程

1. 听触觉为主的学习方式

视障学生主要通过听觉和触觉进行学习。他们主要通过听老师讲授、听各种媒体信息,触摸各种盲文资料、教具以及进行一定的手工训练等方式学习各种知识和技能。例如,为了让一年级的学生认识简单图形,教师需要应用大量的生活物品作为学具,视障学生通过触摸实物,抽象出相关的数学图形概念,从而在头脑中建立数学图形的表象,并强化训练了摸图、识图的能力,进而发展了空间观念。⑧ 但是对于

---

① 刘春玲,江琴娣.特殊教育概论[M].2版.上海:华东师范大学出版社,2008:130.
② 张悦歆,肖书恒.视障儿童心理健康研究述评[J].中国特殊教育,2020(2):15—20.
③ 黄柏芳.浙江省盲人学校在校学生心理健康状况调查报告[J].中国特殊教育,2004(3):39—42.
④ 李祚山.视觉障碍儿童的人格与心理健康的特征及其关系研究[J].中国特殊教育,2005(12):79—83.
⑤ 邓晓红,朱乙艺,曹艳.视障小学生心理健康与社交焦虑的特征及其关系研究[J].中国特殊教育,2012(11):44—48.
⑥ 威廉·L.休厄德.特殊儿童——特殊教育导论[M].7版.孟晓,等译.南京:江苏教育出版社,2007:433.
⑦ 马艳云.教师态度对视听觉障碍学生学习动机的影响[J].中国特殊教育,2005(02):22—26.
⑧ 翟海珍,要守文.视觉障碍儿童教学法[M].天津:天津教育出版社,2007:147.

有残余视力的视障学生来说,视觉在他们的学习中仍然发挥作用。

2. 需要特定学习工具辅助

在日常学习中,不管是盲学生还是低视力学生都需要特定学习工具的辅助,这些工具有助于他们更好地获取信息。盲学生需要有与明眼学生教材内容一致的盲文课本、练习资料等,同时还需要相应的音频资料、实物模型等。低视力学生要配备助视器以及相应的大字课本、练习资料等。在无法找到相应的资料时,可以对学习资料的字体进行调整,采用色彩对比强烈的颜色,选用的纸张不要太过于光滑,以免产生眩光。

(三) 学习效果

1. 不确定的学业成就

对于视障学生的学业成就的研究还未得出一致的结论。在某些情况下视障学生的学业成就落后于明眼学生的原因"并非视觉损伤本身造成,而是由教育者对视障学生的低期望及教育不利造成"[1]。也有研究表明,在大多数学业领域中,视障人群表现出与其年龄、年级相适宜的发展,唯一例外的是其"数学概念和计算领域中的表现相对滞后"[2]。

2. 识字、写字阅读方面困难

汉字结构复杂,低视力学生在识记过程中容易出现错误,在写字过程中也容易写漏笔画。由于对大量词汇的理解缺少相应的表象基础,又加之汉语中有大量的同音异型字和词,因而盲学生在阅读时容易出现困难。教师和家长要在盲学生的日常学习和生活中多加强词汇和事物之间的联系,对话时注意为盲学生提供一定的语境。

3. 对词汇缺乏感性认识

视障学生在学习语言时,主要靠听觉,缺少视觉表象的输入,因此,在理解一些词汇时缺乏视觉形象的支撑,经常出现词汇和形象脱节的现象。比如,他们可能听过"鸟"这个词很多次,能够说出"鸟"这个词,也听到过鸟叫,但是如果不能触摸到鸟,视障学生还是不能形成对鸟的具体形象。他们对一些词的理解有时会出现一些偏差,对于一些经常听到但是没有具体接触到的词,经常会出现误用的情况。由于没有全面的感知,视障学生对某些场景的认识也是片面的。例如,有的盲学生认为房子只有门和把手;认为公共汽车只有门、台阶、扶手和椅子。在生活中,可以通过让视障学生尽可能多地接触实物、模型、标本等来获得充分的感性认识。[3]

---

[1] 丹尼尔·P.哈拉汉,詹姆士·M.考夫曼,佩吉·C.普伦.特殊教育导论[M].11版.肖非,等译.北京:中国人民大学出版社,2010:341—383.

[2] Tuttle D W. Self-Esteem and Adjusting with Blindness: The Process of Responding to Life's Demands[M]. Springfiled, ill.: Charles C Thomas Publisher,1996:5—45.

[3] 苏林.视力残疾儿童随班就读工作手册[M].北京:华夏出版社,1993:22.

第二节　我国视障学生融合教育的发展历程及特点

视障学生是我国最早开始随班就读的一类学生,到今天为止已经有三十多年的经验可以供我们学习。现就我国视障学生融合教育的发展历程做简要的介绍,了解其特点,为我国今后视障学生的融合教育提供一定的启示。

一、发展历程

我国视障学生的融合教育最早始于"金钥匙盲学生教育计划"。1986年8月《中国盲学生文学》编辑部主编徐白仑以"一体化"教育思想为指导,根据我国国情,制订了"金钥匙盲学生教育计划"。[①] 1987年,徐白仑先生开始在江苏、河北、黑龙江、北京房山开展盲学生在本村就近的普通小学进行随班就读的实验。[②] 在1988年召开的第一次全国特殊教育工作会议上,时任国家教委副主任的何东昌指出要"逐步形成以一定数量的特殊教育学校为骨干,以大量特教班和随班就读为主体的残疾儿童少年教育形式的格局",并指出要"吸收已经掌握盲文的盲学生在普通小学随班就读"。从此金钥匙视障教育研究进入了协助政府推广视障儿童随班就读的阶段。[③] 1989年,国家教委委托北京、河北、江苏、黑龙江、山西、山东、浙江等省(直辖市)分别进行视力和智力残疾儿童少年随班就读实验,实验的范围进一步扩展。1990年,国家教委对该项实验做了充分的肯定,盲学生的随班就读在全国得到了推广。1994年7月,国家出台了《关于开展残疾儿童少年随班就读工作的试行办法》,规定学生优眼的最佳矫正视力等于或优于0.05、但低于0.3的属于低视力,可在普通学校接受教育,这为视障学生随班就读提供了政策保障。

20世纪90年代,国家开始重视边远地区的特殊教育为响应国家号召,"金钥匙盲学生教育计划"将关注的重点放在了广西、宁夏、青海等边远地区,带动了边远地区视障学生随班就读工作的发展,并将这项工作正式命名为"金钥匙工程"。"金钥匙工程"具体包括广西金钥匙工程(1996—1998)、内蒙古金钥匙工程(1999—2003)、陕西金钥匙工程咸阳示范区项目(2004—2009)、黑龙江金钥匙工程齐齐哈尔示范县项目(2005—2009)。[④] 金钥匙工程在我国的边远地区也取得了重大的成就。2004—2009年,国家选取陕西咸阳和黑龙江齐齐哈尔两地对已建立的视障儿童随班就读模式进行了检验,两地的随班就读工作取得了显著的成效。2003年,为了提高随班就读的质量,教育部基础教育司在全国开展建立随班就读支持保障体系的实验,对随班就读的支持保障体系进行探索部署,我国许多省、市也颁布了随班就读的相关规定。2004年,江苏省盲人教育资源中心建立,为南京、盐城、常州、无锡等地经评估确

[①] 沈家英,陈云英,彭霞光.视觉障碍儿童的心理与教育[M].北京:华夏出版社,1993:258.
[②] 徐白仑.金钥匙盲学生教育试点工作简报二[N].金钥匙视障教育研究中心内部文件,1988.
[③] 吕文慧.金钥匙视障儿童随班就读实践的历史考察(1987—2010)[D].上海:华东师范大学,2012:53.
[④] 沈家英,陈云英,彭霞光.视觉障碍儿童的心理与教育[M].北京:华夏出版社,1993:30.

定可随班就读的学生,制作、配发大字课本,积极促进并支持视障学生的随班就读。2006年,上海市教委出台了《关于加强随班就读工作管理若干意见》,上海市政府加大对该项工作的投入,于2010年4月成立上海视障教育指导中心,与医疗部门展开合作,积极探索新型随班就读工作模式。① 2015年1月,教育部公布了37个市(州)、县(区)为国家特殊教育改革实验区,针对我国特殊教育改革中的重点、难点问题,开展有关随班就读、医教结合、送教上门等方面的试验。②

二、发展特点

(一) 发展时间长,经验丰富

视障学生是最早开始随班就读的一类特殊学生。由于发展时间较长,视障学生的随班就读工作积累了较为丰富的经验。特别是徐白仑先生开展的"金钥匙盲学生教育计划",为随班就读的个别教育计划制订、师资培训、家庭支持等方面提供了丰富的经验。

(二) 推动力量多,发展迅速

视障学生随班就读的发展是由政府与非政府组织合力推进的。1987年,徐白仑先生开始逐渐在江苏等地推进盲学生在本村普通小学就近入学,随后在国家的支持下,范围扩展至山东、广西、内蒙古等地。在政府组织和由徐白仑先生带领的非政府组织的共同努力下,视障学生的随班就读在全国发展起来。

(三) 分布地域广,成效显著

我国视障学生的随班就读最先开始于东部地区,在江苏、河北等地取得了一系列的成果,视障学生随班就读人数大幅度提高,视障学生的教育得到了保障。随后国家将关注的重点放在了西部地区,"金钥匙盲学生教育计划"小组在西部地区先后开展的实验,得到各级政府的积极支持。至2006年6月,金钥匙工程已在8个省(自治区、直辖市)开展一体化教育实践,使数以万计的盲学生、低视力儿童获得上学机会。③

第三节 视障学生融合教育策略

普通教师对视障学生身心及学习特点的了解是进行融合教育的基础,想要帮助像蔡聪一样的视障学生在普通班级中学习,还需要掌握一定的融合教育策略。下面主要从环境创设、教学指导、班级管理、家校合作、社区支持五个方面介绍视障学生的融合教育策略。

---

① 徐洪妹.上海市视障随班就读巡回指导支持服务的实践[J].现代特殊教育.2008(3):81—84.
② 方俊明.随班就读支持保障体系的建构与完善[J].现代特殊教育,2017(3):31—33.
③ 邓猛.金钥匙视障教育理论与实践[M].北京:教育科学出版社,2008:44.

一、环境创设

（一）自然环境

1. 教室内的设施

有视障学生随班就读的班级,在开展教学之前要配备与明眼学生教材内容一致的盲文课本或者大字课本,以及相应的音频资料和教学中需要用到的实物模型等。低视力学生需要配备助视器。目前助视器大致可分为光学性助视器、非光学性助视器、非视觉性的辅助设备或装置、高科技助视器等几类。[1] 光学性助视器包括望远镜、三棱镜、反光镜、手持放大器等;非光学性助视器包括照明改善装备、滤光镜片、大体印刷品等;非视觉性的辅助设备或装置包括手杖、导盲犬等;高科技助视器包括阅读机、低视力增强系统等。有视障学生随班就读的班级要注意教室内的照明。每个学生的眼部情况不同,需要的照明条件也不同。例如,需强光的学生,其座位应安排靠近窗户的位置(侧对而不面对光线),必要时还应配置好调光灯台,黑板上方也需安装照射灯。需暗光的学生,应安排在较避光的座位处,外界光线强烈时还可拉上窗帘。此外,还应避免黑板、桌面的反射光线所造成的眩目现象。[2]

图 3-1 电子助视器[3]

2. 校园内设施

学校内要创设无障碍的环境。要在学校的教室、厕所、餐厅等地点安置明显的标志物,走廊以及教室内可以设置扶手,用色彩差异明显的材料标出楼梯边缘和通道出口,方便视障学生行走。游戏设施要方便视障学生使用,并且定期进行检查是否存在安全隐患。

学校内的地面要保证整洁、无杂物,地面尽量保证干爽,防止视障学生滑倒。可单独设置无障碍的卫生间,无障碍卫生间要保证有足够的空间、铺设防滑地砖,在墙

---

[1] 王雨生.脉络膜新生血管性疾病[M].北京:人民卫生出版社,2007:457—458.
[2] 北京市教育委员会,北京市特殊教育中心.随班就读教师基础知识与技能[M].北京:知识产权出版社,2013:79.
[3] 电子助视器[EB/OL].[2019—9—7]. http://hiphotos.baidu.com/yuyuqiu999/pic/item/41c2f191e79a38a0a877a4e8.jpg.

面上安装扶手,避免视障学生发生危险。门厅、电梯、走廊扶手部分应当设置盲文说明标记。教室及学校内物品的摆放位置以及视障学生的座位要相对固定,位置发生变换时,要及时告知视障学生。由于不同的视障学生对光的感受程度不同,残余视力的情况也不相同,在座位选择上,可以让视障学生自己挑选座位,为视障学生上课创造便利的环境。

图 3-2　栏杆上的盲文①　　　　　　图 3-3　电梯按钮上的盲文②

3. 资源教室

资源教室是为有特殊教育需求的儿童进行康复训练、实施个别化教育计划,集补救教学、教育心理诊断、教学支持、教育效果评估等多种功能于一体的辅助机构或场所。资源教室内的资源教师在其中起着主要作用。

资源教室应配备 1~2 名资源教师,配置适合视障学生的教材、教具、录放机、盲文打字机、实物投影仪、不同比例的放大镜以及诊断用的各种测验工具等。视障学生平时在普通班级学习,每天在固定时间才会到资源教室中接受资源教师的帮助。资源教师在全面了解视障学生情况的基础上,对视障学生的自理能力、社会适应能力等各项基本能力进行评估诊断,确定其特殊的需求,提供不同的支持,指导视障学生熟练掌握盲文,协助普通教师为视障学生制订个别化教育计划,安排课程和教学。

(二) 人际环境

融合教育不仅仅需要创设一种适合视障学生生活、学习的学校环境,更需要一个融合、融洽的人际环境。

1. 教师

作为教育主导者,教师的行为、态度直接影响到周围学生的态度。教师对待视障学生要抱有一种客观平等的态度。视障学生只是有某种特殊需要的儿童,其实每一个个体都有自己的不同需求,教师面对视障学生时,要考虑到他们的特殊性,同时更要看到他们与明眼学生的共性。教师不应过度地关注或者忽视他们,更不要抱有一种同情的态度,用平等的态度对待他们就是一种无声的融合。

---

① 栏杆上的盲文[EB/OL].[2017—9—15].http://img.wesiedu.com/upload/5/21/52123dceba7978d38ed786bd32a7e568.jpg.

② 电梯按钮上的盲文[EB/OL].[2017—10—19].http://www.szguanai.com/pic/2011—11/28/0050ba6b2e41103d75904d.jpg.

2. 学生

教师除了要用正确的态度引导明眼学生,还要采取一定的策略,在班级营造一种融洽的氛围。班级内学生初次接触视障学生可能会对他们感到害怕或者好奇,这时教师需要及时让学生了解视障学生的情况和需求。要让班级内学生学会尊重视障学生,要注意班级内可能会出现的给视障学生起外号、孤立视障学生等问题;在提供帮助时要先询问视障学生是否需要帮助;班级内的物品使用过后要及时放回原处;在与视障学生交流时尽量不要使用"这边""那边"等代词,要替换成具体的"右边""左边"等代词。

视障学生要更好地融合进普通的班级,除了需要周围老师、同学的努力,更少不了视障学生自己的努力。教师要做好视障学生的思想工作,帮助视障学生正确应对进入普通班级时可能产生的焦虑情绪,引导视障学生以积极的态度面对周围的环境。教师要培养视障学生在有需要或者困难时主动提出请求帮助的习惯,培养视障学生自我倡导的意识。

3. 家长

学生的态度不仅受到教师的影响,也受到家长的影响。要及时和班级中的明眼学生家长说明情况,引导家长对视障学生形成积极的态度。要让家长学会尊重视障学生,平等地看待他们,不要过度排斥和同情视障学生。同时也要让家长明白,视障学生在融合教育班级中学习,不仅有利于自身的发展,同时也有利于其他学生的发展,明眼学生在与视障学生交往的过程中,也能获得成长。

二、教学指导

(一)制定合理教学目标

1. 个别化教育计划

个别化教育计划是以适应学生差异为前提,以学生现有水平为基础,以满足学生个体发展需要为目的,有明确的发展目标和具体学习任务指标,操作性强,便于评价与监控视障学生教育与训练的管理工具。[①] 个别化教育计划内容包括:学生目前的教育成就水平、计划期限内的安置环境、计划期限内拟提供的相关服务、短期和长期目标、评估的方式标准及日期等的说明。

下面是个别化教育计划的实施流程。

①广泛搜集资料:教师不仅要搜集视障学生的眼科档案、基本档案、近期评估等动态的内容,同时还要测试视障学生的各种能力。与其父母、邻居以及本人进行交谈,了解他们的动态情况变化。

②确定发展起点:可以制定或寻找相关的记录表格,对其学习能力、心理状况、生活能力、社会适应能力等进行记录。

③对照整体目标:视障学生的发展目标与普通学生大体一致,不应因为视力因

---

① 徐白仑.随班就读低视教育师资培训课程[M].北京:华夏出版社,2003:60.

素就一味地降低对视障学生的要求。但是为了更好地促进视障学生的发展,可以适当地调整形式。

④发现主要问题:根据对视障学生的学习能力、心理状况、生活能力等的记录和观察,总结其最主要问题,为制订个别教育计划提供参考。

⑤进行教学研究:召开教研组会议,由辅导教师介绍视障学生的基本情况,教研组集体讨论,同时听取家长、同班同学和视障学生本人的意见,共同制定出本学期的目标与实行措施等。

⑥制订个别化教育计划:辅导教师根据会议结果制订出个别化教育计划后,再次召开教研组会议,将任务落实至每位成员,告知家长和学生,共同促成教学计划的达成。

⑦期中检查修订:结合期中考试,调整修改个别教学计划。

⑧期末全面总结:教研组在学期结束时对个别化教育计划进行评估,明确下一步目标。[1]

2. 随班就读教案

在个别化教育计划制订的基础上教师清楚地了解了视障学生的基本情况以及想要达到的目标,个别化教育计划在宏观上给出了教学的方向,但是还需要保障每一堂课的具体实施,因此教案的设计至关重要。表 3-2 是金钥匙教育研究中心设计的教案,可以为我们制订随班就读教案提供一些启示。

表 3-2 《爬山虎的脚》教案[2]

授课班级	年级、班级	全班人数	其中视障学生					
			姓名	性别	年龄	类型	程度	其他
	三年级一班	41	李某某	女	13	低视力学生	一级	
授课题目	爬山虎的脚		教材		人教版实验教材第六册			
面向对象	普通学生			视障学生				
教学目的	知识目标:了解爬山虎叶子和脚的特点,学习作者按结构顺序观察植物的方法,仿写一个片段。 能力目标:培养学生的阅读能力及朗读能力。 情感目标:激发学生热爱科学、探索大自然的兴趣			在保护视力的前提下,低视力学生充分运用其残余视力,教学目标同普通学生一样				
教学重点	学习本文的观察顺序			同普通学生一样				
教学难点	指导学生有感情地朗读课文			同普通学生一样				
教具与学具	多媒体			助视器				
主要教学方法	自主探究、合作探究			自主探究、合作探究				

---

[1] 徐白仑.金钥匙视障教育运行手册[M].北京:华夏出版社,2008:92—93.
[2] 李泽慧.特殊儿童的优质教育全纳教育培训手册[M].南京:南京师范大学出版社,2013:205—207.

续表

授课班级	年级、班级	全班人数	其中视障学生				
			姓名	性别	年龄	类型	程度	其他
	三年级一班	41	李某某	女	13	低视力学生	一级	

授课题目	爬山虎的脚	教材	人教版实验教材第六册
面向对象	普通学生		视障学生

| 教学过程及内容 | 一、直观导入
1. 多媒体演示漂亮的爬山虎,引导学生进行观察。
师:这么漂亮的爬山虎是怎么爬上高墙的呢?
2. 板书课题,释题。
(板书:16 爬山虎的脚)
二、自读生疑,质疑问难
1. 组织学生自读:读课题、读课文、边读边做好疑问记号。
2. 初知课文大意,抓住重点进行质疑问难。
三、梳理疑难,自主探究
1. 提问
(1)爬山虎叶子有什么特点?
(2)画出描写叶子静态、动态的句子。
(3)爬山虎的脚是什么样的?有什么作用?
2. 自主选择感兴趣的问题,自主认真研读文本,做好交流准备。
四、合作交流,相互补充
1. 凡是经教师适当点拨,学生能自己读懂的问题,教师引导深入探究。
(如,叶子的动态描写、静态描写)
2. 对于学生理解不透的问题,让学生合作探究。
(如,爬山虎的脚有什么的特点,作者是怎样进行观察的)
3. 在自主研读的基础上,针对同类问题学生进行合作。
五、个性汇报,成果共享
1. 说:说出自己的收获。
2. 读:读出自己的感受。
3. 画:根据课文内容画出爬山虎的叶子、爬山虎的脚,内化语言。
六、作业
仿写一种植物的外形。 | 一、直观导入
1. 由助学小伙伴带领到前面观察。
2. 借助指环助视器读板书。
二、自读生疑,质疑问难
1. 借助指环助视器读文、做记号。
2. 指名读文,教师点拨,小伙伴帮助。
三、梳理疑难,自主探究
1. 与普通学生教学内容相同。
2. 借助指环助视器认真读文做好交流准备。
四、合作交流,相互补充
1. 教师个别指导、演示。
2. 借助指环助视器读文。
3. 和组内同学合作。
五、个性汇报,成果共享
1. 与普通学生一样。
2. 借助指环助视器读文。
3. 同普通学生一样。
六、作业
画一画你喜欢的植物并对家长说一说。 |

续表

授课班级	年级、班级	全班人数	其中视障学生					
			姓名	性别	年龄	类型	程度	其他
	三年级一班	41	李某某	女	13	低视力学生	一级	
授课题目	爬山虎的脚		教材	人教版实验教材第六册				
面向对象	普通学生				视障学生				
板书设计	16　爬山虎的脚 　　　　　　位置：长在茎上 　　样子　形状：细丝、爪子 　　　　　　颜色：嫩红 　　怎样爬：触、拉、贴 　　脚　没触着墙：枯萎、没有痕迹 　　　　触着墙：灰色（牢固）				教学手记				
备注									

（二）适当调整课程内容

视障学生的发展特点和教育需要不同于明眼学生。原封不动地照搬普通小学的课程内容直接教授给视障学生，不仅不符合融合教育的理念，也不利于视障学生的发展。教师可以通过适应、调整、增添三种方法对课程的内容进行改造，使之更加适合视障学生的需求。

1. 适应

普通学校中的课程对于视障学生来说具有一定的挑战性。例如，同样的文章内容，刚刚入学的视障学生比明眼学生更容易存在阅读慢、读错字的问题。这时教师可以通过使用助视器或者放大镜等仪器的辅助，帮助视障学生更快地阅读课文内容，还可以通过让视障学生反复听音频材料等熟知课文内容。这样就在不变更普通课程内容的前提下，使视障学生尽快适应普通学校的学习内容，从而促进视障学生的学习。

2. 调整

适当调整课程当中视障学生无法完成的内容。在课程调整上，要保持慎重的态度。调整时要注意课程的连贯性以及改变的程度问题。调整课程内容可以从调整课程内容的数量、范围、深度、难度几个方面入手。[①]

为了更好地说明以上课程内容调整方法，表3-3以小学语文二年级课文《骆驼和羊》内容为例进行说明。

---

① 李泽慧. 特殊儿童的优质教育全纳教育培训手册[M]. 南京：南京师范大学出版社，2013：196.

表 3-3　课程调整内容表[①]

普通学生	视障学生
1. 学会本课十个生字"矮、证、园、伸、腿、肯、认、输、评、理"和由生字组成的新词,认识"脖、脆"两个生字。 2. 懂得应当全面地看待自己和别人。 3. 正确、流利地朗读课文,分角色朗读课文。	1. 学会"证、园、伸、腿、认、评、理"七个生字,认识"矮、脖、肯、输、脆"五个生字。 2. 懂得应当全面地看待自己和别人,正确认识自身的残疾。 3. 正确朗读课文,分角色朗读课文。
教具:课文录音、课文挂图、大字卡片	

通过听课文的录音,视障学生可快速地了解课文的内容,快速适应普通教育中的教学节奏;由于《骆驼和羊》这一课的生字较多,且有的字结构比较复杂,所以适当调整了教学目标,普通学生学会 10 个生字,认读两个生字,视障学生只需学会 7 个生字,其余字认读即可;在情感目标方面,可以借此课文,教会视障学生正确认识自身的残疾,此做法体现了对教学内容进行适当调整的原则。

3. 增添

视障学生的课程内容不能仅仅局限于普通学校的课程内容,还需要根据视障学生的特点增添一些其他的课程内容。例如,视功能训练、定向行走、盲文及辅助技术等补偿类课程;运动康复、言语语言康复、感知觉康复、认知康复等康复类课程;社会适应、职业教育等功能类课程;了解眼保健的知识和方法的保健类课程。[②] 这些课程的开设能够更有针对性地满足视障学生的需要,使其在融合教育环境中获得更长远的发展。

（三）采用多种教学方法

不同的学生有不同的特点,需要教师采用不同的教法更好地激发学生的学习潜能,促进学生的学习。常用的教学方法有直观教学法、口练和笔练相结合的方法。直观教学法分为三种:语言直观、模型直观和实物直观。[③] 语言直观是指在教学过程中要多采用具体生动的贴近实际生活的口头语言。例如,语文课文中有关颜色的描写,低视力学生就可以采取追忆以往印象的方式进行描述,盲生可以用颜色带给人的感觉来描述所理解的内容。模型直观是指在课程中能够使用教具、标本、雕塑等模型演示的时候,尽量向视障学生呈现模型,以便使其形成触觉印象。实物直观是指通过对实物的触摸、闻嗅甚至是品尝来增加视障学生的感性认识,获得更为直观的印象。口练与笔练相结合是指在教学过程中,不仅要采用平常的书写方式,还要采用口头练习的方式,口头练习有时能够更好地适应视障学生的需求。例如,在数学课中,对一些较为复杂的算式,教师就可以让视障学生口头叙述计算过程。

（四）合理进行教学评价

评价对教学过程至关重要,有效的评价能够真实地反映视障学生在学习过程中

---

① 徐白仑.金钥匙视障教育运行手册[M].北京:华夏出版社,2008:114.
② 徐洪妹.上海市视障随班就读巡回指导支持服务的实践[J].现代特殊教育.2008(3):81—84.
③ 钱志亮.特殊需要儿童咨询与教育[M].北京:北京师范大学出版社,2006:147.

的进步情况,同时也能进一步激励学生进步。评价要遵循整体、发展、科学的原则。

整体原则是指评价时要全面,不仅要评价学业发展,还要评价心理、社会适应、身体发育等方面的发展。发展原则是指要着眼于视障学生以后的发展,要看到其未来的潜力,不能因为现在的不足就否定以后发展的可能性。科学原则是指要科学合理地评价视障学生,不能只是套用对普通学生的评价方法。

(五)其他

在融合环境中对视障学生进行教学,教师还需要注意一些细节,例如,黑板必须干净,避免灰尘和反光等情况造成的板书内容不清楚;教师针对不同颜色的黑板使用不同颜色的粉笔,使其能够更清楚地展现出板书的内容;黑板底色要纯,能最大限度地显现出板书内容,图片、图像也要力求颜色鲜明,使低视力学生能看得出图的内容;板书整洁,文字间隔适中,每行加编号,清楚具体地讲述黑板上的板书内容;教科书和练习簿也要注意对比度,字体和格线要清晰,底色尽量要与字或线对比明显,但也要避免因纸张反光及纸张过薄,形成字体"透印"的现象。[①]

三、班级管理

(一)教师

教师要平等对待和尊重视障学生,不歧视、不过分呵护视障学生。要让视障学生融入日常的班级活动中,给他们自己选择的机会。例如,在竞选班级干部等方面,要给予视障学生参选的机会,让他们真正地融入班级中。此外,可以在班级管理中对视障学生进行行为训练。例如,视障学生由于各种原因出现的"盲态",可以通过日常上课时对坐姿等的纠正,在一定程度上加以改善。

(二)学生

教师要引导明眼学生关心爱护视障学生,可以通过召开视障学生不在场的班会、观看影片等形式,让明眼学生了解视障学生。教师可以给视障学生安排几名助学伙伴,助学伙伴的选择要依据自愿原则,同时也要注意不能让视障学生养成依赖心理。

成功的班级管理需要全员的参与,要营造一个融洽的班级环境,促进视障学生的融合,离不开视障学生本人的参与。教师要引导视障学生积极地参与班级管理,鼓励他们担任班级干部,积极参加班级集体活动。

四、家校合作

(一)视障学生家长

视障学生家长要关注孩子的心理健康问题。由于社会、学校以及视障学生自身的因素,视障学生有时会产生自卑、焦虑等情绪,家长要为孩子营造和睦融洽的家庭氛围,用包容、民主的方式对待他们。也可以对视障学生进行一些行为矫正训练,如

[①] 北京市教育委员会,北京市特殊教育中心.随班就读教师基础知识与技能[M].北京:知识产权出版社,2013:79.

社交技能训练等。还要加强培养视障学生的生活自理能力,如进行日常的洗漱、家务劳动等。

视障学生家长要学会延续学校的教育。首先是要及时叮嘱孩子做好课前预习和课后复习、注意上课认真听讲,家长要了解孩子在学校中学习的内容,在困难的地方适时地对视障学生进行帮助。在日常生活中视障学生也要经常对学校中学习的内容进行应用和巩固,例如,在学校中学习的生字,家长可以有意识地让孩子在日常生活中感受、识记等。

(二)普通学生家长

普通学生家长的态度影响到普通学生对待视障学生的态度,因此帮助普通家长树立正确的观点极为重要。可以通过观看影片、座谈会等方式,让他们了解视障学生,同时也可以让他们知道普通学生也能从视障学生的随班就读中受益。

五、社区支持

社区可以通过海报、板画等形式普及视障人士的特点、需要的帮助等,促进群众对视障人士的理解。也可以募集资金为一些家庭条件不好的视障学生提供必要的视觉辅助设备,例如助视器、阅读架等,或者提供一定的阅读刊物。还可以联系当地的企业、个人,为视障学生提供一定的社会实践机会,为日后更好地融入社会做准备。

第四节 视障学生融合教育案例分析[①]

一、基本情况

王某,男,六年级,低视力,同时患有双耳道闭锁,听不清周围声音,属于听力残疾,平时很难与他人进行正常的语言交往活动。其父亲反映王某的视力及听力残疾是生产时造成的。

二、现况分析

(一)主要问题分析

在心理方面,王某由于经常看不清楚周围的环境,在与他人交流时看不清楚对方的表情,加之家长没有适时地对他进行引导,因此形成自卑、孤僻、胆怯的性格。在学习方面,王某由于对周围环境反应比较慢,在课堂中常常处于一种被动的状态,不能积极主动地参与到课堂中。王某的语文成绩比较低,通常只有三四十分。王某说话语速较慢,没有太多的肢体语言,与同学交流有一定的困难。

[①] 北京市教育委员会,北京市特殊教育中心.随班就读教师基础知识与技能[M].北京:知识产权出版社,2013:78—82.

（二）家庭情况分析

王某家庭经济情况较好。其父亲一人负责王某的生活和学习，能够积极地配合学校的工作，但是由于工作繁忙，有时会出现力不从心的情况。

（三）学习能力分析

1. 语文方面

由于视力和听力方面的障碍，王某的语文成绩较差。在语言表达方面，不能清晰准确地表达自己的想法；在语言理解和阅读方面，由于理解能力较差，阅读文章速度缓慢，阅读能力有限；在书写方面，作业字迹潦草，完成度较低。

2. 数学方面

王某能完成基本的口算题目，解题能力比较有限。

3. 其他科目

王某上课注意力不集中，在学习其他科目时也会因为看不清楚、听不清楚而难以进行学习和操作。

三、融合教育策略

（一）环境创设

1. 物理环境

物理环境的创设主要从座位安排、照明、课本、教具等方面进行。在座位安排方面，根据王某的视力以及听力情况，教师将其座位固定安排在居中靠前的第一桌，这样王某可以近距离地看到板书以及听清教师的讲解，同时也方便在王某看不清楚板书的时候下座位查看。在照明方面，王某需要暗光、害怕强光。教师将他安排在中间避光的座位，还根据他的视觉感受开关窗帘。同时选用了不易反射光线的黑板和桌椅，可以有效地避免眩目现象。在课本方面，王某喜欢普通课本上的彩色插图，所以没有做特殊处理。在板书方面，由于教室内黑板是纯绿色的底色，教师一般使用黄色粉笔板书，并且做到板书字体大小以他能够裸视看清为主。课件内容尽量文字简单、色彩明晰，力求简单明了，课件中适量增加实物图片，以便王某更好地理解课件内容。考虑到王某的听力以及视力情况，适当增加实物教具的使用，方便王某对讲授内容进行理解。教师在授课时，王某可以佩戴扩音器，教师适当提高授课音量。

2. 人际环境

班级中形成了同学之间互帮互助的氛围。班级中的小卫一直自愿主动地帮助王某。王某日常行动缓慢，无论上厕所还是下楼，小卫始终坚持搀扶他；在学习上遇到困难时，小卫也总是主动向其伸出援助之手。一学期下来，两个人成为很好的朋友，建立了深厚的友谊。班主任与王某在班级日常生活中也建立了深厚的感情。王某由于说话语速较慢，没有太多的肢体语言，因此与同学交流有一定的困难，班主任总是耐心与王某交流，引导王某注意谈话礼仪。班主任和小卫的做法也影响到了班级中的其他同学，班级中形成了和谐融洽的氛围，王某也增强了与周围同学交流的意愿。

(二)教学指导

1. 分层施教

由于王某的学习能力和普通学生有一定的差异,教师在进行教学设计以及实施时,根据整体的教学要求,重视教学目标、教学内容以及作业的分层设计,同时对教学内容进行一定的调整。例如,在设计教学的时候,教师会把一些王某能够回答上来的问题留给王某回答,让他可以较准确地说出答案。这既增强了王某的自信心,也让他给班级中其他同学留下较好的印象,帮助王某在同学心中树立良好的形象。王某书写能力较差,经常漏掉汉字的笔画,教师就会在王某的手心一笔一画地将重点字词书写几遍,有时还会让他通过触摸感受实物来理解字词的意思。在作业布置方面,教师通常会适当减少王某书写汉字的数量,但要求王某做到字迹清晰美观。

2. 充分参与

为了避免"随班混读"现象的出现,教师十分注意提高王某在课堂上的参与度,始终给王某提供充分的参与机会。教师密切关注王某在课堂回答、小组讨论、个人练习方面的情况,一旦发现王某遇到困难,就会主动给予帮助。例如,上课时教师把语速放慢,遇到重要的知识点时语气会加强或有变化,并注意观察他的表情,如果他一脸茫然,就面对他把话重复一遍。课下教师还会对王某进行每星期两次的个别指导,帮助他填补学习上的漏洞。除此之外,教师还通过增加使用直观教学法、变换课堂的形式,例如上户外课,增加王某对课堂的兴趣,促进王某积极参与。

3. 适时赞扬

视障学生在学习方面十分需要教师的赞扬,教师的赞扬可以有效地激发视障学生的学习意愿。教师在对王某进行教学时,注意发挥王某的优势能力,寻找他的闪光点,适时赞扬,以提高他的自信心。在课堂教学中,教师让他做一些力所能及的事情,然后对他进行引导,让他体验到爱与自尊、信任与支持的快乐。教师特意为王某创设了一些体验成功的机会,例如,让他在班级内为大家唱一首歌,负责班级内的某一项卫生工作等,有意识地培养他的自信心。

4. 及时引导

王某的语文阅读能力比较差,不能理解文章中的许多词语。教师在授课过程中会经常选用实物作为教具,加强王某的理解。例如,让王某触摸感受杨桃的形状来理解课文《杨桃》。对于一些抽象的词语,教师会有意识地在生活中为王某解释,例如在王某与同学聊天时,老师会让他理解交流的含义。此外,在一些王某能够自己看清、听清楚的情况下,教师通常不会提供额外的帮助,鼓励王某充分利用自己的残余视力和残余听力。

(三)家校合作

教师经常在课下主动与家长联系,深入了解随班就读学生的情况,争取家长的配合,以此形成教育的合力。为了让王某养成良好的书写习惯,教师与家长频繁沟通。在沟通过程中,教师了解到王某家长很关注孩子的书写情况,但是由于在书写过程中,王某总是哭嚷着说眼睛疼,家长出于爱护孩子的心理,就不再要求王某书写,使得王某的书写水平越来越差。教师与家长沟通过后,得到了家长的支持,同时又对王某进行了细致的指导,王某的书写情况逐渐得到了改善。

（四）学习效果

王某在学校经过一段时间的学习之后,性格发生了比较大的改变,变得更加自信开朗了,经常主动和同学、老师聊天,有时还会把学校里发生的有趣的事主动讲给爸爸听,语言表达能力得到了提升。王某在学习方面也取得了比较大的进步,学习成绩有了很大的提升。通过在生活中以及课堂上的学习,王某对词语的理解以及运用能力有了很大的进步。在这个过程中,王某的爸爸与学校的联系也日益紧密,教师和家长共同为王某的进步而努力。

四、总结反思

在王某接受融合教育的过程中,学校及教师为王某创设了合适的学习环境、融洽的学习氛围,为王某在普通班级中学习创造了前提条件。教师在上课过程中采用符合其认知特点的教学方法,课下及时联系家长进行耐心的沟通,并且在班级中举办各种活动,促进了王某的发展。

通过上述案例分析,可以发现,要促进视障学生在融合环境中的发展,需要学校、教师、同伴以及家长的共同努力。

【推荐阅读】

[1] 钟经华.视力残疾儿童的心理与教育[M].天津:天津教育出版社,2007.

[2] 李泽慧.特殊儿童的优质教育全纳教育培训手册[M].南京:南京师范大学出版社,2013.

[3] 钱志亮.特殊需要儿童咨询与教育[M].北京:北京师范大学出版社,2006.

[4] 北京市教育委员会,北京市特殊教育中心.随班就读教师基础知识与技能[M].北京:知识产权出版社,2013.

[5] 翟海珍,要守文.视觉障碍儿童教学法[M].天津:天津教育出版社,2007.

[6] 徐白仑.金钥匙视障教育运行手册[M].北京:华夏出版社,2008.

【本章小结】

本章介绍了视障学生的生理、心理以及学习特点,对这些特点的了解是开展视障学生融合教学的基础,也是更好地制定视障学生融合教育策略的前提。融合教育策略的制定是开展视障学生融合教学的根本,教师需要从环境创设、教学指导等多个方面进行思考。我国针对视障学生的融合教育从开展到现在已经有三十多年的历史了,回顾我国视障学生融合教育的发展历程可帮助教师站在历史的肩头展望未来。最后,每一个成功融入普通环境中的视障学生的背后,都是学校、家长以及社会的合力支持,促进视障学生融合教育的发展需要多方携手共同努力。

思考与练习

1. 视障学生有哪些生理、心理以及学习上的特点？
2. 针对上述特点，在教学时需要做出哪些改变？
3. 根据上述内容，试着设计一份视障小学生随班就读的语文和数学的教案。
4. 作为一名小学融合教育教师，你打算采取怎样的策略与视障学生家长和普通学生家长进行沟通？

第四章 肢体障碍学生的融合教育

学习目标

1. 了解肢体障碍学生的生理特点，理解并掌握其心理特点和学习特点。
2. 了解我国小学阶段肢体障碍学生的融合教育的发展历史与特点。
3. 掌握针对肢体障碍学生的融合教育策略。

【案例导入】 2017年，一位单亲妈妈把重度脑瘫儿送进哈佛大学上学的新闻令无数人震惊，到这一所世界名牌大学上学是多少从小被冠以"天才"的孩子都无法企及的梦。故事的主人公丁丁曾以660分的成绩，考入北京大学环境科学与工程学院。本科毕业后进入北京大学国际法学院读硕士，工作一年后拿到哈佛大学的录取通知书。哈佛大学毕业后，又以超出及格线35分的优异成绩通过美国司法考试，现已成为北京一家知名公司的法律顾问。

1988年，因妈妈子宫内缺氧导致新生儿丁丁窒息，丁丁一出生被诊断为重度脑瘫。在收到5份病危通知书以及医生认为丁丁"将来非瘫即傻"的预测情况下，他的妈妈邹翃燕选择将他留下。邹翃燕说："我觉得我就是要他活着，他是我的孩子，我得让他活下去。"丁丁1岁前检测结果显示：智力正常，但轻微偏瘫，左脚活动不灵，有运动障碍。他总是流口水，双手没力气，握不住东西。医生说脑瘫儿的发育会迟缓，邹翃燕接受了这个现实。对于运动神经受损的脑瘫儿来说，3~6岁是修复孩子运动机能的黄金期，孩子能不能恢复，这三年是关键期。

为了帮助丁丁恢复肢体协调能力，邹翃燕给他制订了一系列的训练计划。从撕纸开始，邹翃燕从学校拿回一堆废卷子，让丁丁练习撕纸。小丁丁一开始连纸都拿不住，邹翃燕一次又一次地把纸放到丁丁手里。终于有一天，丁丁学会撕纸了，从两份到四份，再到六份，每一次微小的进步都让邹翃燕欣慰不已。随后，她又开始了拿筷子、握笔、发音等一系列常规训练。在这个过程中，丁丁哭过闹过，多少次都要"甩手不干"，但邹翃燕一直没有放弃。

虽然慢人一拍，但丁丁两岁半走路，5岁半能跳跃，7岁的时候，他成为一名小学生。然后是高中、大学，再到研究生……到现在，他已经与正常人基本无异，只是说话时在发音和语速上还略显笨拙，不能做穿针引线之类的精细活儿。

活动范围受限，从另一方面来说造就了丁丁专注的性格。他从小读的书就比别人多。即使考上了北京大学后，丁丁也丝毫没有懈怠。每天天不亮就出门去上早自习了，直到教室的关门铃响起才收拾书包回到宿舍。舍友们都不理解，这个平时不爱说话的"傻小子"怎么学习起来那么拼命，丁丁两次获得国家奖学金，并荣获北京大学三好学生、北京大学优秀毕业生、北京市优秀毕业生等荣誉称号。[①]

思考：

1. 结合丁丁的表现，想一想脑瘫儿童的特点。
2. 如果你班上有一名像丁丁的学生，你会如何对其开展教育干预？

通过丁丁的事例可以发现，肢体障碍学生是蕴含着巨大发展潜能的个体，他们的身体有着强大的代偿功能。通过缺陷补偿和康复训练，他们可以像普通学生一样上学、生活。因此，教师有必要了解肢体障碍学生的心理和学习特点，掌握肢体障碍学生的融合教育策略，为他们提供必要和有效的支持和帮助，促进他们的潜能获得最大程度的开发，帮助他们过上独立和精彩的人生。

第一节 肢体障碍学生的特点

肢体障碍，主要是指肢体器官损伤或功能缺陷而导致的肢体功能障碍，包括感知运动障碍以及身体其他组织系统的功能障碍，与"肢体残疾""肢体缺陷"等词在意义上有所差别，但实际运用时通用。[②] 2011年，我国颁布的《残疾人残疾分类和分级》规定：肢体障碍指人体运动系统的结构、功能损伤造成四肢残疾或四肢、躯干麻痹（瘫痪）、畸形等而致人体运动功能不同程度的丧失以及活动受限。肢体残疾主要包括：①上肢或下肢因伤、病或发育异常所致的缺失、畸形或功能障碍。②脊柱因伤、病或致发育异常造成的畸形或功能障碍。③中枢、周围神经因伤、病或发育异常造成躯干或四肢的功能障碍。

由于肢体障碍学生本身的活动受限，身体部分功能受损，因此在生理发展上有着和普通学生明显的差异，同时也会影响他们的心理健康发展和学习，呈现出其自身的独特性。本节主要介绍肢体障碍学生的生理特点、心理特点以及学习特点。

一、生理特点

生理发展方面，肢体障碍儿童的身体素质偏低，身体机能较差。肢体障碍学生由于自身运动功能受到影响，其身体姿势难以保持，无法协调地翻滚、起坐、行走，有的甚至无法采用正确的方式进食。运动发育受损影响了肢体障碍学生中枢神经系统的发育，感觉和运动功能不能正常发育，使肢体障碍学生的日常功能性活动缺乏保障，从而使整个系统发育延迟。

---

① 案例来源：致敬！中国单亲妈妈花29年把重度脑瘫儿送进哈佛.新华网[EB/EL].http://www.xinhuanet.com//world/2017—05/16/c_129605622.htm,2018—11—16.
② 朴永馨.特殊教育词典[M].3版.北京：华夏出版社,2014:424.

肢体障碍的成因复杂,类型多样,此处主要介绍三种类型的肢体障碍:脑瘫、脊柱裂和肌营养不良。

脑瘫(自主运动和姿势异常)在学龄儿童中是最普遍的一种肢体残疾,一些报告认为:在有肢体残疾或体弱的学生中,有一半或超过一半是脑瘫。脑瘫是大脑受损或者大脑发育异常导致的终身残疾。[①] 脑瘫儿表现为自主运动功能失调,包括瘫痪、肌无力、缺少协调、不自主地痉挛以及其他类型运动障碍,这类疾病可同时伴有神经发育迟滞、癫痫、视听障碍和摄食功能障碍等。约有 $\frac{1}{3}$ 的脑瘫儿智力在正常范围或超出正常范围,$\frac{1}{3}$ 存在轻度认知缺陷,另有 $\frac{1}{3}$ 是中、重度智力障碍。[②]

脊柱裂,指的是脊柱没有将脊髓包住,导致身体下半身控制肌肉和感知觉的部分髓鞘和神经不能正常发育。脊柱裂有三类,分别是隐性脊柱裂、脊膜突出和脊髓脊膜突出。通常,脊柱裂的患儿下肢有某种程度的瘫痪,走路需要支持物、拐杖或者助行器(如轮椅),常常不能控制大小便,容易小便失禁。[③]

肌营养不良,指一组进行性肌肉萎缩的遗传性疾病。肌营养不良仅发生在男孩身上,发病率约为 $\frac{1}{3500}$,$\frac{1}{3}$ 的患儿是由于基因突变引起的。肌营养不良的儿童出生时表现正常,大约在2~6岁时肌肉开始明显无力,从平躺姿势到站立姿势或从坐位姿势到站立姿势都有困难,走路容易摔跤,走路时步态异常,表现为肚子前挺、背成凹形,一般长到10~14岁就丧失了走路的能力。目前,还没有治愈肌营养不良的方法,治疗的重点也只是维持未受影响的肌肉功能。[④]

二、心理特点

肢体障碍学生由于生理上的明显残缺,行动不便,可能产生不同程度的心理障碍。疾病的影响、特殊的成长经历以及周围人的态度,使肢体障碍学生形成了独特的心理特点,归纳起来主要包括以下三点。

(一)认知:认知发展在一定程度上受到影响

一些肢体障碍学生由于神经系统出现缺损,会有动作协调不良、知觉功能异常等特点。在感知觉方面,肢体障碍学生存在感知觉障碍,包括视觉、听觉、触觉、位置觉等障碍,导致他们对外界刺激的感知能力下降或者缺失,对事物的感知不全面。在注意方面,肢体障碍程度较重的学生,身体经常伴随疼痛,他们的注意力稳定性较差,难以专注从事某项活动。在语言方面,某些肢体障碍学生(如脑瘫)的语言发展缓慢,经常会伴随无法控制的自言自语。在思维方面,大多数肢体障碍学生表象和

---

① 威廉·L.休厄德.特殊儿童——特殊教育导论[M].7版.孟晓,等译.南京:江苏教育出版社,2007:469.
② 刘春玲,江琴娣.特殊教育概论[M].上海:华东师范大学出版社,2008:218.
③ 威廉·L.休厄德.特殊儿童——特殊教育导论[M].7版.孟晓,等译.南京:江苏教育出版社,2007:471.
④ 同上书:472.

动作发展落后于普通学生,思维发展缓慢,形象思维多于抽象思维[①]。另外,肢体的残疾严重限制了他们的交往活动范围,空间上的孤立使他们的经验匮乏。

(二)人格:自卑、孤僻、退缩

大多数肢体障碍学生从小就屡遭挫折,甚至会受到冷眼、欺凌、取笑或不合时宜的同情,这些都会增加他们的挫折感。对挫折心理的研究表明,遭受挫折者一般多采取下列几种不同的方法来维护自尊:一是退缩行为,畏避公开的场合,习惯于孤僻独居,在幻想中寻找精神上的满足。二是反抗行为,以攻击他人泄愤,有的性情暴戾残忍。三是防卫森严,唯恐自我贬值,靠扭曲现实来自欺欺人,严防别人察知自己生理与心理上的虚弱之处。四是补偿行为,竭尽全力克服障碍,为达到某种成功,不惜付出巨大的代价。

(三)社会性:适应性行为缺陷,缺乏独立意识

较严重的肢体障碍学生多缺乏生活自理能力,饮食、排泄与起居都需要他人帮助,因此对他人很容易产生一种依赖感,缺乏独立意识。相比于同龄段的普通学生,他们更易缺乏安全感,时常表现出过度紧张和焦虑,这一方面是对身体健康状况的担忧,另一方面是由此产生的对未来前途的担忧,尤其是随着年龄增长不断认识到自身障碍对自己投入社会工作造成的巨大阻碍。

三、学习特点

(一)学习过程不畅

除了神经性运动功能损伤影响了肢体障碍学生的学习,药物治疗和一些每天必需接受的日常健康护理也对取得学业成就有消极作用。肢体障碍学生在发病时需要接受住院治疗,这种情况所造成的频繁的、有时是长期的缺课也会妨碍他们的教育进步。[②]

(二)学习策略不优

科斯特(Coster)和霍尔蒂万格(Haltiwanger)做了一项调查,采用学校功能量表中的"活动表现量表"对62名肢体障碍小学生进行评估,结果显示40%的学生在7项社会行为任务中的6项表现低于平均水平,而这7项任务都是学生学习与学业进度所必需的技能(例如,与同伴和成人积极地互动、对反馈做出建构性的反应)。[③] 因此,与普通学生相比,肢体障碍学生不太善于开展合作学习和建构主义学习,也不太善于运用元认知策略监控自我的学习。教师在平时的教育中,要注重学习策略的教学,以帮助肢体障碍学生掌握最为高效的学习策略。

(三)学习动机不足

由于肢体障碍学生存在自身缺陷,父母或老师会给予他们更多的照顾,从而导

---

① 雷江华.特殊儿童发展与学习[M].北京:高等教育出版社,2015:127—128.
② Mayer G, Mitchell L. A Drop-Out Prevention Programme for At-Risk High School Students: Emphasizing Consulting to Promote Positive Classroom Climates[J]. Educational Treatment of Children,1996(16):135—138.
③ Coster W J, Haltiwanger J T. Social-behavior Skills of Elementary Students with Physical Disabilities Included in General Education Classrooms[J]. Remedial and Special Education,2004,25(2):95—103.

致其依赖性变强而自主性变弱,学习动机不足。教师在平时的教育教学中,要有意识地培养他们的自主意识,根据肢体障碍学生的发展水平调整学习任务的难度,多让他们体验到成功的喜悦,从而提升自我效能感。

（四）学习效果不佳

肢体障碍学生由于经常伴随着身体疼痛和其他疾病,注意力无法长时间集中。肢体障碍程度较为严重的学生,由于身体肌肉无法得到锻炼,他们的身体素质较差,容易感到疲倦。比如,缺失双臂的学生,在普通教室和其他学生一起学习时,由于其自身缺陷,只能用脚趾夹住笔进行书写,这种书写方式需要花费更多的时间,耗费大量体力,会导致该学生无法专注于之后的学习活动,从而影响其学习效果。

第二节 我国肢体障碍学生融合教育发展历程及特点

1900年左右,芝加哥建立了第一个为肢体障碍儿童服务的特殊班级,这是肢体残疾儿童第一次被允许进入公立学校读书。至今美国肢体障碍学生融合教育已有100多年的历史。在一系列法律法规的强制性保护下,从1975年开始,美国获得教育服务的残疾儿童人数持续增长,残疾儿童的受教育权利得到有力保障。自融合教育提出以来,我国融合教育也在不断发展,安置人数和融合质量都有很大的提升。下面主要介绍我国肢体障碍学生融合教育的发展历程和特点。

一、发展历程

中华人民共和国成立后,受美国回归主流思想的影响,融合教育在中国的大地上生根发芽,一些中小学开始接收一些有特殊障碍的学生。当时我国还没有正式提出融合教育这一概念。双腿残疾的郑声滔,正是这一时期融合教育的受益者,现在他已成为闽南师范大学的教授。"北有张海迪,南有郑声滔",郑声涛的事迹曾经在全国广为传播,成为一代青年的楷模。1963年6月,郑声滔出生在福建省政和县的一个小山村里。一出生,他就被医生诊断患有小儿麻痹症,会留下双腿瘫痪的后遗症。郑声滔直至6岁才能坐起来,8岁才能坐稳。1971年9月,在郑声滔8岁的时候,他进入了政和红卫小学读书。郑声滔的班主任叫金克玲,教语文,当时年近三十岁,念高中时辍学去当兵,复员后到学校当老师,就是这样一位老师改变了郑声滔的人生。郑声滔每天在同学们去操场活动的时候,自己一个人在教室里用玻璃瓶解决自己的小便问题。有一次一个同学搞恶作剧,将郑声滔的玻璃瓶藏了起来,郑声滔尿湿了裤子,地板也湿了一大片。金克玲老师知道这件事后,给全班学生讲了雷锋叔叔抱着迷路的孩子回家和背着年迈的大娘过桥的故事。他告诉学生:"雷锋叔叔在哪里呢?其实到处都有,也在我们的教室里。雷锋叔叔说,对待同志们要像春天般温暖,对待自己的同学也应该像春天般温暖。"金克玲老师还给郑声滔讲了幼鹰怎样变成"飞行之王"的故事,培养他坚强的意志品质。在金老师的影响下,郑声滔愈发自信、乐观、坚强,最终凭借自身努力,展翅飞翔,实现梦想。

20世纪80年代末,中国开始对轻度残疾儿童普遍实施随班就读政策,随班就读成为中国普通教育机构中的一种重要教育形式。1994年8月,我国颁布的《残疾人教育条例》正式将随班就读确定为残疾儿童青少年接受义务教育的一种安置形式,为随班就读提供了法律方面的依据。① 随班就读政策的正式提出,使更多有残疾障碍的学生能够进入普通学校就读。1981年生于广西蒙西县的汤展中,先天性无双臂。1988年9月,7岁的汤展中顺利进入安富中心小学就读。彭福英老师是汤展中一年级的班主任,在第一天开学的时候,彭老师向全班学生介绍了汤展中,"我们班来了一位比较特殊的男孩,他的名字叫汤展中。汤展中的双臂是先天性的,一生下来就这么短,但是他的双脚和我们的双手一样灵活,不但可以拿筷子夹菜吃饭,而且可以夹笔写字。所以,我希望同学们,在以后的学习生活中不能欺负他,而且要自觉帮助他。"学校的老师发现了汤展中的书法才能,为其提供了良好的发展平台,教师先是把汤展中的书法作品寄到报社,然后又把汤展中送到县城里的儿童少年书法班学习书法。学校老师的关爱和赏识,让汤展中有机会踏入书画艺术的门槛,开启了他多姿多彩的人生旅程。通过二十多年的不懈努力,汤展中成为一名出色的口足书画家,在北京成立了"汤展中口足书画工作室"。

进入21世纪以后,在一系列政策法规的推动下,全国各地纷纷开始推行融合教育。融合教育在北京、江苏、上海、浙江等地已经初具规模,一些学校也形成了自己特有的融合文化和融合课程。小哲是北京永泰小学的一名中重度肢体障碍学生,他的动作总是要比别人慢半拍。学科教师主要采取学业支持策略,对他的学习任务进行调整,不断鼓励他。如英语学科教师发现小哲在英语课上虽认真听讲,却不敢举手回答问题,于是在课间找到小哲,鼓励他说:"你上课听讲真棒,我希望你继续加油!"英语学科教师发现小哲对于英语的"读、写"有一定的胜任能力,机械记忆能力又能达到同龄孩子的水平,但完成"听、说"方面的学习任务有一定难度。依据这一现状,英语学科教师调整了对小哲在"听、说"方面的教学任务,并在课下针对小哲的弱项进行个别化辅导。

目前,肢体障碍学生融合教育不仅在我国城市得到发展,很多农村地区也开始了融合教育的实践探索。12岁的燕燕是福建省福州市永泰县农村小学的一名随班就读生,该生小时候患有小儿麻痹症,自此腿脚落下了残疾,走路需要靠拐杖。燕燕在智力方面并无大碍,但学习态度不认真,作业马虎,练习册乱涂乱画,理解力、记忆力较差,不能及时消化和吸收教师上课所讲的内容,学习成绩一直不好。此外,燕燕平时不太讲究卫生,时常衣服不整洁,在班上把口水、鼻涕搞得到处都是。

针对燕燕的情况,学科教师主要采取学业支持策略,对学生的学科知识进行调整。在教学时适当放慢速度,课上时不时地用眼神示意或轻敲她的桌子、摸摸她的头来提醒她注意听课,让她感受到老师的关心和爱。教师也会在课余时间辅导、帮助她理解和消化课堂所学内容。针对燕燕的人际交往问题,班主任教师采取干预措

---

① 昝飞.融合教育:理想与实践[M].上海:华东师范大学出版社,2016:28—31.

施,建设和谐友爱、互帮互助的班集体,鼓励大家一起帮助燕燕纠正不好的个人卫生习惯。燕燕有良好的美术天赋,教师积极为她提供平台,成立班级绘画兴趣小组,让燕燕做小组长,教同学们一起画画,从中找到自信。对于学习上不懂的地方,教师鼓励燕燕向同学请教,从而让她感受到同学们对她的关心和关爱,感受到班集体的温暖。

二、发展特点

(一)安置人数逐渐增加

自20世纪50年代,我国一些普通学校开始接收肢体障碍学生,通过融合教育实践发现肢体障碍学生蕴含着巨大的发展潜能,随后各地自发开始进行一些融合教育的实践探索。进入21世纪后,我国也相继出台了一些法律,如《中华人民共和国残疾人保障法》《国家中长期教育改革和发展规划纲要(2010—2020年)》《特殊教育提升计划(2014—2016)》《第二期特殊教育提升计划(2017—2020)》。这些法律法规强有力地保障了肢体障碍学生的受教育权利,大量的肢体障碍学生得以进入普通学校就读。另外,一些单纯性肢体障碍学生大多数智力水平正常,相比于其他障碍学生更容易被老师和同学接受。还有一些肢体障碍学生兼有其他障碍,如听障、视障、智障、学习障碍等,被视为其他障碍学生安置在普通学校中。

(二)安置形式更为多样

目前我国针对肢体障碍学生的不同障碍程度,逐步形成了灵活且富有个性化的安置形式。2017年5月1日国务院第161次常务会议修订通过的《残疾人教育条例》提到融合教育的安置形式包括:安置在普通班级、安置在普通班配合资源教室、安置在普通班配合巡回辅导、安置在普通学校特殊班。程度较轻的肢体障碍学生可以直接安置在普通班。程度较为严重的肢体障碍学生可以安置在资源教室,接受半日制教学或接受巡回指导和送教上门服务。

(三)融合范围不断扩大

目前,我国肢体障碍学生的融合范围不仅包括教育资源较为丰富的东部地区,如北京、上海、江苏、浙江等地,还包括教育资源相对匮乏的西部地区,如甘肃、四川等。不仅包括经济较为发达的城市,还包括一些经济落后的农村边远地区,逐渐实现了肢体障碍学生融合教育在东西部地区和农村与城市均有发展的态势,融合的范围不断扩大。

第三节 肢体障碍学生融合教育策略

本节从环境创设、教学指导、班级管理、家校合作和社区支持五方面论述肢体障碍学生的融合教育策略,希望对学校教师和教育工作者有所启示。

一、环境创设

(一)便利无"碍"的物理环境

创设便利无"碍"的物理环境就是为肢体障碍学生设置无障碍通道和便利设施。

从大环境的无障碍空间设置(包括行走需要的轮椅道或者电梯,上厕所需要的特殊排便工具、合适的洗手台高度等)到教室中的设备和教具,都需要实现最少的限制和最大的便利,以便于肢体障碍学生可以独立完成各种行动,在校内自由通行。例如,根据其肢体残疾部位,适当安排座位、桌椅,以安全、舒服、平衡、移动方便为主要考量。针对乘坐轮椅的学生,要考虑其手肘活动、手指操作空间,可以增加轮椅配套的可移动升降桌板的设计,方便于他们的学习和日常生活。学校各地点的出入口要容易进出,通道边不要放置垃圾桶或其他障碍物;地面铺设防滑地垫,走廊、扶梯安装扶手。上课的教室最好安排在低楼层(一楼最佳)。

(二)温馨包容的人文环境

营造无排斥、无歧视、温馨有爱的人文氛围,教师既要以积极乐观的心态悦纳所有肢体障碍学生的个体差异,又要努力促进生生融合,即肢体障碍学生和普通学生的融合。一方面,鼓励普通学生体验坐轮椅行走、单手穿衣、用口写字、单脚走路,从而提高普通学生对肢体障碍学生的共情力,以期普通学生能够在生活和学习中主动关心、照顾、帮助肢体障碍学生。另一方面,有针对性地指导肢体障碍学生学习交往技能,比如教会肢体障碍学生如何向伙伴发出邀请、友好地提出请求,如何维持良好的伙伴交往关系等,如何改善冷漠、攻击、逃避、退缩等情绪行为问题,避免不必要的冲突等。

(三)功能多样的资源教室

建设多功能的资源教室,可以设置不同的活动区,满足肢体障碍学生的不同需要。肢体障碍学生(如脑瘫学生)需要进行一系列的康复训练,因此资源教室除了设置档案存放区和办公接待区外,还要设置感统训练区、精细动作训练区、认知训练区、沙盘区等,如图 4-1 所示的感觉统合训练区图和图 4-2 的精细动作训练区图。在资源教室的布置上,要求位置适中、光线充足、通风良好,环境尽量贴近生活和大自然。

图 4-1 感觉统合训练区[①]

---

① 海淀特教中心.融合指导|科学规划资源教室区域,上课更给力! https://mp.weixin.qq.com/s?src=11&timestamp=1547858439&ver=1317&signature=Q-o3bOl2CXcXyKLvUp74VCgo4CDkCOG*Bln*jdnFAxVbx342tRh4I4Oqa6uxI8oQQ8Kw4EUCWMEU*B*qSrc099fKD6Gc89XbsMxkueQwwfPX6qEJ5dvt9bk2jvhkAjRRP&new=1,2019—01—18.

图 4-2　精细动作训练区①

二、教学指导

教师可以通过灵活而有针对性的个别化教育计划、富有弹性而极具个性化的教学策略、开放而多元的伙伴互助合作体系、先进而科学的计算机辅助教学,最大限度地发挥肢体障碍学生自身的潜能,提升他们的生活自理能力,帮助他们做好充分的就业准备。

(一)制订个别化教育计划

个别化教育计划是根据学生的身心特点、个性发展状况及教养状况等,专为肢体障碍学生制订的适合其学习发展及潜能开发的教育计划。有了个别化教育计划,教学活动就更有针对性、组织性、连贯性,更能体现照顾差异、因材施教的原则。个别化教育计划包括学期计划(见案例 4.1)和课时计划(见案例 4.2)。教师制订计划时可以通过简化、减量等方式降低他们学习任务的难度,同时教师要提供支持和进行提示,帮助学生完成学习任务。最后,要评估学生学习目标的实现情况,判断目标制定是偏高还是偏低,并对教学方案予以修正。

案例 4.1

表 4-1　脑瘫学生随班就读个别化教学计划(学期)②

(2016 学年第 1 学期)

学科:语文　　年级:四年级　　起止时间:2016 年 8 月—2017 年 1 月

基本情况	姓名	小彬	性别	男	出生年月	2005 年 6 月
	残障程度	轻度智障,智商为 70,痉挛性脑瘫,身体右半边行动不便				
	学习基础	能识记一些学过的生字词语,完成简单的造句、组词;阅读分析、作文则靠老师辅导勉强通过				

---

① 海淀特教中心.融合指导|科学规划资源教室区域,上课更给力! https://mp.weixin.qq.com/s?src=11&timestamp=1547858439&ver=1317&signature=Q-o3bOl2CXcXyKLvUp74VCgo4DcdkOG*Bln*jdnFAxVbx342tRh4I4Oqa6uxI8oQQ8Kw4EUCWMEU*B*qSrc099fKD6Gc89XbsMxkueQwwfPX6qEJ5dvt9bk2jvhkAjRRP&new=1,2019—01—18.

② 马金玲.民族地区残疾儿童随班就读有效教育策略[M].兰州:甘肃教育出版社,2017:173—174.

续表

主要困难与问题	生词能够识记一部分,完成简单的造句、组词,但阅读理解和作文比较困难,学起来被动	
目标教学	1. 识字 200 个左右;写字力求规范整洁;能理解近义词、反义词。 2. 能回答一些简单问题;较正确地说明一件事;较正确地朗读课文;在老师指导下完成作文。 4. 逐步养成认真作业、仔细观察、肯动脑筋的学习习惯。	
实施措施(教学方法手段、辅导措施、硬件设施等)	通过多媒体教学及小组合作学习等多种形式调动学生的学习积极性。利用课间、放学后时间接受个别辅导。	
内容的调整情况	理解课文的句意这一内容暂不做要求	
评估反馈	目标达成度	字词学习与应用能达到 70%;说话、朗读目标达到 70%;阅读理解达到 50%;作文经过辅导达到 50%
	原因分析	虽然学生对字词掌握有一定的困难,但家长在家能够帮助孩子听写巩固所学字词;说话条理不清,个别字词发音不准;学生思维能力差,阅读理解困难

案例 4.2

表 4-2 脑瘫学生随班就读个别化教育计划(课时)[①]

学科	语文	课题	鸟的天堂	执教教师	王*	学校	城关镇××小学
学生类型	普通学生			随班就读学生			
教学目标	1. 理解课文内容,从不同角度感受文中描写的"鸟的天堂"中人与自然和谐相处的生命景观之美,增强保护生态环境的意识。 2. 在阅读过程中能够充分发表自己的见解。 3. 通过理解前后两次对"鸟的天堂"的描写,体会事物的静态和动态。 4. 学会本课的生字新词。 5. 有感情地朗读课文,背诵课文的部分段落。			1. 在老师或同学的帮助下理解课文内容,感受"鸟的天堂"中人与自然和谐相处的生命景观之美。 2. 学会本课生字新词。 3. 通过老师和小组同学的帮助,有感情地朗读课文。 4. 在老师或同学的帮助下,理解前后两次对"鸟的天堂"的描写。			
教学重点	1. 通过了解前后两次对"鸟的天堂"的描写,体会事物的静态和动态。 2. 课文里五次提到鸟的天堂,为什么有的加引号,有的没有加呢? 3. 体会"'鸟的天堂'的美",鼓励学生在阅读中充分发表自己的见解,并能用各种喜欢的方式表达感受。			1. 学会生字词。 2. 正确朗读课文。			

[①] 马金玲.民族地区残疾儿童随班就读有效教育策略[M].兰州:甘肃教育出版社,2017:176—178.

续表

学科	语文	课题	鸟的天堂	执教教师	王*	学校	城关镇××小学
教学难点	1. 大榕树为什么长得那么奇特,学生了解不多,可能会有疑问,要讲清楚。 2. 有感情地朗读课文,背诵自己喜欢的部分。				有感情地朗读课文,背诵自己喜欢的部分。		
教具	自制课件				写字板、软笔、音频		
教学过程	一、谈话导入 1.什么是天堂?(指名回答) 2.板书"鸟的天堂",鸟的天堂会是什么样呢? 二、新授 (一)学生边读边感悟 1.把课文读正确、读得流利。 2.想想自己读了课文后的感受是什么,在旁边写上批注。 在不理解的地方打上问号。 (二)教师检查自学效果 1.请学生读课文,教师在有生字、词语的地方注意纠正读法。 2.请学生谈自读课文的感受。 3.学生提出自己不理解的地方,互相交流。 (三)简介本文作者巴金及课文有关知识 本文是 1933 年作者到广东新会访友时,路过"鸟的天堂"后写下来的。"鸟的天堂"实际是写什么呢?"鸟的天堂"实际是指大约有 500 年树龄的一株大榕树,它位于广东省新会市南部天马村天马河上的一个小岛上。 (四)了解课文主要内容 1.作者是怎么去"鸟的天堂"的?去了几次?每次去的时间有什么不同?第几次才真正见到"鸟的天堂"? 2.哪些句子最能表达作者的思想感情?用笔画下来,并说说表达了什么感情。 (五)学习生字 1.请学生读词读字。 2.指导书写难写的字。 3.抄写生字词语。				1.读课题——鸟的天堂。 2.在老师或同学的帮助下朗读课文、默读课文。 3.在伙伴的帮助下检查自学情况,没完成的辅助完成。 4.在伙伴的帮助下找出句子并和同学们大声朗读。 5.参与读词读字活动。老师和同学帮助纠正发音。抄写生字词语。		

(二)实施分层差异教学

1. 着眼差异,分层定标

教师要制定适合学情、科学合理的教学目标,包括总目标和分层目标。将教学目标分层的目的在于根据学生掌握知识的不同情况来为不同层次的学生设置不同的学习目标,从而有针对性地教给学生不同水平层次的知识,以便和学生的知识结构相适应。依据肢体障碍程度与学习能力以及认知水平,教学目标可以分为A、B、C三个层次,A层次的目标在于抓好基础知识和基本技能;B层次则要求在掌握基础知识和基本技能后,能进行进一步探究和应用;C层次要求能够透彻理解教材的知识点,能运用、拓展知识点。分层定标在教学活动中对各层次学生的学习有导向和激励作用,并为学生逐层递进设立了台阶。

2. 面向差异,分层施教

教师按照教材内容进行教学,适时地增添删减内容,设置基础、提高、拓展三种进阶的内容,在达成大多数学生学习目标的情况下,又不失时机地满足了少数学生想提高、想拓展的要求。在交互式教学过程中,借助分层目标,实施分组教学和个别辅导。教师在掌握基础知识方面对所有学生要统一要求、统一教学;对于提高的任务,教师可以深化知识点,通过演示、讨论、点拨等方式让学生自主学习;对于拓展问题,教师可以完全放手,仅仅给学生提供一些简单的帮助提示,让学生以小组合作讨论的方式完成,难度大的则对学生启发点拨,指导学生独立完成。在整个辅导过程中,教师可采用"教师辅导+学生互助"相结合的方式。这种方式不仅可以解决教师无暇顾及每个学生的难题,还可以充分发挥学生"小老师"的作用。同样教师也可布置不同层次的作业练习内容,供学生选择与挑战,以减少学生挫败感,帮助他们获得自信。

3. 根据差异,分层评价

教学中,对不同层次学生的学习状况,教师可采用不同的评价方法。教师的评价不能仅仅着眼于某个学生处于什么层面,还要以发展的观点充分挖掘学生学习中的"亮点",以激发学生的兴趣。评价时,教师可以采用先自评、互评,再共评层层递进的评价方式,最后,教师结合每个层次的学生情况进行综合评价。

(三)建立伙伴互助合作体系

教师要营造团结友爱的班级文化氛围,推动建立伙伴互助合作体系。伙伴互助合作体系是整合学校、家庭、社区的教育资源,搭建一个更广阔、更生动、更优质的教育空间,从而帮助学生在课堂内外、校内外学习和生活方面实现互助。费尔德曼(Feldman)和登蒂(Denti)提出"思考—配对—分享""告诉—协助—检查""做事—检查—教学"三种伙伴互助学习策略。[①] 在教导一般学生协助肢体障碍同伴之前,可以请他们思考肢体障碍同伴在学校可能会遇到的困难,以及他们可能因为这些困难而被人误解等问题,进一步体会肢体障碍学生的感受,并且设想要如何帮助他们。

四川新津××小学为随班就读脑瘫学生阳阳安排了运动训练课程(见表4-3),这些课程主要是在班级小伙伴的帮助下完成,组建了伙伴互助合作体系,如图4-3所示。建立伙伴互助合作体系,既可以使全体学生从内心接纳阳阳,也可以使阳阳感受到班集体的温暖,从而实现身心皆安。

---

① Feldman K, Denti L. High-access Instruction: Practical Strategies to Increase Active Learning in Diverse Classrooms[J]. Focus on Exceptional Children, 2004, 36(7): 1—12.

表 4-3 ××小学随班就读脑瘫学生阳阳的课程①

时间	训练内容	场地	协助者
第一节课课间十分钟	踢球（下肢训练）	教室座位上	班级小伙伴
第二节课课间二十分钟	坐轮椅上厕所（上肢训练）	厕所	班级小伙伴
第三节课课间十分钟	踢球（下肢训练）	教室座位上	班级小伙伴
午饭后半小时	坐轮椅活动	操场或走廊	班级小伙伴
下午离校前半小时	双手肘支持高跪	资源教室	资源教师及小伙伴
晚上7~8点	双手肘支撑高跪、双膝放滚筒上，双脚推拉滚筒	家里	家长

如图4-3所示，建立新津××小学的互助合作体系分为四步：第一步，做调查分析，调查表分为"普通学生调查表""随班就读学生调查表""普通家长调查表""随读家长调查表""教师调查表""社区调查表"。资源教师及普通教师走进社区和家庭，去了解学生的需求。第二步，组建伙伴支持队伍，愿意参加互助合作体系的学生可以自主报名。之后先由教师推荐，再由学生选举产生。第三步，培训。提供伙伴支持的学生，小伙伴队伍建立之后，要对小伙伴进行一系列的培训，培训内容包括助学职责、支持对象的特点、支持方法、需要注意的问题等方面。第四步，进行服务内容分工，根据小伙伴们的学习生活特点对支持服务内容进行分工，以便更为有效地支持随班就读学生。

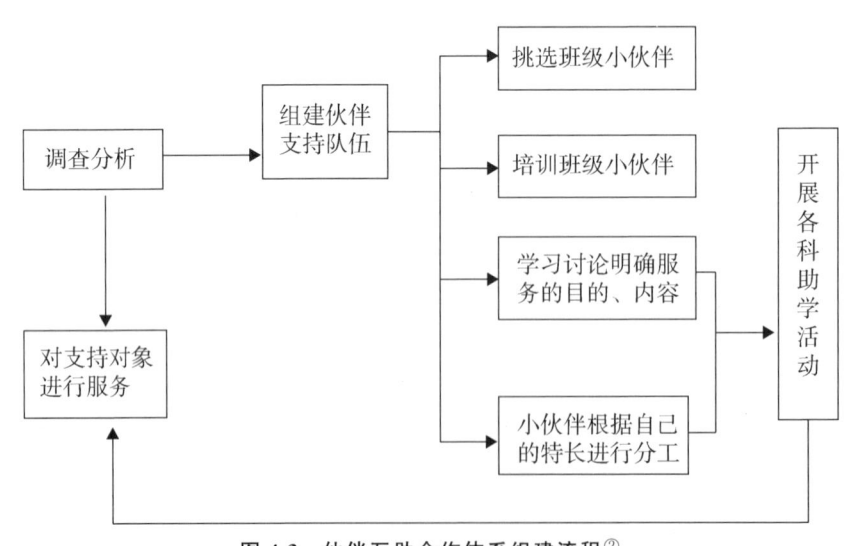

图 4-3 伙伴互助合作体系组建流程②

---

① 王振洲.四川省新津县随班就读资源教室的系统化建设研究[D].重庆：重庆师范大学，2014：49—51.
② 图片来源于：王振洲.四川省新津县随班就读资源教室的系统化建设研究[D].重庆：重庆师范大学，2014：49—51.

（四）运用计算机辅助教学

为增强学习效果,肢体障碍学生既可以使用低技术辅助设施(如图片交流手册、多媒体课件、写字板),也可以使用高科技的辅助设备(如系统化的综合语言设备、iPad、掌上PDA)。高科技辅助设备可以有效帮助学生实现独立学习,增强学习效果。

三、班级管理

朱文雄认为,班级管理包括两重含义,其一是教师根据一套客观、科学、系统、富有人性化的准则适当有效处理班级中各项人、事、物,以达到教育目标。其二是以班级为单位,以教师为中心,以科学、人性化精神结合社区、家长、学生力量以求班级目标之达成。[①] 舒尔茨(Schulz)表示,要建立一个成功的融合环境,教师扮演着非常重要的角色,其中教师的态度(例如,对融合教育的态度、对特殊学生的态度)、期望(例如,教师对学生的期望是否适切)和能力(例如,处理学生突发状况的能力)起着举足轻重的作用。[②] 因此,教师在班级管理中,既要做好对班级常规以及学生情绪与行为的管理,还要做好对自己情绪和态度的管理。

（一）教师自我的管理

有研究者指出,与班级管理相关的因素除了学生和家庭因素、学校和班级因素外,还包括教师本身的因素。教师本身的因素包括教师的专业背景和能力、教师的教育信念和以往的教学经验。[③④] 戈尔登贝格(Goldenberg)进一步表示,教师的信念和态度与行为是相互联系的,会影响学生的学习成果,它是融合教育班级管理的重要影响因素。[⑤] 教师的信念和态度影响着融合教育的效果,因此,教师要保持开放和接纳的心态,具备同理心,能够设身处地理解肢体障碍学生的困难,保持开放心态,不要求所有学生都达到一致的标准。就像一位教师所说的那样"有开放的心态最重要,最主要的是有心,有心就会有方法。如果说实施融合教育有特殊的技巧,那就是每个孩子都不一样,背景不同,所以采取应对的方法也不一样,方法就是要依孩子的具体问题而改变"[⑥]。另一位老师也提到:"老师需要从思想深处接纳学生,把他当作需要关心、爱护的人。从感情上与学生沟通,从心理上接纳学生,从人格上尊重学生,教师只有真正地悦纳自己,才能悦纳孩子"[⑦]。

---

① 朱文雄.班级管理[M].5版.高雄:复文图书出版社,1999:4—13.
② Schulz J B. Mainstreaming Exceptional Students: A Guide for Classroom Teachers[M]. 4th ed. Boston: Allyn and Bacon,1991:404—406.
③ Bull S L, Solity J E. Classroom Management: Principles to Practice[M]. 2nd ed. New York, NY: Routledge. 1993:18.
④ Frederickson N, Cline T. Special Educational Needs, Inclusion, and Diversity: A Textbook[M]. Phildelphia, PA: Open University Press,2002:197.
⑤ Goldenberg C. Successful School Change: Creating Settings to Improve Teaching and Learning[M]. New York, NY: Teacher College, Columbia University. 2004:58.
⑥ 钮文英.拥抱个别差异的新典范——融合教育[M].2版.台北:心理出版社,2015:147.
⑦ 王红霞.教学相长:特殊教育需要学生与教师的故事[M].北京:华夏出版社,2017:179.

(二)班级常规的管理

教师与学生共同拟定班级常规管理方案,让学生共同进行民主讨论,制定简短、明确的班规。应该保证学生知晓每一条班规的内容,并且都能心服口服地接受。例如,学生上课的时候必须认真听讲,不能在教室里跑来跑去、大吼大叫;按时完成家庭作业;回答问题的时候要举手等。配合班规,建立班级一致性的奖惩规则。可以实施班级小组加分制,运用同伴的力量带动肢体障碍学生遵守班规。对于班规内容,针对肢体障碍学生的特质与能力做出适当弹性调整,制定项目名称与班规一致,但是评量标准与普通学生可略有差异,例如,可根据肢体障碍学生的需要延长用餐时间和适当调整午睡时进行的活动。甚至可以约定专属于肢体障碍学生的奖励方式,让他更有机会得到鼓励。

> **资料卡片**
> **建立常规的注意事项**[①]
> 1. 针对全班拟定团体性的基本规则,这样可以减少特殊学生被针对、被指责的心理压力,保护学生的自尊。
> 2. 树立规范的技巧:清楚说明,最好加上实际举例;一次要求的规范数量不要多;先要求对大家都有益处的规范,不宜提太琐碎的要求。

(三)学生情绪和行为的管理

肢体障碍学生容易出现自卑、孤僻、退缩行为,教师应该密切关注肢体障碍学生的情绪变化。教师要以镇静的态度面对学生的情绪和行为问题,教导学生表达意见、表达情绪、处理突发情境的方法。有些学生可能会突然在课上爆发情绪,教师应该洞察出现问题的原因并采取应对措施。如果学生因为久坐而造成身体不舒适,可安排他进行适当活动,如擦黑板、倒水、收作业等。如果学生因某种突然袭来的光线、声音或触觉而造成感官不适,应立即请资源教师或特教助理带其暂时离开,平复情绪后再回到班级。此外,教师应提前跟家长了解学生的具体情况,设计课程时尽量避免使用刺激源。如果学生是因某事没有得到满足而出现情绪问题,教师应先想办法让学生平静下来,通常可以带离当前环境,让其自己平复情绪。对于障碍程度严重的学生,教师可以示范正向期待行为,也可以进行角色扮演,让学生从而领会学习相关规则要求。例如,让学生扮演下列情景:现在还是上课时间,我应该认真听讲,并完成我的作业;我的老师现在看起来是很忙,我要举起手,安静地等待他走到我的桌旁,告诉他,我做完作业了,请他检查我的作业。

四、家校合作

家庭在学生生活中扮演着重要和不可替代的作用,学生的健康成长离不开家庭和学校的通力合作。家校密切合作,是学生健全发展的基石,而教师和家长之间的有效沟通就是家校合作的重要前提和保障。教师若能与家长协作,双方都能更进一

---

① 钮文英.拥抱个别差异的新典范——融合教育[M].2版.台北:心理出版社,2015:147—148.

步相互了解、接纳,学生在学习上才可能取得更大的进步。

(一)与普通学生家长的合作

第一,教师要让普通学生家长了解融合教育的趋势和优点,让他们知道肢体障碍学生的加入可以帮普通学生学到什么。① 例如,教师可以告诉家长:"孩子有一天会离开学校,社会上本来就有形形色色的人,每个人都有需要帮助的时候。肢体障碍学生的加入,可以让普通学生学会对他人的困难产生同理心,学会接纳和帮助不同的人。有一天,孩子会长大,我们会变老,手脚可能不灵活、反应可能变迟钝,遇到和肢体障碍学生一样的困难……如果我们的孩子从小就学会同理、接纳和关怀他人,那么最后受惠的是我们。而且帮助他人的孩子会得到他人的认可和支持,当他们有困难时,也会获得他人的帮助,孩子也会从中受益。"

第二,了解普通学生家长对融合教育的看法和所担心的问题。通常普通学生家长会担心肢体障碍学生的加入会伤害自己的孩子。教师应该理解他们的反应,并且积极解答他们的疑惑,告诉普通学生家长教师会采取的预防和应对措施,让普通家长知道融合教育不仅不会对他的孩子产生不良的影响,反而有利于孩子的身心发展。

第三,鼓励普通学生家长积极参与家校合作,积极为班级建设、课程教学出谋划策,接受并认同融合教育,协助肢体障碍学生顺利融入班级。

(二)与特殊学生家长的合作

首先,教师要了解肢体障碍学生家长的困难和所担心的问题,给家长充分赋能。有研究者提出教师要给家长充分赋能,形成家长中心模式,可以遵循以下六个原则:视家庭为一个动态系统、了解并尊重家庭的独特性(包括家庭文化、价值观)、发掘家庭的优势和资源、定位家庭的需求和优先顺序、支持家庭的生活形态以及建立家庭及专业人员平等的合作关系。②

其次,教师要真正接纳肢体障碍学生以减少家长的疑虑。肢体障碍学生蕴含巨大的发展潜能,教师要有一双发现美的眼睛,挖掘学生身上无限的可能性。善于发现肢体障碍学生的特长,赞美他们的所长,使家长能感受到教师对他们孩子的关爱,进而减少家长的疑虑和担忧。

最后,教师要以真诚、尊重和积极的态度与家长进行有效沟通。有效的沟通是合作的前提和基础。有学者提出了教师与特殊学生家长有效沟通的原则:一是接纳;二是积极倾听;三是有效提问;四是鼓励;五是维持讨论的方向和焦点;六是发展成合作的伙伴关系。③ 教师与家长沟通时应避免使用一些负面语言,以免引发特殊学生家长的误会,从而影响沟通的效果。掌握一些沟通时的代替语,会让家长听起来感觉比较舒服,在整个沟通过程营造轻松愉快的氛围。教师与家长沟通时宜避免和宜采用的语言示例见表4-4。

---

① 钮文英.拥抱个别差异的新典范——融合教育[M].2版.台北:心理出版社,2015:271.
② 钮文英.身心障碍者的正向行为支持[M].2版.台北:心理出版社,2016:595.
③ Wilson G L. The Persuasive Effects of Self, Peer, and Professional Advocacy on the Attitudes of High School Student Toward Inclusion of Peers with Disabilities[M]//Dissertation Abstracts International. Section A: Humanities and Social Sciences,1994,54(11A):4062.

表 4-4　教师与家长沟通时宜避免和宜采用的语言示例①

宜避免的不适切语言	宜采用的代替语言
1. 以"必须"的语言与家长沟通,例如,"你必须教他以礼貌的用语向同学借东西,而不是直接拿取"。 2. 以"与别人做比较"的语言评论学生的表现,例如,"阿志的作业表现比同学差,成绩也落后人一大截"。 3. 评价的语言,例如,懒惰、惹麻烦、不合群、人缘差、莽撞的、肮脏的、顽固偏强、散漫草率、逃学等。 4. 专业术语(如 IEP)或缩写 5. 对家长以恩人或专家自居的语气说话,例如,我确定你在家无法处理彬彬注意力差、爱跑神的问题,所以我在学校帮你处理了。 6. 如果家长指控教师的做法,教师说谎或拒绝面对家长的指控。	1. 以"最好"的语言与家长沟通,例如,"你最好教他以礼貌的用语向同学借东西,而不是直接拿取"。 2. 以"与自己做比较"的语言评论学生的表现,例如,"阿志的作业表现低于他之前的表现,成绩也低于他的平常水平"。 3. 以描述性、正向引导的语言描述观察到的问题,取代对他们的负面评价,例如,应该学习勤奋细心一些,应该学习和同学相处,应该适当地听听他人的建议,应该更遵守课堂纪律一些。 4. 简单,但又不失真实的用语,让教师与家长的互动更具亲和力,例如,教导阿鸿在适当的时机提问和回答问题,以改变他上课不适当讲话行为,并且把它定为个别化教育计划的目标。只有确信家长能理解专业术语或缩写词的含义,教师才使用。 5. 教师向家长表示愿意成为他们孩子教育的合作伙伴,例如,我们一起来处理彬彬注意力不集中的问题。 6. 如果家长指控教师的做法,教师不要说谎或拒绝面对家长的指控,可请求学校行政人员的协助。

案例 4.3

美国教师 Lory 与 Ruth 父母的对话(节选)②

美国教师 Lory 继续笑眯眯地说:"另外,你们是 Ruth 的重要他人,我也想让你们了解我在学校的做法,看看你们有什么建议,毕竟你们会比我更了解 Ruth,看有没有什么我特别需要注意的,以便提供最适合 Ruth 的学习环境。此外,我们都是最能帮助 Ruth 的人,让她有最好的成长,也是我们共同的目标。若我的做法,经过与你们讨论,变成我们共同的想法,那么也恳请你们在家里也能延续学校的做法。这样一来,我在学校努力,你们二位在家里让孩子将学校所学,继续练习、深入,我在学校又根据你们在家的努力,继续跟进。我相信孩子在我们双方方向一致的努力照顾、教导下一定能有很好的学习与发展。不知道你们的想法、意见如何?你们的想法,对我是重要的。"

---

① 整理自钮文英.身心障碍者的正向行为支持[M].2 版.台北:心理出版社,2016:604.有改动和删减。
② 吴丽娟.一个家校合作互动的金钥匙——如何有效、轻松地进行亲师沟通(上)[J].特刊:谘商与辅导,2013(326):48—50.

五、社区支持

社区是实施融合教育的重要场所,也是实施融合教育的重要资源所在。社区实施融合教育可以使学校教育和社区教育融合在一起,改变目前学校、家庭教育和社区教育相互独立、相互隔离的状态,最大限度地整合和利用资源。[①]

首先,应建立学校与社区、家长互相沟通的制度。要加强学校与社区、学校与家长的联系沟通,通过参与社区活动,家长可以了解肢体障碍学生在活动中的表现,加深与孩子之间的沟通与理解。其次,应引导社区积极参与学校教学活动。围绕融合教育的目的、内容,加强社区与学校的互动交流,尽可能为学校的融合教育提供更多的资源,如社区举办讲座、成立融合教育委员会等。

第四节 肢体障碍学生融合教育案例[②]分析

案例中的 QW 是一名手足徐动型脑瘫[③]学生。QW 在接受教育训练和康复训练前已接受各方面的评估,在成都市某普通小学接受了两年的融合教育。QW 接受融合教育的过程共分为四个阶段。学科教师、资源教室师与 QW 的父母共同制订了融合教育实施的计划与教育措施,这有效提高了融合教育效果,QW 各方面能力也得到了提升。

一、基本情况

(一)学生基本情况

姓名:QW(化名)。

年龄:12 岁。

年级:五年级。

融合教育时间及地点:2007 年 9 月—2009 年 7 月,成都市某重点小学。

(二)家庭基本情况

QW 出生后与父母同住。为了使 QW 能独立生活,QW 的父母在他 2 岁多的时候,将其送入成都某特殊教育培训中心,接受专业的物理治疗、个别化特殊教育服务。5 岁时 QW 能独立行走,但走得不稳定,被旁人稍一碰触即会摔倒。6 岁开始 QW 在该中心特殊教育教师一对一的指导下学习小学一年级的语文、数学等课程。由于 QW 的身体情况,他的父母花费了很多时间和精力照顾他,对他保护过度。

---

① 黄兆信,万荣根.社区:融合教育实施的重要场域[J].教育与发展研究,2008(23):79—80.
② 徐素琼,黄丽.手足徐动型脑瘫儿童随班就读的个案研究报告[J].中国特殊教育,2010(3):23—25.
③ 手足徐动型脑瘫儿童约占脑瘫儿童的 20%,调查显示,该类儿童的智力情况:正常偏低或轻、中度智障,且手足徐动型脑瘫儿童全身肢体活动难以用意志控制,常伴有语言障碍。

二、现况分析

智力特点:显示出轻微的智力低下。

社会适应能力:QW融入正常环境的机会并不多,社会生活经验较缺乏。对于陌生人和不熟悉的环境,有畏惧心理。QW易接近新鲜事物,性格外向、乐于表现、讨人喜欢,没有情绪与行为问题。采用《婴儿—初中学生社会适应能力量表》(修订版)测评,QW的得分为8分,表明其社会适应能力低。

认知能力:学习态度好、学习动机强,尤其喜欢数学,心算能力特别好。QW第一至第八学期期末语文、数学考试的成绩,语文平均65分,数学平均70分。每学期期末均使用普通小学期末试卷测试,在不限制答题时间的条件下(不超过3小时),以纸笔测试的方式完成。

语言沟通能力:具备基本的口语表达能力,但口齿发音不清晰,只有熟悉QW的家人、老师、同学才能听得懂。

粗大动作能力:在手腕部绑半斤沙袋给一定重力帮助其手部控制的情况下,QW能在1.5厘米×1.5厘米的格里写字,其写字速度较慢,为10~15个字/分钟。

生活自理能力:因为姿势异常和运动障碍,会经常把饭洒在衣物上;在他人协助下能刷牙、穿衣。

三、融合教育过程

QW接受融合教育的过程见表4-5。

表4-5 QW接受融合教育的过程

第一阶段	本阶段目标:熟悉环境,独自安全地往返于家庭与学校
2007年9月至开学前一星期	(1)克服畏惧心理:研究者和家长邀上QW所住小区里在同一个学校上学的学生陪同QW从家走到学校。小区里的6名学生一路上非常热情地给QW介绍路边的报亭、超市、玩具店、小地摊、交通协助点,并在研究者和家长的协助下,把QW介绍给学校守门的保安叔叔。 (2)安全穿越十字路口:经过研究者和家长对QW进行了两天的实地训练后,QW会站在行人队伍最前面或最后面,避开行人的碰触,并在交通信号灯转换前和其他行人一起通过上学路上的两个十字路口。在每天上学和放学的高峰期,学校门口的大交叉路口有交警和学校组织的小黄帽安全协勤队人员帮助全校师生以班级为单位有序地穿越马路,QW只需跟上班级步伐就能安全通过马路。 (3)按时往返:家长与QW达成协议,如果一个月内每天都能在20分钟内从学校回到家(普通学生需10~12分钟),且上学不迟到,家长带QW去游乐园玩一次。家长为QW配备了手机,以应对特殊情况。
第二阶段	本阶段目标:参与部分班级活动,熟悉大班授课模式,得到多数同学的接纳
2007年9月至2007年10月	(1)班会课上的相见:班主任将QW生长的经历编成小故事讲给班里班级其他学生听后,再正式将QW介绍给全班学生。小小的故事不仅给全班学生上

续表

第二阶段	**本阶段目标:参与部分班级活动,熟悉大班授课模式,得到多数同学的接纳**
	了一堂很好的思想品德课,更激起学生的同情心,全班学生很顺利地接受QW的"怪异"姿势和形态,热情欢迎他加入班级。 (2) 课堂常规和班级常规的建立:班主任把QW安排在教室中间第一排的位置,课堂中老师能及时关注他,让QW少分心;精心挑选品学兼优的学生做他的同桌,同桌必要时提醒QW,帮助他转换角色。下课前,QW主动举手,老师提前5分钟让他下楼,避开最拥挤时段,以便有足够的时间安全如厕。 (3) 创造沟通机会,让老师跟同学们熟悉其发音:每天值日生主动帮助或关心QW,这就提供了QW跟不同同学沟通和交流的机会。并且班主任利用放学回家前的5分钟,让QW给大家读一个小故事或小笑话,这不仅锻炼了QW的口语表达能力,更让全班同学熟悉了他的吐字、发音情况。 (4) 使用小策略吸引同学,尽可能发展友谊:研究者有意识地引导QW以共同的兴趣、爱好来吸引同学,比如QW在科学课上将自己钟爱的变形金刚组合拿出来跟同学分享,迅速积聚了人气,开始与同学们有创造性的、操作性的合作。同学们对QW日益熟悉,也逐渐接纳了QW、理解他的语言、承认他的优点,为进一步发展友谊奠定了基础。
第三阶段	**本阶段目标:参与全部课程,提高学习质量**
2007年10月至 2008年1月	(1) 提前准备,做好预习:上新课前,研究者为介绍该课目标,讲解课程内容,使QW大致掌握课程内容基本的知识结构,辅助其做一小部分课后练习,为参与课堂互动提前准备;在家庭中,父母也为他提供一定的辅导。 (2) 课堂上给予表现机会:语文、数学课教师至少每节课给QW一次发言机会,QW是个爱表现的孩子,发言大大地提升了他的专注力和学习的兴趣。 (3) 简化笔记及跟进全班教学:研究者、班主任和家长进行分析研究,决定由班主任每次将教案打印出来,QW只需要在课本和教案上画线,标记重点内容。 (4) 个别化的课后作业:课后作业的调整主要是量的减少和答题方式的变化。每种题型减少三分之一的题量,比如语文抄写生字,普通学生抄写3遍,组3个词,QW只需要抄写两遍,组两个词,剩下的三分之一的题以口头的方式完成,并请家长签字确认。
第四阶段	**追踪期目标:快乐健康地学习和生活**
2008年3月至 2009年7月	(1) 正确认识自己的进步:班主任每次期末都会同QW一起进行试卷分析,让QW明白虽然要向同学看齐,但也要跟从前的自己比,分数不代表一切,最重要的是自己知识和经验的丰富,能够愉快地学习和生活。 (2) 化解友谊危机:研究者和QW的班主任以分组讨论、游戏的方式组织了一次特别的班会"特别的你,自信的你",分组讨论时给所有学生一次机会来重新认识自己、评价自己,也认识别人眼中的自己;班会以"盲人、聋人、腿脚不便者做工"的合作游戏结束。在愉快的气氛中,学生对QW少了些同情,更多了份理解;班会课后,QW主动找到班主任和研究者致谢,并保证以后会更积极主动、努力地学习。

四、总结反思

在老师、家长、同伴的共同努力下,QW 经过两年的小学融合教育生活,在学业成就、社会适应能力、生活自理、语言等方面都有了很大提升。

(一)学业成就提高

QW 于 2009 年 9 月顺利进入初中学习。在两年的融合教育中,每次期中、期末考试,QW 都与同学们一同参加考试,并使用同一份试卷,但每次多半个小时答题时间。QW 两年(4 个学期)随班就读的语文、数学成绩虽然跟本班同学有相当大的差距,但还是保持在及格水平以上(五年级上学期除外),这反映出他已掌握了小学课本中的基本知识(详见表 4-6)。

表 4-6　QW 四学期语文、数学成绩统计表(百分制单位:分)

成绩类别	五年级上	五年级下	六年级上	六年级下	全班平均成绩
期中语文成绩	58	70	68	60	92.5
期末语文成绩	65	66	62	60	89
期中数学成绩	62	65	72	68	95
期末数学成绩	70	62	69	68	93

(二)社会适应能力提升

QW 的社会适应能力的后测分数为 10,达到正常水平。两年的融合教育让 QW 变得更独立、乐观,QW 能参与同龄人适合的大部分活动。QW 掌握了不少社交技巧,比如调节自己的情绪、处理同伴冲突等的技巧。QW 会在周末跟同学相约去公园、书店或去学校打篮球。他有 5 个同班好哥们儿,其中 3 名同学的成绩在班级中排名较为靠后,另外 2 名是班干部。QW 经常与他们互送礼物。

(三)生活自理能力提升

在生活自理方面,母亲反映:QW 变成了一个爱干净的孩子,会尽量控制吃饭的姿势,以免饭菜洒在身上,一旦衣物被弄脏,QW 会及时主动更换衣物并洗手,卫生习惯比在特殊教育中心时好;QW 还会自己定闹钟早起,做下蹲、走直线的练习。两年都是独自上学、放学,QW 知道如何在社区中避免危险,此时他可以去社区里任何想去的地方,而不需要人陪同。每天晚饭后会自己去社区里的健身场锻炼一下,跟社区里的同龄人玩弹珠等游戏;在周末会独自坐公交车去超市购物、去书店看图书。

无疑,QW 两年的融合教育是非常成功的,这与教师的态度、同伴的支持和家长的配合是密不可分的。因此,融合教育需要多方携手共进,共同促进肢体障碍学生的发展,帮助他们走向美好的明天。

【推荐阅读】

[1] 南登崑.肢体残疾儿童的教育与训练[M].北京:华夏出版社,1995.

[2] 周文彬.普通小学教育中的随班就读:课堂教学的策略与实践[M].北京:气象出版社,1999.

[3] 张文京.特殊儿童个别化教学设计与实施[M].重庆:重庆出版社,2008.

[4] 王红霞.资源教室建设方案与课程指导[M].北京:华夏出版社,2017.

[5] 王红霞.教学相长:特殊教育需要学生与教师的故事[M].北京:华夏出版社,2017.

[6] 吴明海,李永生.西方儿童成功教育精彩方案(下)[M].北京:中国人口出版社,1999.

[7] 钮文英.迈向优质、个别化的特殊教育服务[M].台北:心理出版社,2013.

【本章小结】

肢体障碍学生生理上和普通学生有着明显差异,这些差异会对他们的心理和学习产生影响。肢体障碍学生的融合教育开始时间较早,发展至今,呈现出以下三个特点:安置人数逐渐增加、安置形式更为多元、融合范围不断扩大。针对我国大多数肢体障碍小学生对融合教育环境的现实需求,学校管理者和教师应该加强无障碍设施建设,提供针对性的教学指导,优化班级管理模式,构建家校共育的合作伙伴关系,利用好社区资源,帮助肢体障碍小学生融入学校生活。本章最后一节提供肢体障碍学生融合教育的典型案例,此案例中教师根据学生心理、学习方面的特点,制定了阶段性目标,以使学生得到适性发展。

思考与练习

1. 肢体障碍学生的心理发展有什么特点?
2. 肢体障碍学生对教室环境有哪些特殊要求?如何改变教室环境才能适应肢体障碍学生的需要?
3. 请根据肢体障碍学生的身心特点,设计一个适宜肢体障碍学生和普通学生共同参与的活动。
4. 在促进肢体障碍学生的人际沟通方面,有人认为应该从重视肢体障碍学生的心理环境建设、提高其人际交往能力着手,有人认为应该从提升普通学生和学校环境对于肢体障碍学生的接纳程度做起。你对此有什么看法?

第五章　超常学生的融合教育

> **学习目标**
>
> 1. 了解超常学生的生理及心理特征,理解其学习特点。
> 2. 了解我国小学阶段超常教育的发展历程与特点。
> 3. 掌握针对超常学生的融合教育策略。

【案例导入】 洋洋是一名小学四年级的学生,爸爸是一名高中数学老师,可能是因为从小受到爸爸的熏陶,洋洋对数字非常敏感,对听过的数字能够快速记忆并且准确重复说出,在一年级的时候就已经能够掌握加减乘除的基本运算。洋洋的成绩在班上大概保持在班级前五名;但就数学学科而言,他的能力达到了小学六年级的水平。所以学校为了适应其数学能力的发展,将他安排在六年级就读数学课程。除了数学课是在六年级的班上上课之外,其他的课程还是在原班级就读。

洋洋作为一名在数学方面有特别天赋的儿童,若只是让其在原班级学习,那么极有可能导致他在数学课堂上出现一些行为问题,因为已知的学习内容会让他感到枯燥、无聊。学校将洋洋的数学课安排到高年级就读,对于其数学能力的发展有很大的帮助,很好地满足了其在学习上的不同需求。①

在普通学校,除了有像洋洋一样在某些方面有特殊天赋的学生,也有一些高智商的超常学生。在班级中如何对这类学生进行教学?怎样满足他们不同的学习需求?怎样促进他们的个性化发展?要解决这些问题,首先需要对超常学生有一个基本的了解,然后再根据不同学生的个性特点采取有针对性的教学策略,从而帮助超常学生获得最大限度的发展。

> **思考:**
>
> 1. 超常学生有什么样的生理及心理特点?
> 2. 如何协助超常学生更好地实现融合?
> 3. 当超常学生进入普通学校学习时可能会有什么特殊需要?

---

① 吴昆寿.资优教育概论[M].2版.台北:心理出版社,2009:22—25.

关于超常儿童，《特殊教育大辞典》对其的解释为："智力明显超过同龄常态儿童发展水平或具有某种特殊才能的儿童。"[①]国家统计局公布的数据显示，到2020年末，我国0~14岁儿童有25412万，根据这个基数，按照理论值推算，智商超过平均数两个标准差的比例约为2.25%，那么，我国0~14岁儿童中智力超常儿童有571万多。[②] 该类儿童的教育是我们需要关注的重要话题，本节主要讨论小学超常学生的身心特点、我国小学超常教育的发展历程以及如何推动该阶段超常学生融合教育的发展。

第一节 超常学生的特点

每个人都有其独特的一面，超常学生与普通学生相比在许多特征上都会有明显的区别，即使是超常学生这一群体本身，相互之间也会存在差异。因此，超常学生的融合教育必须紧密联系其身心特点以及学习特点，熟知这些特点并且有针对性地对学生进行个别化教育，才能促进其潜能得到最大限度的发展。

一、生理特点

（一）大脑发育

超常学生的大脑动态发育过程与普通学生存在明显的区别。肖（Show）等人通过定期对307名5~19岁超常学生的大脑皮层进行扫描分析发现，普通学生的大脑皮质厚度在七八岁时就达到顶峰，而超常学生在11岁时才达到顶峰。[③] 这项研究说明超常学生的大脑更具可塑性。此外，在整个青春期超常学生的额叶皮质明显增加，这使得他们的思维、计划、决策等高级功能都得到较高水平的发展，相较于普通学生来说，发展水平更高。

（二）身体发育

一提起超常学生，人们总是会对他们产生体弱多病、敏感多疑等刻板印象。然而，美国心理学家推孟（Terman）通过对1500名平均年龄为11岁的超常学生进行长达30年的跟踪研究发现：超常学生的生理、社会等方面的特征与普通学生没有显著区别。此外超常学生成年后，死亡、健康不良、精神病和酒精中毒发生的概率低于同龄人的平均水平。[④]

另外，北京八中的教师对该校实验班超常学生的体育教育和体质发育情况也进行过较为系统的考察。考察对象为该校实验班年龄为9~10岁的学生，通过开展多种形式的体育课程，来观察他们的身体素质是否与体育锻炼有关。研究结果显示：

---

① 朴永馨.特殊教育辞典[M].3版.北京：华夏出版社，2014：485.
② 施建农.超常儿童教育与杰出人才培养[J].中国特殊教育，2021(9)：54—55。
③ 雷江华，邓猛.天才儿童教育[M].武汉：华中师范大学出版社，2011：39—41.
④ 苏雪云，张旭.超常儿童的发展与教育[M].2版.北京：北京大学出版社，2016：82—83.

实验班学生的身体形态、机能和素质均高于北京市学生的均值水平。由此证明适宜的体育教学和锻炼对超常学生的体质发育和成长有积极的促进作用。[①] 超常学生的体质发育与普通学生的差异不大,可能会超过正常学生,进行适宜的体育运动不仅能增强超常学生的体质,也有助于其智力的发展。

二、心理特点

(一)认知发展

1. 注意力集中,观察力强,具有条理性

一般来说,观察能力与注意力的高度集中是有紧密联系的。注意力集中是超常学生观察力强的一个重要原因。超常学生具有有目的、有条理地观察事物的能力,并且能采取有效的方式完成任务。同时对于有兴趣的事情,超常学生的注意力能够高度且持续地集中,不会被外界因素干扰或分心。[②] 但对于没有兴趣的事情,他们也很容易缺乏耐心,如重复单调的工作。

2. 善于想象,思维敏捷,具有独创性

超常学生不仅思维敏捷、理解能力强、思维发散性高、思路开阔、思维深刻等,而且思维具有较高的独创性、灵活性和敏捷性。在日常学习中他们善于概括事物间的关系,能抓住问题本质,迅速灵活、系统全面及创造性地解决问题,一般来说,超常学生在学习中不只是拘泥于对定理、公式和概念的一般记忆,而且善于分析归纳,找出知识间的区别和联系,使所学的知识系统化。[③] 他们不仅抽象思维发展水平较高,而且形象思维的发展也超过普通学生,具有丰富的想象力。这些能力使得他们能思考更多问题,领悟事物间复杂的关系,使他们的活动更富有创造性。

3. 积极自信,兴趣广泛,具有坚持性

兴趣是一个人从事学习和活动的重要推动力。浓厚的学习兴趣可使学生在学习过程中伴随愉快的学习体验,这在一定程度上也增强了学生的自信心,有利于学业的进一步发展。美国心理学家阿诺德·拉扎勒斯(Arnold Lazarus)的研究表明:在学习活动中,浓厚的学习兴趣比智力更为重要。超常学生的好奇心水平高,这使得他们对周围的事物表现出高度的兴趣,使得他们能更高效地学习。[④] 从杰出人物的成长经历看,兴趣是他们获得成就的前提,他们从小就对周围事物表现出浓厚的学习兴趣,乐于主动去探索事物发展变化的奥秘并且能坚持到底,这使得他们更容易取得成就。[⑤]

---

① 邱广惠.超常儿童小学阶段集体教育的探索[J].现代特殊教育,1995(4):41—42.
② 雷江华,邓猛.天才儿童教育[M].武汉:华中师范大学出版社,2011:41—45.
③ 同上.
④ 查子秀.我国超常儿童的研究和教育的发展[J].中国特殊教育,1995(4):2—8,12.
⑤ 姚本先,杨强.超常儿童的心理特点与学校教育的若干对策[J].江西教育科研,1994(4):39—42.

(二) 人格发展

1. 成就动机

成就动机水平的高低与学生成绩的好坏、学术成就的高低有着密切的联系。我国超常学生研究协作组在对小学生个性品质的研究中发现,小学高年级的超常学生有着比同龄普通学生更强的好胜心,他们学习能力和学业成就上的优势也更加明显。[①] 超常学生的人格特质属于内控型,高度的内控型人格使人有较强的自信,不论成功还是失败他们都会归因于自身,如自身的努力程度。他们认为失败只是暂时的,并善于从失败中吸取教训、习得经验、得到激励。并且,大多数超常学生有完美主义的倾向,他们会给自己制定较高的目标,力求完美。这是大多超常学生获得成功的因素之一,但也是他们过于敏感的原因之一。因为完美主义使他们易害怕失败,在意别人对他们的评价和看法,所以有时候他们的感情也特别脆弱,感情的深度和专注程度也会高于普通学生。

2. 意志力

美国心理学家柯克斯(Cox)在《三百位天才的早期心理特征》中指出:"出现在学生和少年身上的下列品质及品质要素,能预测他们将来的成就:非同寻常的持久性……对目标持之以恒的、不折不挠的倾向以及坚韧不拔的精神,锲而不舍的态度。"[②]我国多年来对超常学生个性的相关研究表明,小学超常学生在坚持性测试方面的得分都超过常态学生。[③] 从中可以看出超常学生具有一个很突出的特点,那就是有坚定的意志力,他们坚持自己的目标,会对自己感兴趣的事情坚持到底,这也是他们获得成功的关键。如钢琴家郎朗,从小有着极高的音乐天赋,但天赋只是他获得如今成就的部分原因。上小学的郎朗,每天除了完成学业任务,都会坚持练琴,每天练琴的时长保持在6个小时。在节假日时他更没有松懈而是加倍练习。在采访中,郎朗多次谈到,如果没有儿时的坚持,可能也就没有今天的郎朗。

3. 自我意识

自我意识是指个体对自我的意识,具体是指个体对自己的认识。由于生活经历、认知水平以及个性的差异,超常学生在自我认识的发展水平上有一些区别,主要表现为三种类型:[④]

第一,自我积极型。这种类型的学生对于现实中的和理想中的自己定位都比较清晰客观,确信只要通过一定的努力,就能使现实中的自己更接近理想状态。

第二,自我反差型。这一类型的学生对现实中的自我评价过高,并在此基础上将理想中的自我目标也设定得很高。这就导致理想和现实之间出现强烈反差,这种类型的学生容易因为无法达到目标而最终放弃自己。

第三,自我模糊型。这类学生对理想的自我认识比较模糊,也没有明确的理想

---

① 葛明贵,张履祥.中小学智力超常学生人格发展特点的比较研究[J].心理发展与教育,1995(04):12—15.
② 苏雪云,张旭.超常儿童的发展与教育[M].2版.北京:北京大学出版社,2016:72—79.
③ Cox C M. Genetic Studies of Genius Ⅱ: The Early Mental Traits of Three Hundred Geniuses[M]. Stanolford: Standford University Press, 1926: 87—215。
④ 雷江华,邓猛.天才儿童教育[M].武汉:华中师范大学出版社,2011:42—47.

目标,对现实中的自我认识和评价较高,带有较大的盲目性和被动性。目标的不明确性导致他们没有太大的内心冲突,对成功或失败都没有明显的情绪反应。

(三)社会性发展

社会性发展往往是在与他人、社会相互作用的过程中形成的。一般来说,超常学生都有着较高的认知水平,但这并不代表他也具有较高的社会性发展水平。由于超常学生的个性差异较大,不能笼统地概括出他们的社会性发展特征,因此以下将从学生社会性发展的积极特征和消极特征两方面分别进行说明。

1. 积极特征

首先,超常学生的社会性相比于同龄的普通学生更加成熟。他们更容易适应和调节压力,独立性和主动性更强,自我接纳的程度更高。其次,他们意志坚定、竞争意识强并且有完美主义倾向,在小学阶段尤为突出。他们确定要达成某一个目标时,不论遇到何种困难都会坚持下去,并对自己提出较高的要求,力求做到最好。最后,他们的道德发展更成熟。[1] 很多超常学生,会具有强烈的正义感,心中充满理想主义,对于"公平正义"的问题较为敏感。同时,他们具有较高的道德思考能力,从科尔伯格的道德发展阶段来看,他们所处的发展阶段高于同龄人,更能善解人意、同情他人。

2. 消极特征

相对于超常学生在社会性发展中的积极特征,其消极特征更需要我们关注。一些研究发现,那些智商超高或在人文、艺术领域表现突出的超常儿童,普遍存在焦虑、过度敏感、思维独特、易激动以及过度完美主义倾向等问题,尤其在同伴接纳方面。这些消极特征对他们的社会性发展产生了许多不利影响。首先,同伴接纳程度低,导致一些超常学生性格孤僻,不愿与人交流。如有的超常学生过于自负,常常沉浸在自己的世界里,在班级中也鲜少与同伴交往,常常被班级同学孤立,孤独的处境会使他们更加难以排解心中的压力和消极情绪。其次,过度完美主义倾向也让他们因焦虑加剧而产生严重的心理问题。一些学生希望能把所有事情都做到最完美的,这种不切实际的想法会使他们害怕面对别人的看法和评价,同时会给他人和自己施加压力,最后导致严重的焦虑情绪。有研究表明,焦虑在超常学生群体中普遍存在,且会不断累积,并在青春期表现得更为明显。[2] 总之,早期同伴关系不良,过于自负以及过度的完美主义倾向都会使他们产生情绪问题,这些问题会使得超常学生的社会性发展受到阻碍。

三、学习特点

(一)内在的学习动机

心理学家认为,兴趣是人们探究某种事物或活动的心理倾向,是推动人们认识事物、探索真理的重要动力。超常学生对很多事物都具有强烈的好奇心,有着广泛

---

[1] 苏雪云,张旭.超常儿童的发展与教育[M].2版.北京:北京大学出版社,2016:119—127.
[2] 张旭东.超常学生的社会性发展需要特别关注[J].少年儿童研究,2016(6):14—15.

的兴趣,这使得他们在学习中伴随着愉快的情绪体验,并进一步刺激了学习的需要。超常学生的成就动机也是提高他们学习动机的原因之一,[1]相较于普通学生,超常学生更愿意承担具有挑战性的任务,并希望在活动中取得理想的成绩。为了达到目的,他们更愿意花时间去学习,并相信通过自己的努力一定能获得成功。他们有着旺盛的求知欲,更倾向于自动自发地学习,且具有强烈的探索精神,注重自我决定和自我选择的学习经验。他们喜欢非结构化和弹性的学习任务,也善于运用学习策略来组织学习材料。

(二)优质的学习能力

普遍来说,超常学生的智力以及认知发展水平都比较高,因此他们的学习能力相较于普通学生更强,主要表现为:学习速度快、记忆能力强、理解水平高、善于抓重点等。例如,许多进入大学少年班的学生,都是在小学阶段学完初中或高中的课程之后,直接跳级进入大学学习,学业年限大大缩短。这大多是因为他们有超强的学习能力,可以快速掌握新的知识,对于比较难的内容也能轻松地加以理解。有些具有数学天赋的学生,在掌握了一道题目的解题思路之后能够举一反三,解答类似题型可以说是易如反掌。他们善于在学习中用巧劲,懂得抓住学习的重点,不在无意义的事情上浪费时间,这也是他们能一直保持好成绩的原因之一。

(三)自主的学习过程

超常学生学习速度较快,普通小学的教学内容与进度大多不适合他们,因此,很多学生会在家长和老师的指导下,通过自主学习来完成整个小学时期的学习任务。他们大多会给自己制订学习目标和计划,也会结合自己的兴趣爱好,积极主动地学习和探索,来满足自己对知识的渴求。在学习的过程中,他们懂得利用和创造对自己有利的条件进行学习,不会将视野局限在学校所教授的知识范围内,而是通过各种途径来丰富自己的知识和技能。

(四)独特的学习策略

大多数超常学生能够创造和运用各种学习策略来提高学习的效果。他们不仅善于学习,更善于监控自己的学习进程,并进行适当的调整。这些学生大多有一套自己的学习方法,如"记忆天才"有独特的记忆策略,"心算神童"在处理数字时也有自己的一套方法。他们善于总结归纳学习经验和学习策略,并且能够灵活地运用到之后的学习中去。例如,在阅读时,他们会根据自己的目的和需要,选择精读或泛读。在做练习题时,并不会逐题往下做,而是有选择地做各类型的题目,同时总结该题型的规律和解题思路。

(五)高效的学习效果

拥有较高的学习动机和学习能力,善用学习策略,乐于主动学习,这些都是超常学生能够取得良好学习成效的影响因素。良好的学习效果不仅表现在学习内容的丰富程度上,还表现在学习效率上。他们总是善于分配自己的时间,懂得如何提高

---

[1] 吴昆寿.资优教育概论[M].2版.台北:心理出版社,2009:262—265.

时间利用率。他们往往会为自己制订详尽的时间安排表并严格执行,如钢琴家郎朗在小学时就给自己制定了严格的练琴时间表,在洗澡和吃饭的时候,脑子里还会回忆琴谱。

第二节 超常学生融合教育发展历程及特点

一、发展历程

从神童教育到天才教育再到现在的超常教育,我国对于超常学生的教育有着悠久的历史。40多年来,在国际政策、国际环境和社会支持等因素的影响下,我国超常教育发展取得了出色的成绩,但由于发展过程中出现了"功利"倾向,使得超常教育的发展进入"瓶颈"时期,后发展逐渐趋于平缓。

(一)快速发展期(1978年至20世纪末)

20世纪70年代,我国正处于社会转型时期,面临经济落后、人才短缺等系列问题。邓小平同志在全国科学和教育工作座谈会上提出:"办教育要两条腿走路,既要注意普及,又要注意提高,要办重点小学、重点中学、重点大学。要经过严格考试,把最优秀的人才集中在重点中学和大学。"自1978年改革开放以来,为了满足国家现代化建设对人才的需要,我国成立了超常学生研究协作组,开始了对超常学生心理与教育的研究。同年3月,中国科技大学首个少年班成立,21名智力超常少年被录取,代表着中国超常教育的正式开始。1984年天津实验小学建立了我国第一个小学超常学生实验班,之后全国有几十所学校建立了小学超常实验班。在这些实验班中,部分为中小学衔接班,学制为8～9年,部分则是将中小学分开办学,学制和入学条件各不相同,办学形式多样且各有所长。截至1998年,全国几十所学校建立了各种类型的超常学生实验班,初步形成了从小学、中学到大学的超常学生教育体系。

在人才培养体系日趋完善的同时,对超常学生心理与教育的理论研究及实践探索也在快速发展。这一时期我国进行了大量超常学生心理特征研究及与普通儿童的对比研究,超常学生的心理特征、个性特征、类型等方面的研究取得了重大成就。此外,在这一时期我国还编制了《鉴别超常儿童认知能力测验》《少年非智力个性特征问卷》《小学生个性问卷》等,为我国超常学生鉴别和诊断提供了常模标准和工具。[①]

至此,短短二十几年时间,我国超常学生融合教育在理论与实践上经历了从无到有的过程,且均取得了丰硕成果。超常学生教育不仅形成了较为系统的办学体系,特色各异的办学模式也不断涌现。在对超常学生的诊断上,经过我国学者的不

---

① 查子秀.我国超常儿童的研究和教育的发展[J].中国特殊教育,1995(4):2—8,12.

断努力所编制的系列量表,为超常学生诊评估提供了工具与手段,为超常学生入学选拔提供了依据。总体而言,这一时期我国超常学生融合教育呈现出快速发展的特点,并为后续发展打下了坚实基础。

(二) 曲折上升期(20世纪末至今)

受国家多出人才、快出人才政策的影响,我国超常教育前二十年的发展取得了显著成就,但也出现了一些问题,对后期超常教育的发展产生了一定的负面影响。例如,对超常学生全面及个性化发展重视不足,教育内容单一化和偏态化等。

20世纪90年代初,为改变基础教育中片面追求升学率以及应试教育模式化等问题,"素质教育"这一概念逐渐得到学者、政府和大众的广泛认可。素质教育改革成为中小学基础教育发展以及考试制度改革的重要趋势,强调教育要面向全体学生、全面提高学生的基本素质。1999年春,蔡自兴教授认为超常教育在发展中呈现出目标单一、优质资源集中等特征,而这些特征会导致学生发展不全面、教育资源分配不均等问题。该质疑将少年班及超常教育问题置于舆论和媒体的风口浪尖。到2001年,我国超常班、少年班纷纷停办,中小学少年班仅剩10所学校在办,超常学生教育发展自此陷入低谷。

随着我国与国际社会的交流进一步加强,为了增强我国的国际竞争力,培养创新型人才成为重要议题。超常教育又开始受到教育界的重视。小学、中学和大学都开始以不同的形式开展超常学生教育实践。例如,北京的育才学校和育民小学先后开设了实验班,紧接着清华附中有了"创新班",人大附中也有了"早培班"。近年来,我国超常教育开始朝培养学生全面发展和个性化发展并行的方向前进,在人才培养上致力于满足国家和社会发展需求的同时,也开始逐渐重视人的个性化发展需要,以实现社会发展与个体发展的统一。同时,超常教育的实践不仅面向智力超常的学生,还同样接受学业成绩或才能突出的学生,超常教育培养对象的选择范围进一步扩大。虽在办学形式上仍有部分学校或地区沿用超常班模式,但大部分学生仍被安置在普通班进行学习,且在超常教育的内容及对象上都进行了重新界定,这一变化使得我国超常学生融合教育步入了新的发展时期。

20世纪末至今,我国超常学生融合教育的发展由低谷期向新的发展时期的转变,虽在发展上遇到了挫折,但经过我国政府及学者的不断努力,呈现出向好发展的态势,且在新时代背景下赋予了超常教育新的内涵。

二、发展特点

(一) 由集中式教育到分散式教育

我国早期对超常学生的安置形式主要为单独编班、编校,采取加速制的课程模式,但这一形式在一定程度上不利于学生的全面发展,不符合素质教育的理念和核心素养的培养要求。这种隔离式教育将超常学生与同龄人隔绝,使其人际交往范围受到局限,最终导致其智商与情商的发展失调。此外,由于超常学生数量众多且分布不均,单独编班、编校的方式不仅难以满足众多学生的教育需求,而且会造成人力、物力、资源的过度集中,引发社会对教育公平问题的质疑。因此,在近年来的改革中我国开始将超常学生融入普通班级中,让他们与普通的孩子一同接受教育。虽仍有小学会以"素质班""精英班"等形式将超常学生集中在一起进行教学,但超常班或实验班的数量有所减少,许多学校的实验班或超常班都被取消,大部分超常学生融入普通班级中进行学习。分散式的超常教育使得超常学生的融合教育得到了进一步发展,超常教育对象的数量不断增多,以及范围不断扩大,不同类型的超常学生都能获得全面的支持。将少数人的超常教育扩展为全体学生的潜能开发,使精英教育转为大众教育,这一转变使得我国超常学生的教育在量上得到了大幅提升,并从分离式教育走向融合教育。

(二) 由加速式教育到丰富式教育

国际上针对超常学生教育的模式主要有两种:"丰富式教育"和"加速式教育"。在我国超常教育的发展中,虽然两种模式兼有,但还是以"加速式教育"为主。"加速式教育"的特点在于缩短学生的修业年限以及加大课程内容的难度。例如,中小学实验班的"4+4模式",即小学和中学分别读四年,学生在班级中学习的内容要比普通班的难度大、量多,修业年限大大缩短。虽然这种模式缩短了人才培养周期,在高效培养人才的同时也节约了教育资源,但却容易给超常学生带来过重的课业压力,片面地追求"快"也偏离了促进超常学生自由、全面、和谐发展的大方向,同时阻碍了超常教育的普及化发展。

近年来,国外"丰富式"的课程得到了许多学者的认可,也在我国一些学校得以实践。"丰富式教育"旨在充分发掘学生的潜能,并根据学生的特点提供个性化服务。其主要的教育安置形式以融合教育为主,智力超常的学生同普通学生一起学习,在完成规定的课程任务后,他们可以利用大量的课余时间进行更丰富、更具挑战性的学习活动。"丰富式"的课程模式不仅有利于激励学生的潜能,还有助于学生社会性的发展,这也成为目前我国超常教育中较为普遍的形式。[①] 但由于"丰富式"课程对学校的要求较高,不同学校的教育形式也各不相同,因此尚未形成系统化、规范化的丰富式教育体系,这就需要我国政府、学者和教师不断努力探索发展"丰富式教育",提升超常儿童的教育质量。

(三) 由唯"智"式教育到重"才"式教育

过去,我国对于超常教育的定义过于狭隘,认为其教育对象仅仅是智力超常的孩子,在此背景下衍生出了"天才班"等教育模式,教育内容则表现出单一、固化的特征,唯"智"教育成为主流思想。随着经济社会的不断发展,我国对人才的需求出现了变化,对超常教育的定义解读也出现了变化。施建农教授谈到:"超常儿童在以前一直被认为是智商高的儿童,比如智商在130以上的,但是超常儿童的智力范围要比这个广泛得多。"他认为"超常儿童"是在心理特征的某一方面表现特别出众的儿童,

---

[①] 缴润凯,张锐,杨兆山.智力超常儿童的发展:从加速式教育到丰富式教育[J].东北师范大学学报(哲学社会科学版),2008(6):20—23.

他们的表现不完全是天生的,而是先天因素和后天教育互相作用的结果。[①] 如今,在"素质教育"以及"创新人才"等理念的号召下,超常教育开始凸显出重"才"式教育的特征。首先,在教育对象上,不再局限于智力超常儿童,智力在中等偏上的天资早显学生与天资迟显学生,以及在音乐、美术、体育、绘画等方面具有特殊才能的学生均可接受超常教育。其次,在教育目标上,不再只是为了培养学业成绩优异的学生,而是为了培养"德、智、体、美、劳"全面发展的创新型、个性化人才。最后,在教育内容上,不再只是关注学科教学,而是会根据每个学生的特点,提供个性化的教育资源与服务,以满足其发展需求。

第三节 超常学生融合教育策略

一、环境创设

创设良好的超常学生融合教育环境是教育实施的前提,对于构建全方位支持的超常学生教育体系具有重要意义。对超常学生进行教育,首先要做的就是为他们提供舒适、安全、适合发展的环境,为之后的学习奠定基础。融合环境的创设需要从两个方面着手:一是物理环境,为学生的学习、生活提供基础性保障;二是心理环境,可为学生的心理和人际关系提供一个可融入、被接纳的环境。

(一)物理环境

1. 营造创新的环境

创造力是超常学生的重要品质,也是超常教育的核心内容之一。要培养学生的创造力,首先要做到的就是为他们提供民主和谐、鼓励创新的环境。海斯认为,创造力存在于解决一般问题的过程之中,创造性个体与非创造性个体最大的区别在于看待问题的方式。超常学生的观察能力以及分析能力突出,他们在看待问题时易产生一些与众不同的想法。因此,教师在日常教学活动中,要给学生留有思考的空间,尊重学生的想法,尤其是要鼓励学生敢于质疑,敢于发问,敢于挑战权威。例如,爱因斯坦就是从牛顿力学和麦克斯韦电磁理论相矛盾的现象出发,提出疑问并解答疑问,促成了狭义相对论的诞生。教师要给超常学生创造自由开放的环境,以便他们自由发挥想象,并实践他们的想法,这样才能不断培养学生的批判性思维和创造性能力。

在教室的布置上,可以以小组为单位编排座位,这样既有利于学生集思广益开展创造性的思考活动,还有利于超常学生与普通学生之间进行沟通、合作与交往。同时教室内可摆放一些能激发学生创造力的教具以供学生使用,教师也可组织一些发明创造的活动来激发学生创造的热情和兴趣。只有在开放、鼓励创新的环境中,学生的思维才有可能处于积极活跃的状态,才更有利于学生创造力的发展。

---

① 超常儿童超常教育?[EB/OL]. (2019—09—01). http://www.bjreview.cn/Cn/05—Cn/N021—05/fm-1.htm.

2. 建立系统完善的资源教室

以下将介绍如何建立和运营针对超常学生的资源教室。

(1) 学生的转介与评定

学生的转介和评定是提供资源教室服务的第一步,只有了解超常学生的特殊学习需求,才能为其提供合适的教育资源。

学生的转介工作通常由行政人员、普通班教师、资源教师以及家长共同配合完成。普通班的教师先通过观察,提出有哪些学习内容不适合超常学生学习,再由资源教师加以诊断,来确定学生需要接受哪些资源教室的教学。一般转介过程如下(详见图5-1):

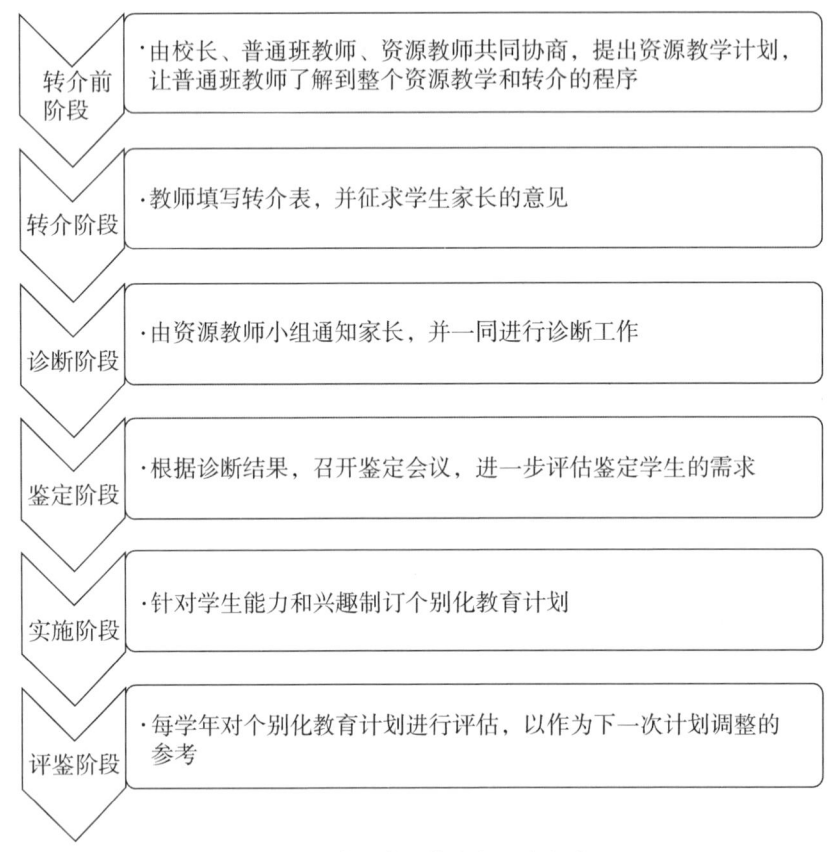

- **转介前阶段**:由校长、普通班教师、资源教师共同协商,提出资源教学计划,让普通班教师了解到整个资源教学和转介的程序
- **转介阶段**:教师填写转介表,并征求学生家长的意见
- **诊断阶段**:由资源教师小组通知家长,并一同进行诊断工作
- **鉴定阶段**:根据诊断结果,召开鉴定会议,进一步评估鉴定学生的需求
- **实施阶段**:针对学生能力和兴趣制订个别化教育计划
- **评鉴阶段**:每学年对个别化教育计划进行评估,以作为下一次计划调整的参考

图 5-1 资源教室转介与评定程序

超常学生一般被安置在普通班级,学校再以集中或者分组的方式将他们从普通班级中抽离,根据学生的特殊学习需求将他们安排到资源教室中进行额外的课程辅导,这些课程一般选择在普通班无课程或社团活动的时间进行。资源教室还会为有特殊需要的学生提供设备支持,例如,为有音乐才能的学生提供钢琴、大提琴、小提琴等乐器;为有美术才能的学生提供石膏、画架等。针对不同学生的需要提供相应的资源来满足学生发展之需要。

(2) 个别化教育计划的制订

超常学生经鉴定进入资源教室后,教师会做进一步的需求评估,根据评估结果制订个别化教育计划。制订个别化教育计划时,学生能力是最主要的考量依据,课程规划与活动实施是最主要的计划内容。个别化教育计划的拟订由学校校长、资源教师、普通班教师、家长以及学生共同讨论决定,根据学生的能力、兴趣以及学习方式设计教材与教法。其制订过程详见图 5-2。

个别化教育计划贯穿教学的全过程,能够帮助教师和家长有针对性地实施教育计划。教师在制订计划书时,一定要考虑学生和家长的意愿,只有学生乐意接受,家长愿意配合,教学才会成功。

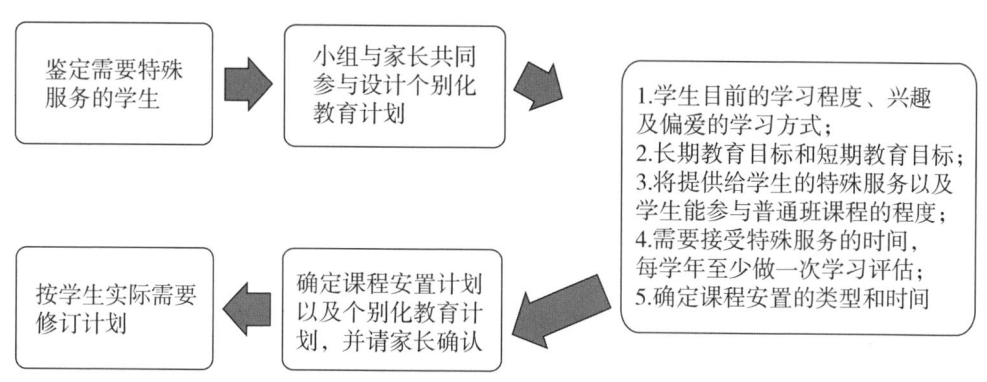

图 5-2 个别化教育计划制订流程图

(3) 资源教室的设计与布置

资源教室的设计有许多种方式,不论是哪种形式的资源教室都要既能满足课程的弹性与多样化设计需求,也要能激发学生的兴趣和学习动机。可以将资源教室分隔为不同的区域,如自然中心、数学中心、视听中心、阅览中心、展示中心以及个别学习室等。大体而言,资源教室的设计要满足以下几个原则:

- 有小组学习和讨论的区域,作为分组教学的场所;
- 设立个别学习的场所,学生能安静、独立地在此学习;
- 配备充足的学习资源,如图书、各科教具、电脑、实验仪器等;
- 设置公布栏,以便学生展示学习成果,并作为沟通意见的工具;
- 要有分科学习中心,使学生能够根据其兴趣和能力进行学习,并与兴趣相同的学生相互研习;
- 设置休闲区域,以供学生缓解身心疲劳;
- 有专人管理资源教室,并指导学生合理利用学习资源。

(二) 心理环境

1. 营造融洽的班级环境

苏联著名教育学家马卡连柯曾说过:"即使是最好的学生,如果生活在组织不好的集体里,也会很快变成一群小野兽。"目前,我国大部分超常学生都以在普通班级中学习为主,他们与班级其他同学的交往质量直接关乎其能否顺利融入班集体。人与人之间的良好沟通要以相互理解和尊重为前提,因而需要帮助普通班级学生了解超常学生的特征。

教师向普通学生介绍超常学生的内容,可以包括超常学生的心理特征、学习特征和行为特征。了解超常学生一些"与众不同"的行为,这有助于其他学生减少对他们标签化的认识和偏见。例如,超常学生具有很强的好奇心,经常会情不自禁地发问,常常会被老师或者同学误认为是爱表现、我行我素和自以为是,因此教师和学生要对他们的行为表示理解,甚至可以与他们一起探讨问题。超常学生因情绪敏感,有时伴有完美主义倾向,对挫折的容忍度低,过高的期望或者过重的压力会对他们的心理造成严重伤害,因此教师和学生不要将他们看作是不能犯错、不能生气的"神",只需要把他们看成普通学生。超常学生的学习能力比较强,但并不表示他们不用努力就能获得成功,也不表示他们可以享受老师特殊的待遇或者特殊的教育资源,他们需要的只是一些具有挑战性的材料和内容。超常学生只是在某方面的发展具有潜力,超常并不等于第一名,甚至可能在某些方面的表现会在平均水平之下,需要大家的帮助。开展一系列的活动可帮助班级学生更好地了解超常学生,减少对超常学生的偏见,正视其优势和缺点,甚至减少对他们的"嫉妒"心理,这样可为超常学生和普通学生的融洽相处创造一个良好的心理环境。

2. 构建良好的情感沟通桥梁

人与人之间的交往是相互的,教师组织相关活动可以帮助普通学生理解和尊重超常学生,而超常学生也需要规范自己的行为,在心理上融入班级环境。这就需要教师了解和掌握超常学生的心理特征,通过沟通的方式来帮助他们认同并融入班级。

首先,教师可以经常与超常学生交流以了解他们的心理情感状况,例如可以问他们如下问题:①你认为自己在哪方面有优势?②你感到困难的事情是什么?③你在与同学相处过程中遇到了什么问题?④你是怎样解决你与他人之间的矛盾的?⑤需要老师提供哪些帮助?通过类似问题的提问可以了解学生的心理状态,为以后对超常学生的辅导提供参考。同时教师还要时刻关注班级中超常学生的行为表现是否有异常,例如,他们与其他同学的交往活动是否频繁、有没有突然出现情绪低落的情况等。一旦发现有异常情况要及时与学生及其家长进行沟通,必要时为其进行心理辅导。

其次,教师要充分尊重信任每一名学生,对于他们的进步要给予及时、适当的肯定和赞许。对于学生出现的不符合学校或班级规范的行为,要从学生的角度出发,及时讲明道理,并启发学生,为学生营造一个"心理安全"的环境和氛围。[1]

二、教学指导

超常学生总是给人一种很聪明,不用教也能学会的印象,因此很多教师容易忽视他们的特殊需要而并未为其提供个性化的学习内容,使他们只能去听那些他们已经掌握的知识,这就导致他们上课容易做出一些不讨老师喜欢的小动作,受到老师的批评。同时由于缺少挑战性内容的学习,他们的学习积极性受到了抑制。兼顾不

---

[1] 华国栋.你也能出类拔萃——普通班的超常教育[M].北京:北京工业大学出版社,2009:160—162.

同学生的学习需要,要贯穿于教学的全过程,不仅要满足超常学生在认知水平、学习方法等方面的需要,还要满足他们在情感态度与价值观等方面的需要。例如,超常学生和其他学生学习同样的内容,如果对超常学生提出同样的要求,会使他们轻易获得成功而缺少失败的体验,这对于他们今后的发展是不利的。因此,要保证教学质量,就需要考虑每个超常学生的个体需求以及他们所处的环境等,再根据每个学生的特点采取有针对性的教学方法和策略,以达到更好的教学效果。

（一）差异教学

差异教学,一般是指在同一间教室内,根据学生学习特征上的差异,选择合适的教材和教法,来满足不同能力水平学生的学习需要,保证学生的学习内容、学习方式、评价方式等与其现有的水平、学习兴趣和偏爱的学习方式相匹配。差异教学的最终目的是促进每个学生在原有的基础上得到最大限度的发展,促进自我教育。这需要教师了解每个学生的发展特点,激发其学习的积极性和主动性。

差异教学强调以学生为教学中心,要求教师能按照学生的不同需要调整课程和教学,这就需要教师了解三个方面的内容:一是学生的"准备度",即学生现有的水平。根据维果茨基的最近发展区理论,教师需要了解学生已经掌握的知识技能,并告知学生即将要学习的知识点。二是学生的兴趣。兴趣能激发学生学习的内在动机。内在动机对于提高学习效果非常重要。三是学习方式偏好。每个超常学生可能会有自己独特的学习方式。此外,差异教学也要在三个方面体现"差异":一是教学内容的差异。教师要根据每名学生的"准备度"调整课程内容,准备不同的教学材料。二是教学过程的差异。教师要根据超常学生偏爱的学习方式选择呈现材料的方式、组织课堂教学的策略等。三是考核评价的差异。在前两者的基础上,教师根据学生的差异选择相应的考核方式。

1. 教学内容的差异

我国现有的超常学生教学内容的选择及安排一般遵循"加速"和"丰富"两个原则,以满足超常学生对于教学材料的"差异性"需要。以下将用语文学科的教学为例来阐明如何遵循"加速"和"丰富"两大原则。[1]

（1）加速原则

由于超常学生拥有较强的学习能力,基于学生对知识的渴求和兴趣,对语文的课程教学进行"加速"成为课程设置的一个重要准则。目前国内一些学校（如天津实验小学）对于"加速"主要做了以下三个方面的尝试:

第一,改革语文教材。超常学生和普通学生一样都面临着升学考试的任务,因此,超常学生所学教材与普通学生相同,不能脱离考试范围。超常学生的学习速度相对较快,因此在保证知识点和语法点都涉及的情况下,精简和压缩内容是必要的。

第二,丰富学习内容。把超常学生语文学习过程中富余的时间用来进行知识的扩充学习,主要有两种形式:一是让超常学生学完统一教材的内容,再利用剩余时间

---

[1] 苏雪云,张旭.超常儿童的发展与教育[M].2版.北京:北京大学出版社,2016:196—198.

进行扩充知识的学习或者专门的训练;二是把扩充内容穿插在正常教授的内容之中,把扩展性材料融入日常学习中,使他们在学习语文基础知识和技能的同时,也能获得大量与学习内容相对应的新鲜材料,有利于他们拓宽视野并学以致用,增加对语文学习的兴趣。

第三,超前学习。让超常学生提前学习教学系统中下一个阶段的内容,例如让小学阶段的超常学生提前学习中学阶段的语文的内容。教师可以提炼出中学阶段语文科目中的内容供超常学生学习,这样的超前学习对他们来说是可以接受的,也能让他们对语文有更深刻的认识,从而培养和提升其语文素养。

(2) 丰富原则

超常学生的语文学习与普通学生最大的区别在于学习内容的深度与广度不同。对于超常学生的学习,不仅要求他们掌握基本的知识和技能,更要求这些学习能够激发他们的创造力、培养其批判性思维以及提高解决问题的能力。因此,超常学生语文教学的丰富性更多是体现在分科教学上。以天津实验小学超常学生实验班为例,语文课程分为阅读、自读、语言表达、课外阅读指导、作文评讲等。这种分科教学模式的优点在于既能保证语文知识学习的系统性和完整性,又能根据学生学习的实际情况调整学习的进程和深度,使学生能够更加细致深入地掌握学习内容。例如,在阅读教学的实践中,教师根据超常学生的需要将统编教材重新整合,加深和拓展相关的知识体系,每一单元由导读课文、参读课文、读写知识和听说技能四个部分组成。如果有几个学习单元类型相同,就在深度上加以区别,形成"螺旋式"前进的阶梯内容。也有学校"以史串文,以点带面,用读写结合的结构方式,把统编教材中的重点篇目穿插进来,并适当补充一些课外的典范文章",来对语文的学习内容进行深化和拓展。

2. 教学过程的差异

虽然超常学生都有着高智商、善观察、记忆力强等共性,但个体在学习特点和方式上还是存在一定的差异,因此在教学过程中教师也要采用不同的教学方法来适应学生的个体需要。

以数学教学为例,教师在教授"长方体特征"时,可采取的方法有多种:方法一是教师教学生用12根小木棍拼接成一个长方体的框架;方法二是教师给学生一个长方体的展开图让学生拼成一个模型;方法三是教师让学生直接观察不同长方体的模型,在观察中分析比较不同的长方体,从而概括其特征。以上三种方法各有利弊,方法一可以让学生直观地看到长方体"棱"的特征,但是缺少了对"面"的直观感受。方法二便于学生看到"面"的特征,但又模糊了"棱"的特点。方法三则要求学生有一定的观察、比较、分析能力。所以,教师在教授超常学生时可以同时使用三种方法,让学生自己选择适合自己的方法来学习,并让全体学生将各自在不同方法中得出的结论进行交流讨论,从而启发学生,加深其对长方体特征的认识。[①] 为了满足不同学生

---

① 华国栋.你也能出类拔萃——普通班的超常教育[M].北京:北京工业大学出版社,2009:123—124.

的需要，教师也要善于在教学过程中运用不同的教学手段，如使用多媒体、辅助材料、视听软件等。"授人以鱼不如授人以渔"，教师在教学中也可以教授学生如何搜集自己感兴趣的学习资料，让他们能够在课余时间独立搜集自己所需的内容，以扩充他们的知识面，满足他们对知识的渴求。

超常学生常常有着比普通学生更突出的个性，有自己的想法和主张。因此，教师要为学生营造开放自由的学习氛围，在保证超常学生掌握共同的知识点和达到必要标准的基础上，给他们提供自主选择的机会，用分析、综合、评价等较高层次方式对他们提出更高的要求。例如，一位数学教师在教授"轴对称图形"时，在学生学习基本概念之后要求每个学生在规定时间内根据自己的理解剪出一个轴对称图形。课上有的学生剪出正方形、圆等简单图形，而超常学生则可能尝试剪蝴蝶等较难的图形，这对他们来说也是有挑战性的活动，这也体现了教学过程的差异。

同时，在超常学生达到规定课程标准的基础上，应该允许他们有更多选择的机会。第一，在教学内容和方法上，对于一些特定的课堂教学内容，超常学生可以采用其他的学习方式代替课堂听课的学习，如在资源教室进行自主学习或参加班级之外的活动小组学习等。第二，在学习进度上，某些科目成绩特别出色的超常学生可以离开本班课堂，以"走读"的形式去高年级听课。第三，在任务要求上，对于能力水平不同的学生，可以提出不同层次的要求，例如，对超常学生可提出发展其高层次创造性综合能力或者辩证性评价能力等要求。[①]

3. 考核评价的差异

对于超常学生学业成绩的考核，不能仅限于传统的考试形式，这样的考核方式只能了解学生对知识点的掌握情况，但是无法体现学生创造力、思维能力的发展情况以及课外知识的扩充情况。因此，对超常学生的考核要改变传统思维，要看到超常学生除成绩外的不同特质与特长，关注他们可能存在的发展不平衡、低成就趋向和受挫能力下降等问题。考核标准要全面，除考试成绩外，还要包括创造力、合作能力、心理素质和道德品质等方面的考核。考核方式要突出多元性和发展性，从自评、互评、家长点评和教师考评四个方面进行发展性评价，全方位评估学生的学习发展状况。[②]

（二）自主学习

美国心理学家齐莫曼（Zimmerman）提出，只要学生在元认知、动机和行为三个方面都是积极的参与者，那么他进行的就是自主的学习。在元认知方面，学生能够在学习的不同阶段进行自我反思和自我监控，包括制订计划、组织、自我指导、自我监控和自我评价等。在动机方面，学生从被动的学习者变成主动的求知者，高度自律，有很强内驱力。在行为方面，学生能够自主地创设有利于学习的最佳环境。[③] 超常学生一般具有较强的自主学习能力以及解决实际问题的愿望和倾向。在教学过程

---

① 华国栋.你也能出类拔萃——普通班的超常教育[M].北京:北京工业大学出版社,2009:124—125.
② 李天田,朱鑫梅.小学数学资优生的生存现状及培养模式探析[J].课程教育研究,2018(9):151—152.
③ 张勇,潘素萍.齐莫曼的自主学习模型理论与启示[J].高教发展与评估,2006(1):48—50.

中,教师要鼓励学生独立思考、自主学习,并为其提供科学的指导和监督,教会学生学习方法,以培养学生独立获得知识和技能的能力。教师要在了解学生学习特征和需求的基础上对学生进行学习指导,指导过程突出一个"精"字,做到精选和精讲。深入研究教材,精选教学内容,把握关键点,通过精讲为学生提供分析问题和解决问题的范式。此外也可以采用不同的形式来帮助学生进行自主学习。

1. 采用自主学习者模式

美国学者贝茨等创立的"自主学习者模式"为超常班教师指导学生自主学习提供了参考。自主学习模式包括五个方面:①基本介绍:教师向学生和家长介绍自主学习模式,介绍超常的概念、智力的基本理论以及创造力的发展等。②个人发展:教师向学生介绍自主学习对个体发展的有利影响,并指导学生学习一些自主学习需要的技能,如电脑、网络的运用以及时间管理的方法等。③丰富教学:教师允许学生对超出普通课程内容的问题进行探索,并指导学生学会如何寻找资源,同时要特别注意学生的个体化差异。④专题学习:教师允许学生以小组形式自选主题进行研究,并组织学生进行讨论。⑤深度学习:教师为学生提供可以持续发展兴趣的机会,鼓励学生进行深入探索活动。[1]

2. 制订个别化学习计划

个别化学习计划是依据超常学生的个别化发展需要制订的,教师可与学生共同制订学习的主题、目标、内容计划,包括如何达成、何时完成以及如何评价等。制订计划时可以邀请家长参与,但主要的学习内容、学习方法由学生自己选择。教师主要起到协助作用。学习计划结束时,要以学生本身的学习成果来评价,甚至可以以此代替一般的考试,进而增强学生独立学习的动机。

个别化学习计划书(详见表5-1)的具体内容包括:①主题/单元名称:是指普通班级学生正在学习的主题或单元,这个单元的学习对于普通学生来说可能需要一到两星期的时间,而超常学生则可按照自己的能力去制订计划。②学习目标:是指超常学生自行制订的学习任务,这个任务可能来自老师所制定的学习目标中层次较高的,且更具有分析性、综合性的目标。③学习内容:将所制定的学习目标加以细化,将总目标分成一个个小任务,一一列出任务完成的步骤,列得越详细对于任务的完成越有帮助。④学习方法:主要包括查阅和分析资料的方法,相关方法有访谈、问卷调查、实地考察等。⑤时间安排:根据每个阶段的学习内容,计划任务完成的时间,既方便学生按计划完成自己的任务,也利于老师监督学生任务的完成情况。⑥学习评价:在学生独立完成学习后,老师可以依据学生的学习成果,对学生本单元或主题的学习进行评价。[2]

---

[1] 苏雪云,张旭.超常儿童的发展与教育[M].2版.北京:北京大学出版社,2016:201—203.
[2] 吴昆寿.资优教育概论[M].2版.台北:心理出版社,2009:262—265.

表 5-1　个别化学习计划

一、主题/单元名称：
二、学习目标：
三、主要学习内容： 1. 2. 3.
四、完成学习的方法： 1. 2. 3.
五、完成学习的时间： 1. 2. 3.
六、评价：
七、签名：(学生、老师、家长)

（三）创造力培养

随着我国素质教育的推进，培养学生的实践和创新能力成为教育的一大重点。创造力是超常学生的一项重要能力。多项研究表明，超常学生创造性思维水平明显高于同年龄的普通学生。[①] 因此，超常班的教师在教学过程中要善于运用激发学生创造性思维的技能与方法，开展培养创造力的活动，以提高学生创新意识与创造能力。

1. 激发创造性思维的技法

（1）头脑风暴法

头脑风暴法是由奥斯本（Osben）提出的一种从心理上激励群体创造力的方法。简单来说，头脑风暴法就是组织一群人以会议的形式集思广益，激发灵感，在较短时间内产生大量的意见、看法和方案，从而解决问题。教师可以采用头脑风暴法来组织学生就提出的问题进行创造性的讨论，并帮助学生列出结论。如果是复杂的问题，教师可以提前告知学生以便为他们预留思考时间。头脑风暴的核心是控制不必要的批评，要告诉学生学会尊重别人的想法，接纳一切可能的答案。在列出所有的想法后，教师再组织一次想法评价会，加深学生对评价过程的了解。[②] 在运用头脑风暴法时有以下几点需要注意：第一，排除批评，尊重一切想法。第二，鼓励自由发言和进行发散性思维。第三，尽可能多地收集答案，提高找到合理答案的可能性。

---

① 施建农,徐凡.超常儿童的创造力及其与智力的关系[J].心理科学,1997(5):468—477.
② 吴昆寿.资优教育概论[M].2版.台北:心理出版社,2009:114—118.

（2）属性列举法

属性列举法是由罗伯特·克劳福特所设计的教学技法，它既是一种创造过程理论，又是一种实用的创造思维方法。属性列举法分为以下两种形式：一是属性改进。即由学生罗列出问题的主要属性，如特点、大小等，然后考虑如何通过改进每种属性来解决问题。[①] 例如，请学生发明一件新型的雨衣，先让其罗列出传统雨衣的一般属性，如材质、形状、重量等，再在此基础上提出不同的想法，重新组合这些想法就可发明设计一件新的雨衣。二是属性转移。即将一种情况转移到另一种情况中。例如，杜克的功能固着实验，给被试一盒火柴、一根蜡烛以及一枚图钉，要求被试将蜡烛固定在墙上。富有创造力的被试会想到把火柴盒用作烛台，另将火柴盒固定在墙上，再将蜡烛放在火柴盒上。这便是把"火柴盒"的属性进行了转移，得到一种新的用法，从而解决了问题。

（3）和田创造十二技法

和田创造十二技法是由上海市和田路小学在进行"学生创新培养"相关研究和实践时得出的一套方法，它的内容包括：①加一加，即增加、组合；②减一减，即削减、分割；③扩一扩，即扩展、放大；④缩一缩，即收缩、密集；⑤改一改，即改进、完善；⑥变一变，即变革、重组；⑦搬一搬，即搬去、推广；⑧学一学，即学来、移植；⑨代一代，即替代、变换；⑩联一联，即插入、联结；⑪反一反，即颠倒、反转；⑫定一定，即界定、限制。[②]（详见图5-3）

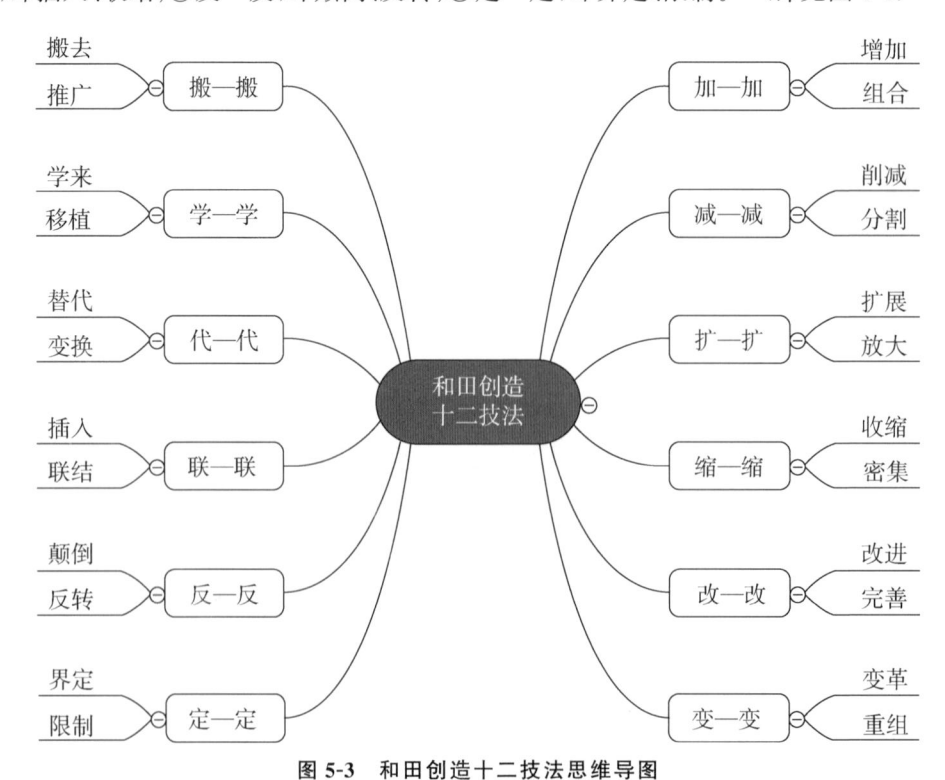

图5-3 和田创造十二技法思维导图

[①] 华国栋.你也能出类拔萃——普通班的超常教育[M].北京:北京工业大学出版社,2009:172—175.
[②] 用和田十二法激发创新创意.[EB/OL].(2018—11—03).https://www.jianshu.com/p/0818361e8fa7.

激发超常学生创造力的方法还有很多,超常班的教师在日常教学过程中要善于运用不同的教学方法和教学策略来激发学生的想象力和创造力,鼓励学生以批判性思维看问题。

2. 开展培养创造力的活动

创造力的培养不仅可以通过课堂教学来实现,还可以在实践中培养学生的创造力,帮助他们高效地解决实际问题。例如,教师在课余时间组织超常学生进行探究性实践,要求学生创造性地解决学校水龙头滴水的问题。首先教师应引导学生从数学、科学、思想品德等方面就解决"水龙头滴水"问题进行实地调查和原因分析,然后通过小组讨论,分析问题,最终找到最合理的解决办法。开展课外活动,既能鼓励学生发挥自己的创造力,也能激发其学习兴趣,使学生乐于通过学习来解决生活中的实际问题。

(四)分组教学

在普通班级中可以依据以下几种团体类别来将超常学生与普通学生融合在一起进行分组:①群聚团体:将一群高能力学生安排在一起,并提供一些比较具有挑战性的学习任务和材料。教师根据每组学生的情况灵活地调整这些学生的学习进度。这样,超常学生也可有机会与一群能力水平相近的同学相互学习。②兴趣团体:将有相同兴趣的学生安排在一起,以探讨他们共同有兴趣的主题。兴趣是学生最好的老师,当一群学生共同讨论感兴趣的事物时,更能够激发他们学习的兴趣,并促进他们创造力的发展。③技能团体:基于班级上学生学习的需要,将学生依据各科的学习水平分组。当学生能力有所发展时,可以向上一级能力组移动。

(五)良师指导

良师是指专业精通的人,不一定是教师,家长、退休人员、大学教授、专家等都可以成为超常学生的"良师"。良师也要满足一定的条件:其专业特长与超常学生兴趣相近;在时间和空间上具有便利性特征;有指导超常学生的意愿以及对超常学生有一定的了解等。良师指导类似古代的师徒授受,注重学习及人格的教导,超常学生对某些领域的兴趣受到擅长该领域的良师指导,可以充分满足兴趣的发展和需要。超常学生可能还不具有选择良师的能力,这就需要教师以及学校的辅导人员在社区中挑选可以为学生提供指导的人才,建立相应的人才档案,以供学生咨询和学习。

一名普通班的教师要满足班级每一学生的学习需求本就不是一件易事,特别是要面对那些能力超常的学生,教师工作更具挑战性。但为了能够促进超常学生更好地发展,了解超常学生的学习特质并提出应对办法是每一位教师应尽的职责。

三、班级管理

班级管理是指教师或师生遵循一定的规则,适当而有效地处理班级中的人、事、物等各项任务,以提高教学效果、达到教育目的的历程。① 而超常学生的身心特征以

---

① 吴青山.班级经营的基本概念[M].台北:心理出版社,1990:30—31.

及发展需求与普通学生有所不同,因此教师管理起来会更复杂。超常学生具有较高的智力水平,他们对周围的环境和事物也会比较敏感。因此,教师不仅仅是教导者,还需要在与学生相处的过程中了解学生的个别化差异,因材施教。超常学生普遍具有较强的自主意识,因此班级管理上的决定应由学生和教师共同参与,在共建中获得最佳的班级管理效果。不论是超常班还是有超常学生的普通班,班级管理策略都具有相似之处,下面所提出的班级管理策略,可供教师根据实际情况进行选择。

(一)制定科学的管理规范

遵守团体规范是对学生最基本的要求,学生需要学会如何在班级或团体中表现出适当的言行举止。由于与普通学生在个性特征、行为习惯等方面存在差异,超常学生在适应群体生活时通常会遇到更多挑战,因此超常学生必需学会与人交往的基本准则,遵守班集体行为规范,以融洽地与其他学生相处。班规可以用正面或负面的方式表述,不管哪种表述方式,重要的是要让学生完全理解这些规定的含义以及遵守的意义,这样才能让学生更乐于遵守。教师所制定的班级常规需要合理公正、具体明确且有弹性,数量不宜过多。师生可共同探讨建立班级的规范,充分尊重、包容学生的意见,以增强班级的凝聚力。

吴武典教授在台北市的一次演讲中将班级管理的内容用颜色进行了区分:绿色区——尽管去做;黄色区——不可做,但可忍;红色区——绝对不可以做。通过这样的区分来制定班规能够让学生学习到节制与自由的真正限度。[①]

(二)设定合理的奖励机制

奖励既可以引导预期行为的出现,也可以增加正向行为出现的频率。超常学生和普通学生一样,都需要通过奖励来强化正向行为。外在的奖励可分为物质奖励和心理奖励,在先后顺序上运用的原则是先物质奖励再心理奖励,先形成外在激励再发展自我激励。在超常班级中,成绩优异固然值得鼓励,但是应当对其有所淡化,以避免同班同学之间的非良性竞争。奖励更应该侧重于积极正向的行为表现、情绪的管理控制等,例如奖励帮助他人、团结合作、积极主动等行为。奖赏与惩罚的不同之处在于,惩罚不但会给学生造成痛苦的结果,也无法培养学生的正确行为,而奖赏更加强调学生正确的行为,同时产生一定的社会学习效果。

(三)建立良好的师生关系

安全、舒适、轻松、充满信任的环境最有利于学生学习及发展。影响班级环境的因素有很多,其中师生关系是最主要的影响因素之一。导致师生关系紧张的大部分原因在于学生没有受到尊重,例如,教师当众批评、辱骂或者体罚学生等,会使学生感觉失去自尊和自信。有时惩罚非但不能让学生悔过,反而会使师生之间的关系恶化,尤其是超常学生心理相对敏感,较难接受自己不被尊重的事实。

吴淑敏教授曾在文章中提到过一个真实案例,她在做家长咨询时接待了一位母亲,那位母亲表示自己的孩子在原来学校就读时,学习成绩还不错,但因为穿着和发

---

① 吴昆寿.资优教育概论[M].2版.台北:心理出版社,2009:217—218.

型不被老师喜欢,所以经常被老师责骂。教师在班级的其他管理事务上对孩子的态度也很恶劣,因而家长只好给孩子转学。到了新学校后,孩子的穿着仍然不符合学校规定,但新学校的班主任对孩子说了一句"你的裤子可不可以穿长一点,这是我们班的规定",并没有对其进行批评或者责骂。这样的处理方式反而让孩子愿意改变穿着,接受班级规定。所以"用力"地责骂对于超常学生来说有可能会产生负面影响,只有掌握正确的教育理念,"用心"地运用超常教育理念来对学生进行行为和心理上的辅导,才是优秀的班级管理之道。[①]

(四)提供优质的咨询服务

在班级里,教师或许会遇到一些比较棘手的个案,例如学生有情绪障碍或者一些心理疾病。一般来说,教师可以通过与学生谈心,以情感交流的方式让学生形成良好的自我概念,以减少其情绪或心理问题。如果所遇问题超出教师能力范围,则需要专业辅导人员的介入或寻求专业治疗人员的帮助。一旦学生出现情绪或心理问题,教师温暖的支持是非常重要的,教师的态度、言行包括肢体语言不仅可以传达对他的支持与关怀,也有可能影响同班同学对他的态度。因此,教师一定要做好表率作用。同时,教师也需要对其父母进行心理建设,只有教师与父母共同协作才能更好地帮助孩子渡过难关。

(五)组织丰富的团体活动

组织同伴团体活动是班级管理中极为重要的策略。在普通班级里,超常学生由于某方面的能力会优于其他学生,会存在一些居高自傲,不愿与其他同学合作的表现。例如,有些学生虽然在学业上表现优异,但在人际交往上却存在问题,甚至有些学生存在情绪障碍等问题,这些特别的学生如果得不到引导和帮助,很容易被其他学生排斥和孤立。所以培养学生的团队精神是非常重要的。[②] 教师可以在教学过程中增加小组合作或讨论的时间,让学生有更多交流合作的机会。

教师可以根据不同的目的对学生进行分组。让班级上的超常学生作为小组的带头人组织小组合作学习。在学业上尽量做到异质分组,这样不但能减少学生之间无谓的竞争,还有助于增加合作学习,增进同伴之间的情谊。对于性格内向的学生要尽可能采用大团体分组的方式,同时安排一个同伴帮助其参与到活动中。

四、家校合作

埃伦·温纳(Ellen Winner)在《天才学生——科学培育学生指南》中写道:"在天才培养方面,家庭所起的作用远胜过学校。"超常学生的教育不能仅仅依靠学校,尤其是在普通学校班额较大的情况下,教师难以充分关注每个学生,此时家庭的支持与配合显得尤为重要。家庭教育是学校教育的基础,而学校教育则是家庭教育的拓展和深化。因此,处理好家庭与学校的合作关系对于超常学生的发展至关重要。

[①] 吴淑敏.从资优生融合教育的观点谈班级经营[J].台北:资优教育季刊,2010(115):8—16.
[②] 吴昆寿.资优教育概论[M].2版.台北:心理出版社,2009:221—222.

（一）建立有效的家校合作机制

首先，家长与学校在教育上要遵循一致性原则。在入学前，不论学生在普通班还是在超常班就读，学校都要安排座谈会让家长了解学校的超常教育理念、为超常学生制订的教育计划以及课程框架。入学后，在教育上家长应尽量与学校保持一致。如果家长对教师的教育教学有不同意见，可私下沟通解决，绝不可以在学生面前指责教师，否则会大大降低学生对教师的信任。

其次，班主任要定期召开家长会，保证与家长的沟通顺畅。教师可以就近期发现的教育问题与家长沟通，并共同分析问题产生的原因，讨论问题解决的方案。例如，在家长会上可以针对四类问题与家长进行沟通：一是学生在校的适应性问题。如怎么样看待学校教学进度和难度的问题；家长在辅导孩子作业时要关注哪些问题；如何帮助孩子养成良好的学习习惯等。二是学习上的问题。如怎样评价孩子的学习表现；怎样提高孩子自主学习的能力等。三是考试的问题。如怎样转变学生对分数的认识等。四是德育问题。如怎样解决孩子与同伴之间的矛盾；家长要为孩子创造一个什么样的家庭环境等。

最后，成立家长委员会，以促进家长和学校之间的良性沟通。家长委员会可以组织召开交流讨论会，让教师就学生的近期表现与家长分享，家长也可以就孩子在家中出现的问题与教师和其他家长进行探讨，双方共同交流教育过程中出现的问题和苦恼，分享经验，共商解决方案。此外，当学校做重大决定时，要通知家长委员会共同商议，并尽可能得到家长的同意和支持。[1]

例如，超常班教师通常会在开学之初规划好学期甚至学年的课程，然后召开家长座谈会，说明课程架构以及课程将如何进行，有时某些课程的实施需要家长的配合。家长座谈会或说明会要求家长一定要参加，除了了解课程的架构和目的外，家长也可以在会议上提出自己的意见和看法，并与教师进行良性的沟通和讨论，在取得共识后，开始依照计划执行。在课程进行的过程中，家长要配合教师来协助指导孩子的学习。同时学校会举办一些超常教育说明会、超常教育亲子讲座和班级亲子会等活动，让家长更加了解学校超常教育的理念以及做法，同时更加了解自己孩子在学校的学习效果。

（二）形成与学校相配合的家庭教育模式

营造健康积极的家庭环境对于超常学生的发展至关重要。首先，家长要了解自己的孩子，赋予孩子积极的期望。对于超常学生的期望可以比一般学生的高，但也要符合孩子的实际情况，过于理想化、超乎现实的期待只会给孩子造成压力，带来挫折。家长不宜将自己未完成的心愿强加到孩子身上，左右孩子兴趣的发展，而应该让孩子依据自己的兴趣确定发展方向。家长可以鼓励孩子在学业上取得好成绩，但不要过于重视成绩以避免孩子产生不良竞争的心态，那会给孩子造成一些不必要的压力，也会影响孩子与同伴之间的关系。要让孩子懂得努力才是成功的关键，经历

---

[1] 王瑾璘.家校合作对超常儿童发展影响实证研究[J].创新人才教育，2016(3):46—50.

一些失败和挫折也是必要的。

其次,家长要为孩子营造良好的学习环境。超常教育强调的是广博的学习,凡是有益于超常学生知识积累、技能提升和个人成长的内容都应鼓励他们积极学习。最好的办法是家长与孩子一起读书,这样家长不仅能了解孩子的阅读内容,还能借此机会和孩子进行更多的交流探讨,增进学习的乐趣。

最后,家长要帮助超常学生学会自我管理。家长要教会孩子自我管理的技能,在学习上,培养孩子自主学习的能力,鼓励孩子在完成课堂任务之余学习自己感兴趣的内容。在时间上,应让孩子学会制订计划、合理安排学习时间,处理好学校学习与课外拓展学习之间的关系。在情绪上,家长也要教会孩子控制自己的情绪。大多超常学生有完美主义倾向,承受失败的能力差,常常给自己很大压力。家长要积极教授学生正确处理压力的方式,在面对困难时学会寻求别人的帮助,而不是独自承受。要鼓励孩子多结交兴趣相投的朋友,在同伴交往中使其得到自我认同。

(三)提高社区资源的利用效率

超常教育的场所除了学校,还包括社区。社区资源包括人力资源和事物资源。人力资源包括有专业技能的退休人员、博学的老者,或者大学的教授等,他们都可以作为超常学生的"良师",为他们的独立研究或者额外学习提供服务。在与这些"良师"的交往过程中,超常学生的人际关系、人格陶冶和生涯规划能够发生积极的变化。

事物资源是指一些具有教育功能的活动或者场所,如剧场、博物馆、图书馆、科技馆、美术馆、历史文化古迹等。了解不同的事物、知识与文化,不仅可以拓宽学生的眼界,还可以丰富学生的情趣,促进其多元化发展。社区中有着丰富充足的资源,学校和社会可以联合为超常学生开展丰富多彩的活动,如科学探究活动、历史寻迹活动,可将理论和实践相结合,增强学生的生活体验、社会体验和自我体验。学校也可以与高等院校、研究机构合作,充分利用高校和机构的实验室以及实验设备开展科学实验和小发明、小创造等活动,培养学生的创新精神和创造能力,以促进超常学生全面健康发展。[①]

第四节 超常学生融合教育案例分析[②]

一、基本情况

Z,性别男,11周岁,目前在上小学五年级,智力测量分数为135。该生在数学、科学及创造力方面都有显著优势,阅读能力强,且擅长围棋。对自我要求高,有完美主义倾向,喜欢挑战权威,情绪起伏大,对沉闷的事情欠缺耐性,重视公平、公正。Z的父亲工作忙,常年出差不在家,但回家时一定会抽空与儿子相处,母亲全职照顾家

---

① 吴昆寿.资优教育概论[M].2版.台北:心理出版社,2009:237.
② 中国香港教育局资优教育网[EB/OL].[2019—9—20]. http://www.edb.gov.hk/cd/ge.

庭,平时父母对他的管教较为严格,Z还有一位在澳大利亚留学的哥哥。

二、现况分析

(一)具体课堂表现

Z在课堂上容易情绪失控,并且会大喊大叫,有踢课桌椅、毁坏书本和文具等破坏性行为。曾经因为情绪失控打伤过教师,严重影响了课堂教学的正常进行,上课时注意力不集中,易与同学产生矛盾。

(二)表征问题

Z有情绪行为问题,容易情绪激动,与老师和班级其他同学关系恶劣。Z无法控制自己的情绪,若有事情没有符合他的要求或者自己感到无力应对问题时,会手足无措甚至大哭。Z的沟通能力弱,不善于社交,难以容忍别人比他优秀,要求别人迁就他。同时自我形象差,做错事习惯于逃避责任。

三、融合策略

(一)即时策略

(1)当Z情绪激动时,教师立即安排他离开教室自行冷静,有必要时也会请其他教师或者学校社工支援,以帮助他平复情绪。

(2)为Z提供稳定而有规律的学习环境,尽量减少环境的改变,当环境需要进行必要的改变时,提前告知他改变的原因和情况。

(3)安排Z与其关系较好或者乐于助人的同学坐在一起,在学习上和生活上为他提供必要的帮助。

(4)安排资源教室供Z在课余时间进行自主学习。当Z完成班级学习任务时可选择到资源教室进行学习,教师则为他提供相应的学习材料以及教学指导。

(二)短期策略

(1)在日常生活中,教师定期与Z面谈,面谈选择在安静舒适的地方进行,在面谈的过程中要肯定Z的正确价值观。

(2)当感觉到Z不愿用语言来描述自己的感受时,尝试请他以图画的方式将内心的感受表达出来,或者指导Z制作"情绪卡"来表达自己的情绪。

(3)教导Z学会控制自己的冲动行为,不乱发脾气,教Z练习"停一停、深呼吸、想一想"的冷静策略。

(4)教师与Z共同商讨制定目标,例如,减少每星期与别人冲突的次数,并引导他写下如何能达到这些目标的计划。

(三)长期策略

1. 环境创设层面

(1)开展一些适应Z的需要的活动,例如,组织观看电影活动,之后一起探讨剧中人物是如何表达情绪的,让他学会适当地表达和管理自己的情绪。

(2)鼓励Z参加一些合适的课外活动以增加与其他同学相处的机会,教导他基本的社交礼仪以及沟通技巧,提升处理人际关系的能力。

(3) 在学校内组织围棋兴趣小组活动,老师担任顾问,由 Z 担任围棋小导师,在提升他的自信心和自我认同感的同时,借此机会让他学习如何与人相处。

(4) 为改善 Z 遇到问题时情绪反应较大的情况,教师会鼓励他参加一些问题解决的培训活动,帮助他学习解决问题的策略。

2. 教学指导层面

(1) 学校开展与超常学生教育相关的培训课程,让所有教师认识、了解超常学生的情绪与行为特征,从而在教学中调整课程内容和教学方式,以满足 Z 的需要。

(2) 尽量提供具体的例子来帮助 Z 进行学习,并提供工作流程表来帮助他掌握学习和工作的进程。

(3) 在校内设立资源中心,鼓励 Z 自学,在掌握基本的学科知识后可以到资源中心自主学习,避免他因为感到无聊而与教室内其他人产生冲突。

(4) 在座位安排上尽量安排 Z 与兴趣相仿的同学坐在一起,让他有机会与能力和兴趣相近的人交朋友。例如 Z 喜欢阅读,因此安排喜欢阅读的同学与他接触,互相交流阅读心得。

(5) 鼓励 Z 参加数学、科学以及与创意相关的比赛,以拓宽他的视野,借此教导他以谦卑的态度学习。

(6) 为 Z 制订个别化教育计划,提出针对数学、科学以及创造力等方面的培养计划。

3. 班级管理层面

(1) 采用奖赏机制以增强其正向行为,事前先向 Z 解释清楚哪些是"应该做",哪些是"不应该"做的行为,在每一堂课后教师根据他在课堂上的表现进行评分,同时也让他进行自我评价,教师要为他的进步之处提供奖励,引导他逐步改善不良行为。

(2) 利用色彩丰富的视觉工具(如图像、时间表等)来协助 Z 遵守学校和班级规定。

(3) 通过不同的途径对 Z 进行品德教育,例如让他进行人物专访、阅读人物传记以及参与义工服务活动等。

4. 家校合作层面

(1) 邀请 Z 的家长参加家长座谈会,帮助家长了解超常学生情绪和行为上的特征。

(2) 加强家校合作,Z 在学校中遵守制定的行为准则,家长在家中也要监督其继续遵守。

(3) 引导 Z 勇于承认错误,以积极的态度面对问题并敢于承担后果。

(4) 陪伴 Z 阅读书籍、报纸和杂志,尤其是与人际交往有关的内容,借此教导他学习人际交往的技巧。

四、总结反思

(一) 在情绪控制上的转变

由于无法控制自己的情绪,Z 在面对压力或者困难时会选择发脾气或者大哭,也经常与老师和同学产生矛盾。在教师定期与他进行沟通,提供情绪管理辅导,以及教会他情绪表达的方式后,Z在遇到情绪问题时更愿意寻求老师的帮助,发脾气的次数也有所下降。

（二）在学习上的转变

在校期间,教师鼓励Z利用课余时间进行自主学习,这一方面激发了他学习的兴趣,也提高了他的自主学习能力。在优势学科的学习上,Z能够不受班级教学的限制,参与课外拓展活动。因此,其学习兴趣大大提升,学习成绩也取得了明显进步。此外,围棋兴趣小组的举办,让Z充分发挥了自己在围棋方面的优势,在教其他同学下围棋的过程中,Z增强了自信心以及自我认同感。

（三）在人际关系上的转变

教师通过心理辅导以及创造友好的学习环境,降低了Z情绪问题出现的频次,班级同学对他的接纳程度明显提高。当Z出现情绪问题时,会有同学主动对其进行安抚。教师在安排有阅读兴趣的同学与他进行心得交流等活动后,Z的确交到了一些兴趣相投的朋友,这使得Z更愿意与人交往。在学校、教师和家长三方共同的努力之下,Z的人际交往能力有了很大的提升,与班级同学之间的关系也有了很大的改善。

拥有良好的人际关系以及人际交往能力,是超常学生融合的一个重要前提,因此我们在关注超常学生学习的同时,更要关注他们的情绪和行为,以帮助他们全面健康地发展。超常学生虽然在智力或学习能力上有着先天的优势,但也因为各种优势而引发了一些情绪或者行为上的问题。这些问题可能导致超常学生在人际关系处理方面存在不足,不利于他们融入普通班级。要解决这方面的问题,需要学校和家庭的共同努力,让学生经历从认识到行为逐渐内化的过程,以不断提升超常学生的人际沟通和社会交往等方面的能力。

【推荐阅读】

1. 吴昆寿.资优教育概论[M].2版.台北:心理出版社,2009.
2. 华国栋.你也能出类拔萃——普通班的超常教育[M].北京:北京工业大学出版社,2009.

【本章小结】

超常儿童是指智力明显超过同龄儿童发展水平或具有某种特殊才能的儿童。在学龄阶段,超常学生在生理、心理及学习等方面都表现出异于普通学生的特征。在教育发展过程中,普通教育已无法满足超常学生需要,为适应超常学生的身心发展特征,超常教育应运而生。

我国小学超常教育经历了一系列的变革与发展,经历了快速发展和曲折上升两大时期,并在发展过程中呈现出由集中向分散、由加速到丰富、有唯"智"到唯"才"的特点,超常教育发生了由量到质的变化,融合教育已成为超常教育发展常态。

如今小学阶段超常教育的主流趋势是融合教育，有效的融合教育策略对超常学生的发展起着至关重要的作用。针对小学阶段超常学生的融合教育策略主要集中体现在环境创设、教学指导、班级管理及家校合作四大领域。其中环境创设的策略包括营造创新的学习环境、温馨的班级氛围以及建立资源教室；教学指导策略包括实施差异教学、指导学生自主学习、进行创造力培养、分组教学及实行良师指导等策略，以满足超常学生个性化学习需要；班级管理则从管理规范、咨询服务、师生关系、奖励机制及团体活动五个方面着手，为超常学生顺利融入班级提供全面的支持；家校合作则是将学校、家庭及社区联合联动，相互合作，为超常学生的生活学习提供全方位的服务，以满足其特殊需求。

在具体教学实践中教师会面对存在不同问题的超常学生，因此需要根据超常学生的身心发展特征，探寻其问题成因，挖掘其发展潜能，并选择适合其发展需求的教育策略，以此来保证每一名超常学生的才能都能得到充分发展。

思考与练习

1. 你如何看待小学阶段超常学生融合教育问题？
2. 如何促进超常学生社会性发展？
3. 教师应如何培养超常学生的创造能力？
4. 现有一名智力超常小学生要进入普通班级学习，学校、教师及家长应做好哪些准备？

第六章　孤独症学生的融合教育

学习目标

1. 了解孤独症学生的生理特点,理解并掌握其心理特点和学习特点。
2. 了解我国小学阶段孤独症学生的融合教育的发展历程与特点。
3. 掌握针对孤独症学生的融合教育策略。

【案例导入】 雅各布是一名安置在普通学校的 6 岁孤独症儿童,学校为他准备了详细的评估表、观察表、临床评估报告、作品样本和标准化测试结果等。这些文件详细描述了他的种种问题行为、技能缺陷和沟通问题,处处表明他作为一个学生或是学习者,各项能力发展不够。但是,仅仅几年时间里,校长、管理人员、普通学校老师、雅各布以及学校的其他同学通力合作,在一年级的课堂中创造了融合教育的环境。管理人员更改了作息时间表,以满足雅各布一天中的课间休息需要;其他同学努力学习雅各布使用的沟通系统;教师创作了新素材,设计了新课程,以吸引这名新学生参与课程;雅各布的家人分享了他们的专业知识,为老师们帮助雅各布更自在地在新学校学习提出建议;而雅各布每天都在努力地结识新朋友、学习课堂常规、积极参与课程。虽然雅各布不会说话,偶尔会被自己的问题行为困扰,教师需要对其参与的许多课程和教学进行调整,但是他很快就参与到学校生活的各个方面,并取得了成功。

一直以来,教育孤独症学生的主导模式都是基于标签、缺陷和差异。这种模式体现在雅各布的档案信息中,也体现在大量的教育文献、教科书和介绍孤独症的大众媒体中。但这个故事恰恰体现了另一种教育孤独症学生的方式、教师及管理人员等基于一种积极的、个性化的融合教育理念,充分理解、信任雅各布,而不仅仅关注学生的需求、失败和挣扎。这个故事描绘了一种新的图景:教育工作者将学生视为学校的一部分,将融合教育用于所有学生,对每一名学生予以支持和理解。[①]

第一节　孤独症学生的特点

孤独症是一种神经发育障碍,其核心症状是具有社会沟通与社会交往障碍,以

---

① 案例选编自葆拉·克拉思."你会爱上这个孩子的!"在融合环境中教育孤独症学生[M].2 版.屠彬,张哲,译.北京:华夏出版社,2021.

及有刻板重复行为与狭窄兴趣,多在儿童早期显现,病因至今未明,可在儿童早期鉴定且伴随终身,严重影响到儿童的社会交往、就业及发展。① 美国精神病学家利奥·凯纳(Leo Kanner)于20世纪40年代最早描述了孤独症,认为这是见于儿童最普遍的发展性障碍之一。2013年5月18日,美国精神病学会正式发布《精神疾病诊断统计手册(第5版)》(*Diagnostic and Statistical Manual of Mental Disorders—fifth edition*, DSM-V)。② DSM-V正式提出了孤独症谱系障碍(Autistic Spectrum Disorders, ASD)的概念,对孤独症及其相关障碍诊断的原有标准做出了较大修订。最新修订的DSM-V将孤独症谱系障碍归到神经发育障碍(Nuerodevelopmental Disorders)范畴,取消广泛性发育障碍的概念,着重指出孤独症谱系障碍是具有持续的社会沟通及社会交往缺失,以及具有限制性的、重复的行为模式;并且必须发生在儿童发育早期。

2022年国家卫健委发布的《0~6岁儿童孤独症筛查干预服务规范(试行)》显示,我国孤独症儿童发生率约为7‰。③ 2023年,美国疾病预防控制中心(Centers for Disease Control and Prevention, CDC)发布报告,每36名儿童中就有1名孤独症儿童,最新发生率已高达2.76%。④ 并且,报告普遍显示,男孩发生率是女孩的4到5倍。由此可见,孤独症谱系障碍已经成为严重影响儿童青少年健康的公共卫生问题。

2022年2月,教育部在"十四五"国家基础教育重大项目计划实施部署工作会议中指出,大力促进特殊教育拓展融合,创设融合教育环境,做到"应随尽随、应融尽融"。⑤ 与其他类型的特殊儿童相比,孤独症儿童因其自身的特殊性、复杂性和多样性,在参与融合教育时面临更多的挑战和障碍。随着融合教育日益成为全球教育发展的必然趋势,孤独症学生应当如何安置以接受适宜的教育,成为我国特殊教育领域的重要议题。⑥

一、生理特点

随着全球孤独症儿童发生率的持续升高,越来越多研究从生物学、医学、脑科学等领域展开对于孤独症儿童的研究,尽管普遍认为孤独症儿童群体在生理和心理发展上存在诸多不同,但也存在一些确定的共性。下面从身体发育和大脑发育两方面

---

① American Psychiatric Association. Diagnostic and Statistical Manual of Mental Disorders[M]. 5th ed. Arlington: American Psychiatric Publishing, 2013: 50—59.
② American Psychiatric Association. Autism Spectrum Disorder[OL]. [2013—05—18]. http://www.dsm5.org/Documents/Autism Spectrum Dis- order Fact Sheet. pdf.
③ 张玉辉,杨瑞静. 我国儿童孤独症患病率约7‰[N]. 医师报, 2022—09—29(A04).
④ Centers for Disease Control and Prevention. Data & Statistics [EB/OL]. [2023—4—14]. http://www.cdc.gov/ncbddd/autism/addmcommunity-report/.html.
⑤ 中华人民共和国教育部. 教育部召开"十四五"国家基础教育重大项目计划实施部署工作会议. [2023—04—15]. http://www.moe.gov.cn/jyb_xwfb/gzdt_gzdt/moe_1485/202202/t20220218_600455.html.
⑥ 赵斌,马诗瑶,张瀚文. 融合教育本土化发展的内涵. 理论基础与实践探索[J]. 中国特殊教育, 2022(12): 9—15.

介绍孤独症儿童的生理发展特点。

（一）身体发育

多数孤独症儿童的体格发育正常，但有的会表现出功能性失调，比如动作不协调、身体肌肉的张力过大或过小等。目前孤独症儿童一般是通过家长报告和评估者观察到的行为来进行诊断，儿童生理上的特征不构成孤独症诊断的依据。孤独症儿童的身体发育相较于普通儿童而言发展滞后，肢体运动、动作协调等方面的能力发展较差，比如精细动作及身体协调能力差等。

由于孤独症儿童存在感知运动方面的缺陷，在实际生活中家长和教师应为儿童提供充足的锻炼机会。运动能力是儿童对外界进行探索的重要条件，家长和教师要根据儿童的运动能力及兴趣开展一些活动，为他们创造锻炼身体的机会，以改变儿童不恰当的身体姿势和动作。常见的活动比如玩玩具、用手抓握物品等，家长和教师不仅要懂得合理安排，更要注意长期坚持，以提高孤独症儿童的运动能力，帮助他们更好地生活与学习。

（二）大脑发育

有研究对孤独症谱系障碍的成因进行了探讨，认为孤独症可能与遗传、大脑的结构及神经发育等因素相关。[①] 现代脑科学发展迅速，多种先进的脑医学技术相继出现，有关孤独症儿童大脑发育特点的研究也不断涌现，这为进一步探究孤独症者的脑部发育、神经机制以及相关病理因素等提供了帮助。

目前运用磁共振脑功能成像、光学脑成像等技术研究孤独症儿童是一个研究热点，同时也取得了相当多的成果，这些研究成果表明孤独症儿童在脑结构、脑皮质、神经递质、小脑等方面存在发育异常。具体来说，如脑体积偏大，且随年龄增长而变化；脑白质过度生长或生长不足，且存在广泛的白质分布异常现象，有的区域白质减少；功能柱存在异常，功能柱是脑皮质的基本信息加工单元，孤独症谱系障碍儿童个体在额叶和颞叶等脑区域的功能柱数量更多，但单个功能柱中所含神经元数量更少；血小板中的多巴胺显著低于普通儿童；小脑发育不良或过度生长，但大部分都属于发育不全；[②]颞叶内侧、胼胝体、基底节、丘脑、小脑等处脑结构异常等。[③]

二、心理特点

从心理学的角度来看，孤独症儿童的认知、情绪控制以及社会性交往等方面的发展都比较薄弱，尤其是在理解他人的意图、与人交流沟通等方面存在较多障碍。总的来说，孤独症儿童的心理特点有其相对突出的独特性。

（一）认知发展

1. 感知觉

认知即人感知外界事物并进行信息加工的过程。孤独症儿童的感知觉有别于

---

① 周念丽.自闭症谱系障碍儿童的发展与教育[M].北京:北京大学出版社,2011:5.
② 同上书,18—20.
③ 杜小霞,王慧,沈国华,等.磁共振结构成像在自闭症研究中的应用[J].波谱学杂志,2012(3):457—464.

普通儿童,大致可以简单概括为两类:一是过度敏感,二是过度迟钝。

感知觉过度敏感表现为对某一种感觉极为排斥,或极其敏锐,能感知到常人无法感知的声音或影像,简单来说就是一般人所看到的可能不是孤独症儿童所看到的,他们听到的可能是一般大人没有注意到的。比如,许多孤独症儿童对尖锐的声音很敏感,难以适应人多的环境,有的孤独症儿童难以忍受他人的触碰等。而感知觉过度迟钝则表现为对某些刺激反应不足,比较常见的是"听而不闻",对某些声音没有反应。

虽然孤独症儿童的感觉器官发育正常,但是其感知觉发展却不在正常范围内。孤独症儿童的感知觉异常,并不是指他们的视力或听力等有缺陷,而是指他们的感知方式较为独特,会对某些感官刺激过度偏好或极为排斥。例如,有的孤独症儿童无法忍受穿毛衣或摸毛茸茸的玩具、动物等的感觉,他们对这种触觉极其敏感,以至于感到身体不适。

孤独症儿童大都拥有良好的视觉空间能力,因此他们在加工处理信息时具有视觉化的特点,有一定的视觉学习优势。相较于听声音,他们更喜欢看图片、看拼图等。有些孤独症儿童还会对一些特定的视觉刺激感兴趣,例如注视光源,或是长时间盯着某种形状的物体等。另外,他们对事物局部的观察能力要高于对整体的观察,往往能够关注到常人未发现的细节。

孤独症儿童的面部识别能力较差、理解他人的面部情绪方面存在障碍,不能区分人脸,不能快速准确地辨别他人的面孔,而且对人脸不感兴趣。有时不能根据人的形象辨认人,而是根据声音或气味来进行辨认。部分孤独症儿童有弱视、斜视问题。

孤独症儿童的信息整合能力弱,比起综合运用多种感觉感知事物,采用某一种优势感觉通道来感知事物可能更适合他们。

2. 注意

孤独症儿童的注意具有选择性的特点。所谓选择性,是指孤独症儿童会对自己感兴趣的物品或活动表现出极高的专注度,但除此之外,比如面对一些不喜欢的教学活动,孤独症儿童的注意力往往容易分散,不够持久和稳定。相较于学龄前,小学阶段孤独症儿童的注意品质通常会有所提升,甚至有些孤独症儿童的注意广度还会超于常人。

案例 6.1

宏宏(化名)是一名孤独症儿童,在上课时他常常喜欢看着窗外。有一次老师把他叫到黑板前,让他指认哪个是同学晴晴画的画,宏宏指认正确,然后老师再让宏宏指认另外一个同学的画,宏宏又一次指认正确。老师既感到惊讶同时也有些疑惑,于是要求宏宏将黑板上所有同学的画都指认出来,宏宏都准确无误地指认出来了。老师将这件事说与其他教师和家长们听,他们猜测可能是宏宏记住了每个同学的绘画特点,然而老师认为即便让自己来指认每个小朋友的画都很难做到全部指认无误,而宏宏一直看着窗外并没有"看"黑板,却能知道哪幅画是哪个同学画的。

在某些情况下,孤独症儿童看似对周围的事物"漠不关心",没有眼神交流,没有"对视",但他们却能知道周围发生了什么事,甚至更细致入微,更仔细。①

3. 记忆

孤独症儿童的记忆特点表现为机械记忆好、意义记忆差,具有一定的视觉记忆优势。已有研究表明,多数孤独症儿童对数字、地图等机械记忆信息具有惊人的记忆力。但是,孤独症儿童大都不擅长整合和加工信息,而是将信息以整块的方式进行记忆。在对信息进行意义编码、灵活转换、整合记忆和存储等方面,孤独症儿童显得尤为困难。

孤独症儿童往往对新材料的短时记忆较好,但对于旧材料进行记忆时则表现出能力不足。他们在信息的回忆和再认方面有严重的问题,例如回忆信息需要线索、识别物体需要提示等。孤独症儿童往往依赖一种固定的模式对信息进行加工编码储存,如果信息与模式不相容则容易出现记忆障碍。

孤独症儿童具有良好的图像观察力和记忆力,这在一定程度上弥补了他们记忆方面的缺陷。因此,结合图片、图像或动画视频等进行教学能够在一定程度上促进孤独症儿童对知识的理解和记忆。

4. 语言沟通与表达

孤独症儿童的语言障碍涉及语音、语义、词汇、语法等多方面,具体表现在言语行为发展迟滞或缺失、发起谈话和维持谈话的能力受损,以及对词汇语句无法正确使用等。关于孤独症儿童出现语言障碍的原因,有研究从生理因素角度进行了探索,认为孤独症儿童的语言发展缺陷主要与其脑部神经发育异常有关。

由于说话少而缺乏发声刺激,孤独症儿童往往在发音方面存在问题,发音困难。有的孤独症儿童甚至从来不用语言进行交流,一直处于无语言的状态,对外界的语音信息也没有反应,甚至会被误认为有听力障碍。

孤独症儿童在言语表达上存在回声性语言的使用、代词混乱、韵律失调、不合语境的独特语病等问题。在实际的对话场景中,孤独症儿童缺乏身体姿势的辅助,难以维持话题,还会出现对他人的反应毫不在意、自说自话的现象。

孤独症儿童在运用语言提出要求等方面存在困难,很少有一些社会指向性的言语行为,比如缺乏评论、展示、感谢听者和索取信息等行为。孤独症儿童较少主动发起对话,说话的声音语调往往比较单调刻板,没有抑扬顿挫的感觉,偶尔还会出现异常的声音,比如高声尖叫。总之,与普通儿童相比,孤独症儿童难以通过语调和轻重音的变化来表达自己的情绪和感受。

(二)人格发展

心理学上描述了不同类型的人格特质,而孤独症儿童作为一个较为特殊的群

---

① 郁万春.自闭症康教案例研究[M].广州:世界图书出版公司,2015:148—152.

体,其人格特点也具备特异性。例如,大多数孤独症儿童会有一些刻板行为,固执地重复做一些动作或某件事;他们拥有相对狭隘的兴趣或偏好,十分热衷甚至忘我地对一种事物感兴趣,并且不轻易做出改变;他们往往喜欢有序的生活,按照一定的步骤和固定的程序来完成日常事务;他们对于物品的摆放往往有强迫性的要求,否则就会变得焦躁不安、情绪不稳。

1. 情绪情感

孤独症儿童的情绪问题严重影响其学习、生活及社会交往。与认知、学习方面的问题相比,孤独症儿童的情绪行为问题有时更让家长和教师头疼。对于教师而言,了解孤独症儿童的情绪行为特点,弄清其情绪行为问题背后的深层次原因十分重要,这也是避免、改善和减少孤独症儿童情绪行为问题的必要前提。

在小学阶段,孤独症儿童也可能出现大爆发式的情绪情感宣泄。例如,当孤独症儿童的某种行为被教师阻止时,他们可能会以大声哭闹的方式表达不满和愤怒,甚至会出现攻击性行为或自伤行为,出手伤害别人或用手拍打自己的头部。孤独症儿童的情绪行为问题常常会扰乱正常的课堂秩序,这对教师的教学管理能力也提出了极大的挑战。并且,孤独症儿童情绪行为问题的改善往往是一个长期且艰难的过程。

孤独症儿童不仅不能很好地表达自己的情绪情感,并且在识别、理解他人的情绪情感方面存在困难。有的孤独症儿童会旁若无人地表达自己的喜怒哀乐,自顾自地哭笑,而与周围环境格格不入。孤独症儿童需要通过特定的方式来表达自己的情感,比如听音乐、绘画、运动、游戏等方式,对此,教师需要对其进行积极引导。[①]

2. 动机不足,耐挫力不高,自控力差

孤独症儿童的行为动机不强,对学习、认识周围环境,与人交流等许多方面的动机都显得不足,没有兴趣。也有的孤独症儿童表现欲极强,过度沉溺于自己的狭窄且不容变更的兴趣活动中,甚至达到刻板的程度。

案例 6.2

七岁的强强(化名)唱歌很有节奏感,跳舞跳得也不错,喜欢在人面前又唱又跳、展示他的艺术天赋,他还能加入一点自己的风格,这确实能让人大为赞赏。可是强强无论是在课堂上,还是感觉兴奋或者是紧张时,都会扭动身体卖力表演,即使老师不想看,他也会手舞足蹈地吸引老师的关注。

刻板行为对于孤独症儿童的成长有两面性:一方面刻板行为会对儿童的生活造成不良影响,另一方面刻板行为可以稳定孤独症儿童的情绪,缓解其焦虑不安情绪。正如孤独症儿童的特殊兴趣一样,它既会限制孤独症儿童的活动范围的扩展,也可

[①] 童月. 自闭症儿童情感教育的实践和思考[J]. 课程教育研究,2015(3):25—26.

以成为教师吸引孤独症儿童注意以引导其学习的有效工具。

孤独症儿童的抗挫折能力要远远低于普通儿童。反复的失败不仅会降低孤独症儿童参与某一活动的积极性,还可能引发其消极的情绪行为。因此,当教师进行某项教学活动时,应当考虑到孤独症儿童承受挫折的能力。在活动开展初期尽量建立起儿童对所参与活动的积极情感,在活动中后期再逐步提高孤独症儿童对挫折的接受度。

孤独症儿童的自我控制能力差,尤其在情绪控制与刻板行为方面表现得较为明显。在孤独症儿童的学习与生活中,常常需要教师或家长为其建立日常生活常规以及学习常规,这样有利于孤独症儿童了解自己的生活节奏与活动事项,也有利于稳定儿童的情绪,促进其学习与成长。

(三) 社会性发展

1. 自我概念

自我概念,也称自我认知或自我意识,是对自己的外表、能力、社会接受性等的知觉,是儿童社会性发展的核心构成部分,影响儿童的同伴关系、社会交往等。[1] 杨忠庆从自我认知的角度,对25名中重度智障儿童和25名低功能孤独症儿童的自我认知水平进行研究比较,结果发现:两者的自我认知水平具有明显差异,低功能孤独症儿童的自我认知水平普遍较低,尤其在高级自我认知[2]方面(包括社会的和心理的自我认知)水平较低。[3]

魏轶兵选取一名随班就读的7岁孤独症儿童为被试,对其自我概念进行评定,并运用多种干预方法来提高其自我概念水平,包括提供和展示班级、学校的照片和录像,加深被试对学校、班级的理解;开展上下学全程模拟的课堂活动;设计难度适宜的考试题目;开展运动型游戏项目,发挥被试的特长,引导其他同学对被试做出积极正面的评价等。研究结果显示,经过一系列干预,被试对周围环境以及自己都有了更为丰富的评价,更清楚地认识了授课老师以及与老师对应的授课科目,在自我控制方面也有了较为积极的变化。[4]

2. 面部识别

孤独症儿童的面部识别能力较差。一方面,孤独症儿童在人脸的辨识上存在困难,多数孤独症儿童对人的面孔不关注,有的孤独症儿童不通过面孔来认识人,而是通过气味或是声音来认识人,同时对人的面孔也极少直接注视;另一方面,孤独症儿童难以通过人的面部表情来识别人的情绪情感状态,孤独症儿童理解他人内在心理活动的能力低下,故在理解他人面部表情方面存在困难。

在社会交往中,通过人的面部表情来推测人的情感状态以及内在的心理活动是

---

[1] 李唯莹. 福利机构儿童自我概念发展现状及思考[J]. 科教文汇(中旬刊), 2015(5):144—145.

[2] 自我认知分为生理的、社会的和心理的自我认知三个方面。其中生理的自我认知是初级自我认知,社会的和心理的自我认知是高级的自我认知,初级自我认知是高级自我认知发展的基础。

[3] 杨忠庆. 低功能自闭症儿童和中重度智障儿童的自我认知差异研究[D]. 广州:华南师范大学,2011:10—14.

[4] 魏轶兵. 随班就读的孤独症儿童自我概念的个案研究[J]. 中国心理卫生杂志,2007(10):675—679.

人际交往能力的基本体现,而大多数孤独症儿童这方面的能力都比较差。在儿童的日常生活与学习中,教师应通过语言、肢体动作以及面部表情等多种方式为儿童提供更多感知人类情感的机会,加强儿童对人情绪识别的敏感性。①

现有研究表明,孤独症儿童对不同表情的识别能力存在差异,对高兴、生气等简单类情绪的识别水平要高于对恐惧、厌恶等复杂表情的识别与理解。② 研究发现,孤独症儿童的面部识别障碍主要与大脑的杏仁核、扣带前回、梭状回、镜像神经元和前额叶皮层等脑区的发育异常有关。③ 针对孤独症儿童的面部识别特点,有研究从情绪认知方面进行了临床的干预研究。该研究认为,孤独症人士的刻板行为与狭窄兴趣是一种优于普通人的能力,而不是一种障碍或缺陷。研究提出了"移情—系统化"理论(Empathising-Systemising,E-S),认为孤独症人士的大脑是高度系统化的,他们在认知他人心理状态、眼神交流、语言发展、语用等移情机制上出现障碍,而在注意细节、高度规则结构化信息处理、物理结构认知等系统化机制上显现出优势。干预研究利用孤独症人士的这种刻板行为及狭窄兴趣对孤独症儿童进行情绪认知干预,结果取得了一定的成效。④

3. 共同注意

共同注意可以分为主动性共同注意和回应性共同注意,主动性共同注意是指儿童通过眼神注视、视线转移等来吸引他人的注意。回应性注意是指儿童对于他人所发出的共同注意做出回应,即对他人发起的共同注意的事物进行关注,如注视、点头或转头等。共同注意的发展与儿童参与到社会环境中与他人进行社会交往的情况息息相关,婴儿9~12月龄即可形成共同注意,共同注意对孤独症儿童的语言及社会性发展有重要影响。⑤

孤独症儿童的共同注意存在一定程度的缺陷,具体表现为指向性行为出现时间晚或没有出现,共同注意持续时间短等。提升孤独症儿童的共同注意水平需要教师和家长的共同努力。教师可以对孤独症儿童开展结构化训练。教师也可以安排孤独症儿童与家长、同学一起参与团体活动,在游戏互动中发展儿童的共同注意能力。⑥ 有研究表明,在班级情境中采用同伴介入法对孤独症儿童进行干预,能够有效促进孤独症儿童在主动发起游戏、共同注意、对话等方面行为的积极变化。⑦

---

① 王道阳,殷欣. 儿童面部表情识别研究进展[J]. 教育生物学杂志,2015,3(2):87—91.
② 杨洁敏,黄杏,邵智,等. 孤独症谱系障碍患者的面部表情敏感性缺陷:任务性质的影响与干预启示[J]. 中国科学:生命科学,2017(4):100—109.
③ 刘理阳,莫书亮,梁良,等. 孤独症谱系障碍儿童面部表情识别障碍及临床干预[J]. 中国特殊教育,2014(2):41—48.
④ Baron-Cohen S, Wheelwright S, Lawson J, et al. Empathizing and Systemizing in Autism Spectrum Conditions[M]. Handbook of Autism and Pervasive Developmental Disorders, Volume 1, Third Edition. John Wiley & Sons, Inc. 2005:628—639.
⑤ 张皓月,赵斌,黄俊洁. 自闭症谱系障碍儿童共同注意研究述评[J]. 绥化学院学报,2016(7):89—92.
⑥ 张盈利,张学民,马玉. 自闭症儿童共同注意干预的现状与展望[J]. 中国特殊教育,2012(4):69—74.
⑦ Pierce K, Schreibman L. Increasing Complex Social Behaviors in Children with Autism:Effects of Peer-Implemented Pivotal Response Training[J]. Journal of Applied Behavior Analysis, 1995, 28(4):285—295.

> **小故事**
>
> 对于孤独症儿童的移情能力,一般的理解可能是孤独症儿童很难站在他人的视角去体会他人的内心情感,很难对他人的遭遇产生同情心。"我"一开始也是这样认为的,直到小雨(化名)的出现。
>
> 体育课上,楠楠正在努力地做着双脚往上跳楼梯的动作练习,老师和家长都在为楠楠加油打气,突然楠楠一个不小心,脚一偏,扑通一下摔在了台阶上。
>
> "我"赶紧跑过去检查楠楠的伤势,虽无大碍,但楠楠显然吓坏了,一个劲地大声哭喊着。一旁的小雨见此情景,无动于衷地说了一句"楠楠哭了"。小雨此前经常借用主动语言叙述所见的事来让老师给予他过度的安慰,于是"我"对小雨说:"哎呀,小雨,你快去喝水、擦汗、换衣服吧!"但小雨却没有走,他甚至弯下腰来和我进行脸对脸地近距离交流。"楠楠哭了不乖,楠楠不棒!"小雨一边说,一边抓住"我"的手臂往外拉,"楠楠不乖,不要和她玩!"小雨一直重复说,然后"哇"地一声竟然哭了出来,而要是平时小家伙可是不会"动用真感情"的。
>
> "我"不免好奇起来,于是在这之后"我"一直观察着小雨的这种情况。经过对小雨三个多月的观察发现,对于同伴无理取闹式的情绪波动,如晴晴的哭闹尖叫、森仔的大发雷霆,小雨只"陪"他们哭过三次,多数情况下则对此充耳不闻、不为所动;而对于同伴因伤病或内心痛苦所致的情绪问题,他却"陪"着他们哭了二十七次之多。小雨虽然是一个中重度的孤独症儿童,但在情感同理心方面甚至比我们普通人还要细腻、丰富。①

三、学习特点

孤独症儿童具有广泛发育障碍,其在语言、行为、社交、注意等方面的缺陷对课堂教学形成了一定的困难。孤独症儿童进入普通学校学习,可能出现许多不适应的地方,比如,跟不上课堂节奏、缺乏课堂互动、扰乱课堂秩序等。因此,教师应当充分了解孤独症学生的学习特点,因材施教,促进孤独症学生更好地适应课堂,提高其学习效果。教师是教学的主导者,在孤独症学生的融合教育中扮演着极为重要的角色。

(一)学习过程

1. 理解水平不高,不善于思考

孤独症学生对事物的整合能力较差,不能很好地将事物联系起来,很难理解事物背后的原因以及事物之间的相关性。同时,他们也缺乏一定的推理能力,不能很好地将事物进行类比,思维模式较刻板。

孤独症学生对语言的理解水平也比较有限,无法快速理解并掌握一些复杂的语法、句式。在融合教育课堂上,讲授法是教师主要的教学方式之一,因此,为了使得

---

① 郁万春.自闭症康教案例研究[M].广州:世界图书出版公司,2015:165—169.

学生更好地理解课堂内容、习得所教知识,教师应当根据孤独症学生的理解水平对课程进行调整,并采取对应措施对其进行干预训练,使教学内容在适应普通学生需求的同时提高孤独症学生的语言理解和表达能力。

2. 注意细节而忽视整体

孤独症学生常常只能注意到事物的某个部分而看不到事物的整体,比如一幅图,他们可能过于关注其中的一朵花,而不能注意到图中的动物在做什么,从而不能概括出整幅画的内容。同样地,在学习上,他们也有这样的特点,注意细节而忽视整体,这在一定程度上影响了孤独症学生的学习效果。

教师可以让孤独症学生带着问题开展学习,让他们的注意点跟着老师的指引走,也可以对学生关注到的细节部分进行扩展,并不断添加新的内容。同时教师要注意所提的问题或布置的任务一定要明确具体,添加的新内容也不要完全脱离原来学生的细节关注点,并注意内容的过渡与衔接。[①]

3. 机械记忆力较好,常存在视觉或听觉发展优势

研究发现,孤独症学生的机械记忆力和识别能力基本没有明显的缺陷,他们习惯于将事物以图像的形式进行记忆,就像照相机一样。因为不善于对信息进行整合加工,所以在回忆和提取时显得有负担,且表达也比较机械和混乱。教师可以充分利用孤独症学生机械记忆力强的特点对他加以引导,比如课堂常规的建立、日常的社会规范的建立等,同时也需要引导孤独症学生在日常生活中进行锻炼与运用。

有的孤独症儿童存在单一感觉通道优势,比如视觉优势或听觉优势等。有的孤独症儿童存在视觉化思维,对于图片的记忆与辨识能力等表现突出。小学阶段的孤独症学生的思维仍是具体的形象思维占主导,教师在教学中可以为学生提供实物、展示图片,或者提供实际体验式的教学,同时还可以将学习与学生的实际生活相联系,促进学生理解知识内容,提升学习效果。除此之外,还有少部分孤独症学生拥有某些方面的天赋,比如唱歌跳舞、记忆力或计算能力超常等,这都需要教师的慧眼去发现。

(二)学习动机

孤独症学生学习动机不强,缺乏主动性,他们对自己特别爱好的事物十分痴迷,却难以把其中的一点点兴趣分到学习上来。有的孤独症学生喜欢线性物品,有的喜欢玩水,有的喜欢铁丝等,往往喜欢到完全沉浸其中而忘记周围的事物。他们往往无心参与课堂活动,无法专心听老师讲课,更难以与教师互动,从而显得十分被动。[②]他们的注意力十分容易受外界影响而分散,有时甚至容易做出偏离课堂活动的无关活动或负面行为。

教师需要对孤独症学生的专注力进行一定的训练,巧妙地利用孤独症学生的兴

---

① 熊絮茸,徐海滨.学龄期自闭症儿童的学习特质与教学策略研究[J].南京特教学院学报,2007(4):40—42.
② 邓永兴.试论孤独症儿童的学习特点与教学原则[J].现代特殊教育,2007(10):41—44.

趣点,增强学生学习动机;同时教师需要运用多种教学方法,让课堂变得生动有趣,比如运用同伴辅助、游戏教学、视频教学等方法,多给孤独症儿童提供回答课堂问题的机会。

（三）学习环境

孤独症学生的学习环境支持包括物理环境与心理环境的支持。当孤独症学生进入普通班级学习时,若普通班级的学习环境完全不做调整,则不利于孤独症学生的学习参与;若普通班级完全依照孤独症学生的学习特点来做调整,那便会变成另一种形式的"特殊"班级,这也是不现实、不科学的。大量研究表明,融合的学习环境更有利于孤独症学生的学习和发展。因此,在调整孤独症学生的学习环境时,既要考虑到孤独症学生自身的需求,又要为其提供足够的融合环境刺激,使孤独症学生能够在有支持的融合环境中提升学习效果。

英国教育部在《评估学校为孤独症谱系障碍儿童提供的服务》(*Evaluating Provision for Autistic Spectrum Disorders in Schools*)手册中提出了关于孤独症学生学习环境的设计。[①] 设计的总体要求可归纳为四个维度:空间布局、物理环境、教室布置和安全防护,如表 6-1 所示。

表 6-1　孤独症学生学习环境的设计

维度	设计要点	简要描述
空间布局	规划合理	空间规划合理、舒适,大、小空间兼备,功能分区比例良好
	布局简明	布局简明、有序,各区界限清晰
	环境简洁	低感觉刺激,环境变化少,墙面装饰简单
	引导良好	提供视觉线索,具有良好的引导标志
	个人空间	预留个人空间作为撤回空间,亦可充当独立工作或个别化教育空间
物理环境	声学设计优良	避免噪声干扰
	采光良好	良好的自然光线,间接照明、无眩光
	用色柔和	采用柔和的颜色,色彩搭配需支持空间层次
	通气良好	良好的通气设计,保证空气流畅
教室布置	可调整	教室可以调整以适应不同的教学方法、不同的功能需求
	可控制	儿童对环境具有较强的控制,具有独立学习的可能性
	可预期	提供视觉线索和日程安排表
	提供适宜的学习刺激	提供适宜的刺激以促进儿童的学习与发展,如在环境中配备计算机和小型的游戏机,丰富儿童的学习经历
	非制度化	教室布置不是枯燥乏味的,而是温馨、舒适、有趣的,促进儿童放松

---

① 顾泳芬,苏雪云.自闭症谱系障碍儿童的支持性学习环境构建[J].现代特殊教育,2017(9):74—77.

续表

维度	设计要点	简要描述
安全防护	封闭	设置安全边界,防止儿童跑走或逃走
	易于监管	教职工的办公、休息区视野良好,能对学生有良好的监管
	材料性能好	材料牢固、耐用,能有隔音等防干扰功能
	防护措施	门、窗、玻璃、石膏、外露管道、电线等都需有安全防护措施
	安全风险评估	避免安全隐患,定期开展健康和安全风险评估

教室内外的空间都需要进行功能分区,并提供视觉标识。同时,应尽量采用自然光线,保持良好的通风等,校园可以种植足够的绿植,既可以遮阳避雨,也可以美化环境。

第二节 孤独症学生融合教育发展历程及特点

孤独症学生的主要特点是存在社会交往障碍、行为刻板、言语障碍等。[①] 因而孤独症学生在学习和生活中面临着严峻的挑战,特别是在小学阶段,孤独症学生往往会出现许多不适应的状况。在我国,孤独症学生融合教育的发展历程经历了几个阶段,整个过程充满着艰辛与不易。

一、发展历程

（一）初识孤独症

1982年,陶国泰教授首次诊断了4例孤独症儿童,后来又有一些病例相继被诊断出来,孤独症慢慢开始被人们所认识。[②] 1993年,我国第一家民办孤独症机构成立,同年,北京市孤独症儿童康复协会成立,这是中国第一个围绕孤独症儿童发展的社会团体。[③] 1994年7月,国家教委基础教育司委托北京市教育局进行孤独症谱系障碍儿童学前教育和义务教育训练实验。国家教委还把对"可以教育的孤独症谱系障碍儿童作出适当的安排"列入了"九五"特教工作计划。[④]

20世纪90年代末,我国孤独症儿童开始进入特殊学校、普通学校就读。公立特殊学校相继成立了一些孤独症儿童班,如丰台区培智中心学校、海淀区培智中心学校等,星星雨教育研究所等民办机构也陆续建立,为孤独症儿童提供教育、干预及训练。[⑤] 这一阶段国内对孤独症的研究处于起步阶段,大多是对孤独症儿童的诊断、病因探索、

[①] 陶国泰.孤独症的诊断和早期发现与早期干预[J].中国实用儿科杂志,1997(6):364—365.
[②] 许家成.特殊教育概论[M].北京:中央广播电视大学出版社,2016:31.
[③] 熊絮茸.共生 融合 成长——以家庭为核心的自闭症谱系障碍儿童社会生态系统探析[M].南京:南京大学出版社,2014:58—60.
[④] 同上.
[⑤] 胡晓毅,范文静.我国学龄孤独症儿童教育安置形式的思考[J].教育学报,2016(6):70—77.

药物治疗等医学方面的进展,对于孤独症儿童的干预和训练主要是感官训练和运动训练。[1]

(二) 孤独症机构涌现

随着家长意识的逐渐提升,有些孤独症儿童家长认为特殊学校的教育无法满足孤独症儿童的教育需求,于是部分孤独症儿童家长自发建立孤独症教育康复机构,开展针对孤独症儿童的康复教育。[2] 21世纪以来,越来越多的孤独症机构、康复协会、家长联谊会等开始出现。[3]

大多数的孤独症康复机构的教育费用都较为高昂,并且大多数康复机构只针对3～6岁的孤独症儿童。[4] 然而普通学校缺乏对孤独症儿童进行融合教育的相关配套措施,也缺乏了解孤独症学生的专业教师,且普通学校对孤独症了解较少、接纳能力不足。[5] 普通学校的教学设施、教学安排以及课程设置等都有不适于孤独症儿童学习的地方。[6]

(三) 助学政策与教育实况

我国自20世纪80年代开始推行随班就读政策,并着重强调了培养特殊教育专业人员的必要性。2006年制订的《"十一五"残疾人康复规划》正式将孤独症作为精神残疾列入残疾类别之一,需要接受特殊教育服务。[7] 同时,《国家精神病防治康复"十一五"实施方案》中指出,全国的25家康复训练机构将在全国31个省级孤独症儿童康复训练试点机构开展孤独症儿童康复训练,培训相关专业人员。2007年,中国残联制定了《"十一五"孤独症谱系障碍儿童康复训练试点工作实施办法》,组织孤独症领域的专业人员展开研究讨论,并编写了《自闭症谱系障碍儿童的教育与康复训练》一书,同时中国残联在培训专业的康复训练人才方面也开展了积极的工作。

虽然国家已出台政策把孤独症儿童纳入随班就读对象,但是真正进入普通学校的孤独症儿童数量并不多。[8] 2007年对江西省75例孤独症儿童的调查显示,有一半的孤独症儿童在普通幼儿园或普通小学就读,在特殊幼儿园或特殊学校就读的占24.2%,还有少数孩子没有进入任何学校和机构。[9] 深圳孤独症研究会组织的"中国孤独症人士服务现状调查——华南地区"研究数据显示,受访家庭中的孤独症儿童大多就读于康复机构或特殊教育学校,仅有10.43%在普通学校就读。[10] 有些进入普

---

[1] 胡晓毅,范文静. 我国学龄孤独症儿童教育安置形式的思考[J]. 教育学报,2016(6):70—77.
[2] 同上.
[3] 熊絮茸. 共生 融合 成长——以家庭为核心的自闭症谱系障碍社会生态系统探析[M]. 南京:南京大学出版社,2014:60.
[4] 胡晓毅,范文静. 我国学龄孤独症儿童教育安置形式的思考[J]. 教育学报,2016(6):70—77.
[5] 陈亮. 学龄期孤独症儿童教育现状与对策研究[J]. 广西教育,2017(25):8—10.
[6] 同上.
[7] 范文静,胡晓毅. 学龄孤独症儿童随班就读面临的挑战及对策[J]. 现代特殊教育(高教),2015(3):8—12.
[8] 马斯佳. 自闭症儿童随班就读存在的问题及对策[J]. 现代特殊教育(高教),2016(4):34—38.
[9] 刘莹. 江西省75例孤独症儿童的现状调查[J]. 中国特殊教育,2007(11):49—54.
[10] 范文静,胡晓毅. 学龄孤独症儿童随班就读面临的挑战及对策[J]. 现代特殊教育,2015(3):8—12.

通学校的孤独症儿童,也没有得到合适的教育,出现"随班就坐""随班混读"的现象。①

2009年,国务院办公厅转发的教育部等八部门《关于进一步加快特殊教育事业发展的意见》明确提出,要保障包括孤独症儿童少年在内的适龄残疾儿童少年的义务教育。2011年修订的《残疾人随班就读工作管理办法》中,明确提出孤独症儿童可随班就读。孤独症儿童的受教育权利及其融合教育安置形式通过法规形式确定下来。

实际上,由于各种原因,真正进入普通班级随班就读的孤独症儿童数量很少,当下,孤独症儿童的安置场所主要还是隔离式的康复机构或特教学校。②据已有的中国残疾人事业基本情况统计显示,2010—2014年的五年里,在康复机构里的孤独症儿童总人数逐年大幅上升,尤其在2011—2013年间,孤独症儿童机构训练人数由1.1万人上升至1.9万人,增幅超过70%。③虽然政府出台了许多要求孤独症儿童进入普通班级随班就读的政策文件,但现实中仍然有大量孤独症儿童没能进入普通学校学习。

(四)探究孤独症儿童融合教育实践

2014年出台的《特殊教育提升计划(2014—2016年)》明确提出:鼓励有条件的地区试点建设孤独症儿童少年特殊教育学校(部),《第二期特殊教育提升计划(2017—2020年)》沿袭前例文件的精神。2013—2016年,天津市在市残疾人康复协会、市工委和天津医科大学的共同协作下,为41名孤独症儿童提供了长达三年的融合式的康复与教育,并取得了显著效果。④

研究表明,孤独症儿童可以进入普通小学随班就读。李晓燕等人对一名接受融合教育的孤独症儿童进行了8年的追踪研究,追踪研究时间段为从儿童4岁半进入普通幼儿园读书,到8岁进入普通小学读书,整个融合教育历程分为几个阶段,在融合教师与家长的共同努力之下,这名孤独症儿童最终成功就读于普通小学。⑤孤独症儿童的小学融合教育困难重重,相关的研究也比较少,现阶段也只是处在从无到有的境地,还谈不上已经发展到一定水平。

但也有普通小学有心为孤独症儿童融合教育出力并付诸实践。2013年,河南省郑州市教育局颁布《关于做好郑州市市区2013年小学入学工作的通知》,第一次将孤独症儿童的入学工作纳入方案之中。⑥2017年,成都市泡桐树小学的全体在校学生参与了一场名为"公益小创客"的活动,该活动是一场"与孤独症儿童一起玩"的融

---

① 范文静,胡晓毅. 学龄孤独症儿童随班就读面临的挑战及对策[J]. 现代特殊教育,2015(3):8—12.
② 徐云,朱旻芮. 我国自闭症儿童融合教育的"痛"与"难"[J]. 现代特殊教育,2016(10):24—27.
③ 同上.
④ 同上.
⑤ 李晓燕,张玉敏. 自闭症幼儿融合教育模式探讨——以对一名自闭症幼儿开展8年融合教育的追踪研究为例[J]. 幼儿教育(教育科学),2016(6):41—46.
⑥ 秀林. 河南省郑州市孤独症儿童可随班就读[J]. 现代特殊教育,2013(Z1):37—37.

合活动。①

在全面推进融合教育的背景下,越来越多的孤独症儿童能够进入普通小学就读。这一时期关于孤独症小学融合教育的学术研究逐渐增多,个案的研究较为丰富,除孤独症儿童本身的融合教育情况的研究之外,关于融合教育陪读人员以及融合教育师资等情况的研究也逐渐增多。例如,韩玉亭等对中国知网上2001—2018年间收录的有关孤独症个案的文章进行整理分析,发现孤独症儿童融合教育的个案研究是这一阶段研究的主要方面之一。② 曾刚运用多种研究方法调查了一名孤独症儿童在普通班级中的同伴交往和学校参与等方面的融合教育情况。③ 杨银等人就孤独症儿童陪读人员的重要性、存在的困境和提升策略等进行了分析探讨。④ 朱政鑫等人基于普通学校教师的特教培训实践,认为加强对普通学校教师的特殊教育培训有利于孤独症儿童融合教育的推进。⑤ 2018年,侯丹对江西省赣州市的孤独症融合教育的现状进行调查后发现,在家长看来,孤独症儿童融合教育的首要目标是要实现普通学校"零拒绝",然而当前情况下的普通学校仍无法为孤独症儿童提供较高质量的融合教育。⑥ 田应启等人检索了中国知网上2010—2017年间有关孤独症儿童随班就读的相关学术论文并进行分析后指出,当前我国仍要加强相关的政策法规建设、实施与监督,创新融合式特殊教育专业人才培养模式等。⑦

总之,我国的融合教育实践开展得比较晚,孤独症儿童正式可以进入普通小学就读的时间更晚。我国的孤独症儿童的随班就读历程仍处于起步阶段,这也就意味着,当前孤独症儿童融合教育还存在很多问题,我国孤独症儿童的融合教育任重而道远。

二、发展特点

目前,我国的融合教育已进入高速发展时期,发展的主要目标也集中在内涵发展和优质发展两个方面。在此背景下,越来越多的孤独症学生开始进入普通学校接受融合教育。但是,孤独症学生融合教育的发展并不是一帆风顺的。总体而言,当前我国孤独症儿童的融合教育呈现出以下几个特点:安置形式趋于多样、政策保障不够完善和支持体系尚未形成。

---

① 郭寒秋. 成都市泡桐树小学 和"星星的孩子"一起玩——三年级3班公益小创客活动纪实[J]. 平安校园, 2018(4):48—49.
② 韩玉亭,马欣. 我国自闭症个案研究综述[J]. 现代特殊教育, 2018(2):32—37.
③ 曾刚. 自闭症小学生随班就读融合结果的个案研究[D]. 大连:辽宁师范大学,2016.
④ 杨银,拓小娟. 全纳教育背景下陪读人员的实践反思——基于自闭症学生陪读个案[J]. 绥化学院学报, 2019,39(1):24—27.
⑤ 朱政鑫,邓晓蕾. 基于融合教育的普通学校教师特教培训的思考——以上海市静安区自闭症儿童行为管理培训为例[J]. 长春大学学报, 2019,29(3):110—114.
⑥ 侯丹,张云云. 自闭症儿童融合教育现状的调查研究——以江西省赣州市为例[J]. 现代特殊教育(高等教育研究),2018(3):65—70.
⑦ 田应启,陆艳. 中国自闭症儿童融合教育的现状与启示[J]. 教育现代化,2018,5(47):381—382.

(一)融合教育安置形式趋于多样

据 2017 年《中国自闭症教育康复行业发展状况报告》统计,我国孤独症学生在普通学校就读存在以下三种融合教育安置形式[①]:普通学校特殊班;普通班＋资源教室;普通学校普通班。

(1)普通学校特殊班:特殊班一般附设在普通学校内,专门为特殊学生服务。特殊班有两种形式:①全日制特殊班;②部分时间在普通班级,部分时间在特教班级。就读于普通学校特殊班的孤独症学生往往有进行班级基本日常活动的能力,但却因为存在行为问题而无法进行全日制随班就读。我国现有的特教班主要是这种形式:语文、数学等主课由特殊教育教师教授,音乐、美术、体育等课程则可以在普通班级进行合班上课。当然特殊班往往并不只有孤独症学生这一个类别,有些特殊班还有智力障碍学生、情绪与行为障碍学生以及学习障碍学生等其他类别。

(2)普通班＋资源教室:这种方式指的是孤独症学生与普通学生在同一个班级中接受普通教育,但由于孤独症学生的特殊教育需要,会有部分时间到资源教室接受个别或团体辅导。资源教室是专门为学生提供适合其特殊需要的个别化教学的场所。这种"普通班＋资源教室"的模式是目前我国融合教育的一种主要形式。教育部在 2020 年发布的《教育部关于加强残疾儿童少年义务教育阶段随班就读工作的指导意见》中提出要加强资源教室建设,对接收 5 名以上残疾学生随班就读的学校应当设立专门的资源教室,并按照特殊教育资源教室建设相关指南,根据学生残疾类别配备必要的教育教学、康复训练设施设备和资源教师等专业人员。

(3)普通学校普通班:这种方式学校采用比较多,要求孤独症学生无显著的情绪行为问题、智力基本正常、有简单的生活自理能力,并且经过一段时间的干预训练后,能够适应学校的常规,同时需要家长与学校的通力合作。这种随班就读的方式对孤独症学生提出了较高的要求,有些普通学校对孤独症学生提供的支持有限,需要家长或辅助教师陪读,以不干扰正常的普通学校的教学秩序。

(二)融合教育政策有待优化

回顾我国有关孤独症学生的教育政策可以发现,国内近十年才开始关注和重视孤独症学生的教育问题。2006 年,我国将孤独症列为残疾一类,并要求对孤独症学生提供康复服务。2010 年,我国出台《国家中长期教育改革和发展规划纲要(2010—2020 年)》,将特殊教育单独列为一章,要求不断扩大随班就读和普通学校特教班的规模。2011 年,教育部重新修订的《残疾人随班就读工作管理办法》,明确要求将孤独症谱系障碍儿童纳入随班就读的对象。2014 年,国家首次用"全纳教育"一词作为《特殊教育提升计划(2014—2016 年)》总目标,并提到"让每一个残疾孩子都能接受合适的教育"。这些政策都强调不断扩大随班就读规模,完善特殊教育体系,这对孤独症学生融合教育的发展有着深远的意义。但与此同时,目前仍然存在大量的孤独症学生未能如愿进入普通学校进行学习。一项华南地区孤独症人群服务现状调查

[①] 五彩鹿自闭症研究院.中国自闭症教育康复行业发展状况报告(Ⅱ)[M].北京:华夏出版社,2017:62—70.

数据显示,虽然政府已经出台了孤独症谱系障碍儿童就近进入普通学校接受教育的政策,但受访家庭的孤独症谱系障碍儿童中仅有 10.43% 接受了普通学校的教育。[①] 接受义务教育是国家法律赋予每一个孤独症儿童的基本权利,但是现有的法律法规尽管有助于保障这些孤独症儿童的基本权利,却没有保障他们运用权利的方式。融合教育是帮助他们享受接受教育权利的重要途径,但融合教育落实的过程中却存在重重阻碍。解决这些问题的关键在于进一步优化孤独症学生融合教育政策,切实减少政策法规在执行过程中遇到的阻力和问题,以保障孤独症学生融合教育的高质量发展。

(三) 融合教育支持体系有待完善

目前,孤独症学生融合教育还未形成比较完备的支持体系。孤独症学生融合教育是一个综合性工作,它需要医学、教育学、心理学等多学科的支持,需要家庭、学校、社区、社会等多方面的合作。[②] 如同其他特殊学生的融合教育一样,孤独症学生的融合教育也面临着融合教育财政支持有限、资源教室利用率不高、融合教育师资极度缺乏等问题,这影响了整个融合教育支持体系的构建。基于目前这种情况,在我国孤独症学生融合教育支持体系中,家长成为养育、教育、协调和寻求资源的重要角色,支持体系发展极度不均衡。

对相关数据的分析发现,自 2007 年起,国家对特殊教育经费的投入快速增长,主要用于完善学校的基础设施建设,而投入普通教育中随班就读的经费却增长缓慢,而且由于经济发展程度不同,部分地区随班就读的经费支持也有一定的差异,甚至有些地区的经费极为短缺。[③] 总体上而言,我国随班就读的财政支持力度较弱,无法完全支撑随班就读工作的开展。

资源教室作为融合教育的重要安置场所,是随班就读工作正常进行的重要因素之一,也为进入普通学校学习的特殊学生和教师提供了必要的帮助。资源教室的数量和运营质量是影响融合教育质量的关键因素。有研究发现,目前我国普通学校中部分资源教室形同虚设,并没有达到开设资源教室的目的,也没能为特殊学生提供切实的便利和支持。

就融合教育的师资力量来看,融合班级教师大多都缺乏特殊教育的知识,也没有接受过相关的技能培训,更没有接触过孤独症学生,所以一旦遇到孤独症学生在课堂上扰乱课堂秩序的情况就会粗暴对待,这样不但没有效果,反而使情况进一步恶化,长此以往教师也会逐渐丧失对班里孤独症学生的教育信心。刘莹对江西省 75 例孤独症儿童的现状进行调查发现,我国孤独症儿童融合教育的质量还有待提高,如学校的融合教育氛围不足、教师缺乏必要的专业能力、孤独症学生尚无法真正融入班级等。[④] 当前普通小学中,由于融合教育师资力量缺乏,对于普通小学的教师来说,孤独症学生的融合教育难度和挑战相对较大,融合教育专业人士不足的问题严

---

① 徐云,朱旻芮. 我国自闭症儿童融合教育的"痛"与"难"[J]. 现代特殊教育,2016(10):24—27.
② 苏雪云,顾泳芬,杨广学. 发展生态学视角下的自闭症儿童融合教育支持系统:基于个案分析和现场研究[J]. 基础教育,2017(2):84—89,95.
③ 彭霞光.中国全面推进随班就读工作面临的挑战和政策建议[J].中国特殊教育,2011(11):15—20.
④ 刘莹.江西省75例自闭症儿童的现状调查[J].中国特殊教育,2007(11):49—54.

重影响着当前我国孤独症学生的融合教育。马红英等人对上海市随班就读教师的调查发现,上海市有 $\frac{2}{3}$ 的随班就读的教师没有接受过特殊教育专业培训,有 $\frac{1}{3}$ 的融合班级教师认为自己的专业知识和技能在随班就读工作中不够用。[①] 孤独症学生的融合教育不仅需要普通学校配合,为其提供教育和服务,更为重要的是需要家校乃至社区的合作和支持,这样才能够为孤独症学生提供适宜的教育环境,促进他们社会交往和沟通能力的发展,切实提升融合教育质量。

第三节 孤独症学生融合教育策略

真正的融合是社会全面的接纳,是各个系统全面有力的支持,是孤独症儿童身心、学习和生活全面的融入,是生态的、和谐的、可持续的、长久的、科学的教育规划。孤独症学生的融合教育策略涉及多个方面,下面主要从融合环境的创设、教学策略的运用和转换、积极有效的班级管理、家校合作和社区支持等方面介绍孤独症学生的融合教育策略。

一、环境创设

孤独症学生融合教育的环境创设分为物理环境和心理环境的创设。孤独症学生对于周围的环境有着固定的要求,难以适应环境的改变,甚至不允许某些物品摆放位置的改变。孤独症学生行为刻板,当活动计划出现变化时,他们可能会变得不安与焦躁,所以他们往往会需要更多的帮助。

在物理环境创设方面,可以将孤独症学生的座位安排在离老师较近的地方,且在愿意帮助孤独症学生的同学的旁边,并在他们之间设置适当的距离。把孤独症学生的个人工作行程表放在他们可以清晰看到的地方。在教室内建立不同的活动区域,清晰有序的教室活动区域可以让孤独症学生知道在各个区域可以做什么,有什么物品等。简洁的环境设置以及必要的视觉提示等,都有助于孤独症学生减少不安情绪,更好地与其他同学相处。[②]

在心理环境创设方面,教师要促进孤独症学生融入普通班级,首先要做的就是与孤独症学生建立良好的师生关系,慢慢地熟悉他们、了解他们,采用合适的方式融入他们的世界,让他们逐渐地信任老师并接受老师的存在及干预。

对于孤独症学生在融合过程中所出现的各种问题,教师可能需要花费更多的时间与精力去处理,孤独症学生需要教师不断地为其提供支持,教师不仅需要心怀爱心与责任心,同时也需要足够的专业知识与专业技能,不断地深入了解每一个孤独症学生,并与班级学生一起为孤独症学生创造一个良好的人文环境,才能促进孤独

[①] 马红英,谭和平.上海市随班就读教师现状调查[J].中国特殊教育,2010(1):60—63.
[②] 杨福.促进随班就读自闭症学生班级融合的支持策略初探[J].高考,2018(2):25,30.

症学生更好地发展。

二、教学指导

孤独症学生的教学需要特殊教育教师、普通教育教师、普通学校管理人员以及普通学生等的共同合作。为了实现孤独症学生的融合教育目标,教师要在教学之前充分了解学生的个性特点,并能够基于孤独症学生的个体差异合理地设计教学,有效地实施融合教育。①

针对孤独症学生的教学方法分为一般教学法和特殊教学法。一般教学法是指兼用于普通学生和孤独症学生的教学方法,比如多媒体教学、小组合作教学等。特殊教学法是指针对孤独症学生个体的教学方法,包括结构化教学、应用行为分析方法等。具体内容如下:

(一) 一般教学法

1. 多媒体教学

现代普通中小学课堂比较多地运用了多媒体进行教学,通过投影展示图片或播放影音录像等。多媒体技术可以很好地与一些教学方法、教学理念相结合,如录像教学法、情景教学法等。现有研究表明,现代计算机技术和网络技术与教育实践的结合越来越紧密,各种教学辅助技术不断发展,如通过计算机辅助教学设备、交互式电子白板等科技教学设备,可以更加生动地呈现教学内容、丰富教学形式。

2. 小组教学法

小组教学法是指教师把班上的学生分成几个小组,小组内的成员围绕一个共同的学习目标,相互学习、相互帮助,共同完成学习任务的教学方法。不同小组之间也可以互动交流,教师则需要对每个小组进行整体把控,引导和促进各个小组的活动进程。小组教学法可以加强孤独症学生与其他同学的互动沟通,使其体验到合作交流的乐趣,增进学生之间的相互关注。教师可以为小组任务的完成设置一定的奖励,让小组成员体验到协作与分享成功的喜悦。②

3. 同伴介入法

同伴介入法是指教师指导普通学生与孤独症学生进行社会交往,以提高孤独症学生的社会交往能力的干预方法,其干预形式主要有提供同伴互动机会和同伴辅导。提供同伴互动机会即让孤独症学生融入普通学生的社交情景中,教师从旁指导;同伴辅导则是选择几名普通学生并对他们加以训练,然后由他们来帮助孤独症学生掌握一定的社交策略。现有的研究表明,同伴介入法在提高孤独症学生的社会交往能力方面有较好的效果,且应用广泛。③

4. 学科教学

学科教学需要根据孤独症学生的特点进行,针对孤独症学生设计个别化的学习

---

① 魏轶兵,卢珺,谢明,等.改善孤独症儿童随班就读状况的个案研究[J].中国特殊教育,2006(7):37—41.
② 彭双迎."小组教学"在孤独症儿童康复教育中的应用与思考[J].中国科教创新导刊,2010(24):184—184.
③ 田金来,张向葵.同伴介入法在自闭症儿童社交能力中的应用[J].中国特殊教育,2014(1):35—40.

目标、个别化的教学计划以及灵活的个别化的作业等,没有哪一种教学方法和干预方法适合所有孤独症学生,教学方法的选择可根据具体情况进行结合使用,以达到教学效果最优化。

以数学教学为例,孤独症学生在学习运算、应用题等方面存在一些问题,这阻碍了他们学业成就的发展以及思维的发展。针对孤独症学生的认知特点,可将数学内容分解成一个个小步骤教学可完成的内容,然后再依次呈现,这样可减轻孤独症学生的认知负担。数学教学还可以借助图示等视觉表征方式将数学问题形象化、具体化地进行展示,然后再逐渐过渡到抽象的数学教学。另外在数学教学的过程中,可以通过调动孤独症学生的多重感官来加深对数学概念或其他数学知识的理解,比如在阿拉伯数字上附着凸出的接触点等可调动其触觉的感知,同时要注意将教学内容与实际生活相联系。①

(二) 特殊教学法

1. 结构化教学法

结构化教学法是根据孤独症学生的感知觉特点和思维方式而设计的一套教学策略,包括教学环境结构化、利用程序时间表将教学活动结构化、教学内容结构化,以及学生个人工作任务结构化等几个主要的部分。其中程序时间表的内容包括每节课的常规活动名目与顺序安排说明,孤独症学生可以通过程序时间表了解自己要进行的活动内容及顺序,并据此进行学习活动。

教学内容结构化即让孤独症学生了解本节课的教学内容,避免学生产生不安全感或出现情绪问题。教师先将学习任务卡呈现出来,并根据任务卡上的内容进行教学,每进行一个项目,出示对应的任务卡,完成相应任务后撕下相应任务卡并放入完成框里,如教学"复习数字1和2",先让学生认读任务卡"复习数字1和2",出示点数教具(如2朵花)让学生说出数字2,再呈现答案,最后撕下任务卡"复习数字1和2"并放入完成框。简言之,教学内容结构化即将教学内容分解成一个个的小步骤可完成的内容,使学生能够根据图片等视觉提示内容进行学习。个人工作任务结构化是通过建立学生的个人工作系统来实现的,内容包括整个结构化教学的各个要素,不只是单个任务,而是多个任务,包括教学材料的安排等说明,让学生知道要做什么工作、工作量是多少、完成时间等。②

结构化教学法通过将教学活动以及学生的个人活动进行清晰细致的划分,并通过图片等进行视觉化的呈现,旨在使教学环境及内容对孤独症学生而言,更易于理解,从而让学生能够顺利地接受教学指导,完成功能性技能的学习。

2. 应用行为分析法

应用行为分析法是基于刺激—反应—强化行为原理的行为干预方法,实施过程包括新行为的塑造、问题行为的矫正与消退、行为的维持与泛化等。在具体教法中,应用行为分析法的具体运用比较多,比如回合式教学法、关键反应训练法(关键性技

---

① 王云峰. 自闭症谱系障碍儿童的数学教学[J]. 中国特殊教育,2017(11):49—56.
② 林琴. 自闭症学生数学课堂中结构化教学法的应用[J]. 现代特殊教育,2017(15):52—54.

能训练法)等。

强化可以贯穿于针对孤独症学生整个教学的指导过程,并需要根据孤独症学生的意志特点以及教学的不同阶段选择不同程度的强化。[1] 在教授新行为或新知识时应多采用连续性强化法,针对学生每一次正确行为的发生提供及时的强化,而复习与巩固知识点时则可以采用间歇式强化法,即间隔一段时间或间隔一定任务完成次数提供不同频次的强化。

孤独症学生适应不同环境的能力比较弱,对于新知识的实际应用与泛化的能力不足,比如在教室里孤独症学生能够学会辨认不同的颜色,而换一个地方却不能辨认。教师可以通过改变教学方法、教学老师以及教学场景等方式对同一教学内容进行强化教学,加强孤独症学生对新知识的理解与应用。

孤独症学生之间往往存在较大的差异,每个学生各方面能力水平、性格等都有不同,在运用应用行为分析法对孤独症学生进行教学时,要关注合适的强化物的选择,教师需要寻找并发现适合他们的强化物或者强化活动,并能够灵活运用,在教学的后期还需要考虑逐渐撤出强化物等。

3. 地板时光游戏

"地板时光游戏"是一种综合、密集、系统的干预技术。它是以儿童的兴趣爱好为导向,结合儿童自身的发展规律,逐步引导儿童进行人际交往,具有自发性和趣味性。在学校教学过程中,教师通过关注孤独症学生的日常活动、情绪情感、动作语言的情况,以针对性的游戏与他们进行互动,从而帮助他们更有效地明确自己的行为,管理自己的情绪,清楚地表达自己的想法。[2]

4. 感觉统合训练

孤独症学生大都存在感知觉失调的问题,他们的大脑在协调、整理、组织各种感觉信息方面存在不同程度的缺陷,以至于孤独症学生对于多种感觉刺激不能很好地调和,从而出现身体运动不协调、空间知觉障碍、身体平衡功能障碍等问题。

感觉统合训练是指通过使用滑板、秋千、按摩球、滚筒、跳袋、蹦床等整合前庭觉、本体感觉和触觉、视觉等,控制感觉信息的输入,帮助孤独症学生打开通往神经系统部分的通路,从而达到改善脑功能,改善孤独症学生运动协调性、感知觉功能的目的。感觉统合训练的有效实施可以有多种训练器材的辅助,如阳光隧道,让孩子俯卧身体,从隧道中爬行通过,以加强肌肤的各项接触刺激,并调节前庭感觉;此外还有跳跳床,袋鼠跳袋,独脚椅,脚步器,滑板等。[3]

5. 社会故事法

社会故事法是指运用为孤独症学生精心编写的社会故事,帮助孤独症学生理解一定社会情景下的社会行为规范。教师不仅可以运用语言对某一社会情景中的事件、人物以及人物的活动等进行具体描述,还可以变换描述形式(如借助图片和文

---

[1] 刘惠军,李亚莉.应用行为分析在自闭症儿童康复训练中的应用[J].中国特殊教育,2007(3):33—37.
[2] 陆晓兰.普通小学随读自闭症儿童学校教育干预策略研究[J].考试周刊,2018(54):40.
[3] 王纯.自闭症儿童的感觉统合训练疗法研究[J].中国健康心理学杂志,2006(5):511—514.

字、歌曲等描述),吸引学生的注意,引起学生的兴趣,使孤独症学生能够理解特定社会情境下的相关行为与人物的情感,提高他们对社会交往的认识与理解。社会故事法还可以用于减少学生的不适当行为活动以帮助他们掌握生活技能等,同时还可以与其他干预方法结合使用,如假想游戏、同伴互动等。[1]

三、班级管理

在融合教育过程中,孤独症学生可能会出现一些问题行为,如攻击性行为、刻板行为、自伤行为、扰乱课堂秩序的行为等,这些问题行为是孤独症学生顺利接受融合教育和实现自身发展的一大障碍,需要教师妥善处理并设计应对策略。

杨希洁等人的研究表明,在随班就读的中小学孤独症学生中,常见的问题行为有9类:违抗、重复刻板行为、发脾气、注意力涣散、攻击、自伤、破坏、逃离、不当的身体接触。[2] 每一类问题行为都有具体的表现形式,孤独症学生问题行为的出现通常都有其背后的原因及影响因素,比如,有的孤独症学生哭闹,可能是因为想要什么东西或想去上厕所,或者是想要获得关注或自我刺激,或者兼而有之。

积极行为支持法是处理孤独症学生问题行为的有效干预方法之一,这种方法具体包括组建行为支持小组,观察评估学生的问题行为,制订和实施干预方案等;同时,教师还需要为孤独症学生制定行为规范,并教授替代行为等。[3] 当孤独症学生发生问题行为时,教师需要及时制止,如有必要可以将学生暂时带到另一个区域;也可通过运动、音乐等缓解孤独症学生的不良情绪。[4]

另外,班主任是孤独症学生融合教育班级管理的主要负责人,班主任一方面需要和其他教师合作,一起为孤独症学生制定班级常规;一方面要协调好孤独症学生与普通学生的关系,同时还要整体把控班集体的班风建设,提升班级融合氛围。[5]

四、家校合作

在家校合作中,家庭需要为孤独症孩子营造温暖的良好家庭环境,多鼓励孩子。对于孩子在家中的一些行为表现,应及时与孩子的老师进行沟通交流,并积极参与孩子的干预方案或干预计划的实施与制订。[6] 家长可能需要花费一些时间向教师或通过其他途径学习关于孤独症儿童干预的科学方法,了解学校为孩子制订的学习计划和干预计划,并在家中实施应用、强化巩固。有研究表明,学龄孤独症学生的父母对于教养孤独症孩子所需要的教育方面资源的需求,主要包括专业知识与技能需

---

[1] 李晓,尤娜,丁月增,等. 社会故事法在儿童自闭症干预中的应用研究述评[J]. 中国特殊教育,2010(2):44—49.
[2] 杨希洁,彭燕,刘颂,等. 随班就读自闭症学生问题行为类型及其表现形式、功能的研究[J]. 中国特殊教育,2018(8):50—56.
[3] 牟晓宇. "积极行为支持"干预自闭症儿童问题行为的实践探索[J]. 现代特殊教育,2018(7):66—69.
[4] 冯清梅. 情绪暴躁自闭症儿童课堂管理例析[J]. 现代特殊教育,2015(7):26—28.
[5] 李德春. 浅谈高功能自闭症学生班级管理[J]. 新课程(下),2017(4):214—215.
[6] 张立秋. 基于家校合作的自闭症儿童自伤行为个案研究[J]. 现代特殊教育,2014(2):49—51.

求、社会资源服务需求、信息需求、心理健康与调试需求,且其需求程度与家长的年龄、家庭经济状况相关。①

教师则需要了解孤独症学生的家庭情况,包括学生家长对于学生接受融合教育的看法、家庭的经济状况、家长的压力及心理状态等。教师在与家长沟通时,不仅需要传授给家长相关的干预方法和教育方法,还应谈及学生表现的积极方面,增加家长的自信心。② 相较于普通学生的父母,孤独症学生的父母往往承受着更大的压力,这也意味着孤独症学生的家长可能需要更多的帮助。③ 家校合作中,教师与家长的合作沟通、相互帮助是非常重要的,学校与家庭的有效沟通,有利于孤独症学生融合教育支持体系的形成与构建。

五、社区支持

社区是孤独症学生健康成长的重要场所,拥有丰富的教育康复资源,能够为孤独症学生的康复训练提供有利的条件。社区融合的理念主张孤独症学生与普通人群一样享受社区成员应有的基本权利和社会服务。④

社区教育资源指保证社区融合教育能正常进行所需要的整个社区人力、物力、财力、时间、信息等资源的总和。社区教育资源整合,则是为开展社区融合教育活动而将社区可利用的教育资源进行聚合、重构,进而开发和利用。开展社区融合教育,需要改变教育资源观,有效整合社区教育资源,提高教育资源的使用效益。⑤

首先,社区居民需要加强对孤独症学生的了解,给予孤独症学生家庭应有的尊重和关爱。其次,社区内的社区教育委员会需要加强融合教育的宣传力度,加深社区居民对融合教育的认识,举办多种形式的文化活动,鼓励孤独症学生家庭与其他居民共建融合社区等。最后,社区不仅是孤独症学生健康成长、融入社区的场所,同样也是儿童共享社区教育资源、进行社区教育康复的平台。社区内可创建一个信息共享平台,为孤独症学生家长提供培训机会、社区志愿者招募、社区活动等方面的信息。⑥

第四节 孤独症学生融合教育案例

孤独症学生在接受融合教育的过程中往往会遇到许多难以解决的困难,这些困难对于孤独症学生的学习和发展都形成了极大的挑战。但是,经过越来越多人的努

---

① 郭文斌,方俊明.学龄自闭症儿童家长亲职教育需求调查[J].西北师大学报(社会科学版),2016,53(3):101—105.
② 侯旭.自闭症儿童随班就读中家校合作的必要性及其策略[J].文教资料,2008(6):124—125.
③ 白金兰.自闭症儿童家长亲职压力研究[J].科教文汇(中旬刊),2018,443(12):157—159.
④ 郑晓安,柳金菊,徐睿,等.大龄自闭症儿童社区沟通训练的研究——以W市"美好家园"为例[J].现代特殊教育,2015(14):52—57.
⑤ 郭强,冯建新,冯敏.全纳教育背景下特教社区资源的整合与利用[J].现代特殊教育,2015(1):24—26.
⑥ 同上.

力和尝试,孤独症学生的融合教育开始涌现许多成功案例。本节内容主要介绍一名孤独症学生的融合教育经历[①],通过分析案例来总结融合教育的成功经验,以期为融合教育实践提供启发和指导。

一、基本情况

小阳,男,2010年10月7日出生,3岁时确诊孤独症,5岁父母离异,小阳跟着妈妈生活。2017年9月,小阳进入家附近的小学一年级学习。小阳非常喜欢各种类型的标志,如交通标志等,且对画画、写字等活动很感兴趣。

对小阳进行能力发展评估后发现,小阳的感知觉发展较好,但较为敏感;运动能力发展较好;语言理解能力发展较好,但在非语言沟通和语言表达方面稍有欠缺。小阳的认知、记忆能力与生活自理能力较好,但社会交往能力和情绪行为控制方面较差。

对小阳进行适应性评估发现,小阳与家人关系较为亲密,生活基本能够自理,能够参与家庭活动等。在学校,小阳基本认识班级里的老师,但不认识同班同学,很少主动和同伴说话、游戏;在社区,小阳能够在提示下与经常见面的邻居打招呼,基本能够遵守社区的规则。

二、融合教育过程

小阳初入小学的融合教育过程分为三个阶段,首先根据小阳的基本情况制订长期教育计划和短期教育计划,然后对小阳实施干预与支持,每一阶段结束时,对该阶段小阳的目标达成情况进行评估,作为下一阶段目标设定与调整的依据。

1. 第一阶段

第一阶段主要在9月,老师与家长讨论后,确定了小阳的长期教育目标:能够不咬人、不打人,能够与老师、同学建立良好的关系,能够基本适应学校和班级常规。第一阶段包括6个短期目标,具体包括:小阳无打人或咬人行为,其他学生正确看待小阳的喊叫行为,喊叫行为减少,小阳能够向老师问好,独立吃完饭并收拾餐具,能按要求下课。

相应的支持策略包括:指导小阳学会替代行为,将咬人或打人的行为替换为咬牙棒;教师积极与班上学生沟通,让大家理解小阳的喊叫行为;在教师的示范、提示下,让小阳练习问好行为;当小阳做出良好行为时对其进行奖励。

具体的支持还包括:确定课程安排,将课程表贴在小阳房中和课桌上;为小阳调整座位;制作课堂规则视觉提示卡片和下课流程视觉提示图等;获得科任老师的支持与配合;班主任向学生说明小阳的情况,小阳获得同伴的接纳等。

第一阶段结束时,对小阳的短期目标的达成情况进行评估后发现,6个短期目标中,小阳达成4个,部分达成1个,未达成减少喊叫行为目标1个。并且,小阳在咬牙

[①] 周世琴. 融合背景下自闭症儿童入学适应与支持个案研究[D]. 上海:华东师范大学,2018.

棒的帮助下极少出现咬人和打人行为，所以在经过讨论后，将长期目标调整为：小阳能够与老师、同学建立良好的关系；小阳能够基本适应学校和班级常规；小阳能够参与课堂学习活动。

2. 第二阶段

第二阶段主要是10月和11月，这一阶段的教学活动和集体活动有所变化，主要是教学内容难度加大、任务增多，小学一年级学生需要每天早上到操场做操。

根据实际情况，教师和小阳妈妈经过讨论后确定了小阳第二阶段的短期目标：小阳能够认识1～2个同学，能够主动向老师问好，每节课喊叫的次数在4次以下，能够按要求下课，能够顺利参加出操等集体活动，能够适时主动回答问题。

相应的支持策略包括：选择经常与小阳互动的学生坐在小阳周围；在学校拍下几位学生的照片，妈妈在家中与小阳分享和谈论这些同学，辅助老师为小阳写下他们的名字，并记录与他们相关的简单事件，或提示小阳关注几位同伴当天的特点，比如"×××今天穿了灰色的衣服"等；小阳练习主动向老师问好；当小阳小声讲话时，便可得到奖励，允许选择替代活动或暂时离开教室；给予视觉流程图提示、口语提示等。

具体的支持还包括：调整目标，小阳主动问好后能进行交流；提高课堂参与度，老师重复课堂上讲解的重要内容；教师在全班同学面前表扬小阳；妈妈准备一些小礼物由小阳送给同学，增进与同伴的关系；制定奖励单等。

第二阶段结束时，对小阳的短期目标的达成情况进行评估后发现，6个短期目标中，小阳达成4个，部分达成2个。

3. 第三阶段

第三阶段主要是12月和翌年1月，这一阶段的学校环境有所变化，包括：季节变为冬天，早操变成了晨跑；1月是期末时间，学习任务紧。

根据实际情况，教师与家长讨论后制定了以下几个短期目标：小阳能够担任一项班级职务，小阳能够独立完成课堂书写任务，小阳能够参与期末测试。

相应的支持策略包括：确定适合小阳的班级职务，小阳在有辅助和提示的情况下练习处理所担任职务的相关工作；逐渐撤销辅助与提示；帮助小阳熟悉考试规则等。

具体的支持还包括：老师在课后对小阳进行辅导；每天早上妈妈给小阳做全身按摩，让小阳身体放松。

第三阶段结束时，对小阳的短期目标的达成情况进行评估后发现，3个短期目标中，小阳达成2个，部分完成1个。小阳的期末考试取得了优异的成绩，小阳妈妈和班主任老师对小阳的表现很满意。

对小阳进行能力发展评估发现，小阳在多个领域发展进步较明显：在学校常规适应方面，包括向老师问好、喝水、上厕所等，以及上课的喊叫行为都有逐渐好转的倾向，基本能够达到较好适应的水平。在人际交往方面，小阳能够认识所有任课老师，在老师的指导下能够和同伴进行简单的交流。在学习方面，小阳能够积极参与课堂活动,完成书面作业所需的辅助越来越少,学习成绩较好。总之,老师和家长对小阳初入小学的融合教育过程和结果较为满意,认为小阳取得了较大的进步。

三、总结反思

小阳的融合教育经历包含一定的合理之处,可以总结为三点,为其他孤独症学生的融合教育可提供些许借鉴。

第一,要分阶段逐步融合。在整个融合教育过程中存在很多困难,比如课程调整的困难、教学方法改变的困难、评价方式改变的困难、特殊教育资源不足等,但在家庭、学校和辅助老师的合作努力下,通过生态化的评估与教育目标、支持方案的分阶段制定等一步一步地支持与改善小阳的适应行为,使小阳在每阶段都有明显的进步,不断地融入学校班级。在此过程上,科任教师的态度都慢慢地转变为支持与接纳小阳,同伴的态度由最初的感到奇怪与戏弄小阳到最后的习惯于小阳的情况与帮助小阳,小阳的融合教育态势越来越好。

第二,要平等接纳、互相尊重。在特殊儿童与普通儿童的交往中,平等交流与相互尊重十分重要。只有在充分尊重特殊儿童的主体性的基础上,交流才可能有意义地进行,从而对两类儿童的发展都产生有利影响。特殊儿童存在着比较多的劣势,但他们同时也有自己的优势。从小阳的融合教育经历可以看出,融合需要让特殊儿童发挥自己的优势,改善自己的劣势并能够向其他儿童学习。两类儿童相互学习、共同发展、实现共赢才是融合教育得以成功的关键。

第三,家校合作、教研合作。融合教育实际上涉及多方力量与多方资源,怎样将多方力量与资源进行协调是很重要的。教师与家长的合作、教师与研究人员(辅助教师)的合作都是小阳得以成功融合的影响因素。从本质上说,不论是融合教育策略,还是各方的交流与合作,小阳的融合教育经验是值得借鉴的,融合教育可以让特殊儿童建立起安全感与自信心,能够慢慢地融入普通儿童中去,真正意义上地与普通儿童进行交流互动,促进自身的成长与发展,从而实现实质上的融合教育。

【推荐阅读】

[1] 俞劼,王国光.孤独症儿童的小学融合教育[M].北京教育出版社,2017.
[2] 蔡春猪.爸爸爱喜禾[M].北京:中国华侨出版社,2012.
[3] 郁万春.自闭症康教案例研究[M].广州:世界图书出版公司,2015.
[4] 周念丽.自闭症谱系障碍儿童的发展与教育[M].北京:北京大学出版社,2011.
[5] 范里,汪辰.伴你同行——自闭症儿童家长访谈录[M].北京:中国轻工业出版社,2018.
[6] 雷江华,万颖.自闭症儿童家长辅导手册[M].北京:北京大学出版社,2015.

【本章小结】

本章围绕孤独症学生的主要特点,包括生理、心理和学习方面展开论述,并较为详细地介绍了我国孤独症儿童随班就读的发展历程,从中可以看出国家政策的制定与实施、家长的积极参与、学校全面而广泛的支持与接纳等因素对孤独症学生融合教育的发展是至关重要的。孤独症学生能够比较好地融入普通学校中需要教师、家长、同学等多方面的支持,还需要优化调整课程教学,并且在环境创设、教学方法、班级管理等各方面进行调整与完善,还需要家庭、学校、社区的相互沟通与协作等。近年来,国家日益重视提升孤独症学生融合教育质量,不断强化各项支持保障体系,共同助推融合教育高质量发展,为孤独症学生融合教育实践提供强有力支撑。

思考与练习

1. 孤独症学生如何做好幼小衔接?
2. 如何有效促进孤独症学生的语言发展?
3. 教师应如何培养孤独症学生的沟通交往能力?
4. 现有一名孤独症小学生要进入普通班级学习,学校、教师及家长要做好哪些准备?

第七章　智力障碍学生的融合教育

学习目标

1. 理解并掌握智障学生的心理特点和学习特点。
2. 了解国内智障学生融合教育的发展历程。
3. 掌握针对智障学生的融合教育策略。

【案例导入】　在上海市浦东新区的飞扬冰上运动中心，每逢星期一、星期四都会有一群"特殊"的孩子在此进行冰上训练，他们已经坚持了四年有余。

说特殊，不仅是因为这是一群以智障儿童为主的孩子，更重要的是，他们早已用自己的汗水为国家争金夺银。在2018年3月举行的第11届世界冬季特奥会上，这支队伍里的三个孩子代表中国出战夺得1金4铜，接着又在10月的韩国邀请赛上狂揽4金6银7铜。

这群平均年龄在12岁左右的孩子来自上海市浦东新区辅读学校，14岁的李想就是其中一员。虽然患有唐氏综合征，但他是这支速滑队伍中的主力，也是队伍中的名人。央视曾为他拍过纪录片，一档综艺真人秀也向他抛出了橄榄枝。他在冬季特奥会上获得了1枚铜牌，还在韩国邀请赛上收获2枚金牌，此前他还在夏季特奥会上获得过体操金牌。

"也许在常人看来，这不是含金量很高的金牌，可是这是对孩子们的一种认可，能够出国，甚至获奖，这些孩子自信心都明显提升了。"李想的妈妈感慨道。[①]

思考：

1. 冰上运动为李想带来了哪些改变？
2. 对于教育者而言，这一故事说明了什么？

什么是智力障碍（简称智障）？曾称为智力落后、智力残疾、弱智等，这些不同的称谓变化的背后是人们对这一特定人群认识的不断深入。近年来各种智障的定义所共同强调的因素是智力和适应性行为。以我国为例，2006年我国第二次残疾人抽样调查所采用的定义是："智力残疾（障碍）是指智力明显低于一般人水平，并伴有适应性行为障碍。"

---

① 本案例引用自澎湃新闻，https://www.sohu.com/a/206059444_260616。

第一节 智障学生的特点

为了更好地对智障学生进行教育,尤其是要使他们顺利地融入普通环境中,首先要了解他们的生理特点、心理特点和学习特点等方面。

一、生理特点

生理是心理的物质基础,智障学生的生理特点影响其心理特点。下面将从大脑发育和身体发育两方面描述智障学生的生理特点。

(一) 大脑发育

大脑是意识活动的重要器官,先天或后天的大脑器质性损伤是影响智障学生智力水平的重要原因,也是影响智障学生现有心理特征和学习认知水平的重要因素。智障学生的大脑结构有以下特征:

第一,大脑体积小,重量轻。与同龄普通学生相比,智障学生大脑的体积较小,且重量较轻。

第二,智障学生大脑皮层上的沟回较普通学生简单,沟也较浅。

第三,智障学生脑细胞的数量比普通学生少,细胞排列不正常。智障学生由于脑损伤或发育不完全等原因,脑细胞的数量少于普通学生,细胞的具体特点与普通学生相比也有差异。

第四,智障学生生物化学系统的构成异常,如中枢神经递质代谢异常、神经内分泌异常等。

(二) 身体发育

大部分的智障学生和普通学生长相相似,没有特殊的外貌。尤其对于轻度智障学生而言,他们和旁人并无区别。只有一些特殊类型或者伴有严重脑损伤的智障学生才显示出特殊外貌,例如唐氏儿一般眼距较大,面部较扁平,在人群中容易被识别出来。部分智障学生,由于不正常的咬合、咀嚼方式也会出现颌面异常等。

在身体机能和身体素质方面,智障学生和普通学生也非常相似。但在生活中,由于智障学生自身意志力薄弱、不受重视和自身障碍的伴随症状,他们的身体素质发展可能不如普通学生。例如,唐氏综合征学生可能伴随着心脏病、眼部疾病,需要家长和教师更多的关心和照顾。部分中重度智障儿童也会面临肌张力异常、步态体态异常等问题,例如走路不稳等问题。

教师了解智障学生的生理特征,可以更好地理解这一群体,从而促进他们身体的锻炼和意志的成长。

二、心理特点

与普通学生相比,智障学生在心理上也有一些不同的特点,表现在以下几个方面:

(一) 认知

智障学生的感知觉、注意、记忆、语言不同程度地参与了认知活动,表现出了以下一些特点:

智障学生的感知觉较为迟钝和缓慢,感受性低、感觉阈限大,知觉发展较晚、发展速度慢,感觉发展水平低。感觉器官就像照相机一样,感觉是对实物客观、真实的呈现。感受性是对于外界刺激作出反应的灵敏程度,感觉阈限是人能够感受到的刺激的范围,对于智障学生而言,他们感受性低,感觉阈限大,面对同样的信息,他们不一定能接收到或者接收的部分有限,教师在进行教学的时候需要使用洪亮的声音、鲜艳的颜色以及反复多次的教导才能够使实际教学产生教育意义。智障学生在感觉上的特点也对其知觉产生了影响,知觉将从感觉获得的信息进行整合,智障学生感受性低,从感觉器官获得的信息有限,知觉加工的内容也有限,时间、空间、运动知觉发展得较晚,整体的发展速度较慢,发展水平也较低。日常生活中,智障学生容易迷路、时间概念模糊也与其知觉水平低有关。

注意是指人的心理活动对于一定刺激的指向和集中。智障学生集中注意的时间短,注意范围狭窄,选择性注意和注意分配存在问题。智障学生集中注意的时间比较短,无意注意占优势,喜欢追逐自己的兴趣点而不断转移注意力,在课堂上经常受到无关刺激的干扰。

智障学生识记速度慢、保持不牢固、提取记忆内容困难,记忆以机械识记为主。记忆是对于过去经验的反映,智障学生在感知觉上的障碍严重地影响了他们的记忆质量。具体而言,智障学生感知觉的过程缓慢,记忆加工的整个过程很迟缓,编码过程也存在问题,即使记住了也很难进行提取。由于智障学生不会很好地使用记忆策略理解知识的意义,其记忆以机械识记为主。

智障学生语言起步晚,发音不准,词汇贫乏,思维发展也存在问题。智障学生的感知觉方面的障碍也限制了他们的语言发展,由于分辨能力差,他们在学汉语拼音的时候遇到了很大的挑战,不能分清字音,不能很好地分辨相似的汉字,也很难将汉字和其所代表的含义联结起来。在语言学习上,智障学生需要更为包容的语言环境,在表述句子时,智障学生也会存在成分残缺、语序颠倒、搭配不当等情况,教师要多为智障学生创造更多的交流机会,交流的时候也要注意交流方式,要力求将每个字表述得完整清晰、声音洪亮,对学生含混不清的发言也要注意保持倾听。语言对于思维有调控作用,由于不能很好地掌握语言技能,智障学生的思维发展表现出抽象水平低、呆板不能变通等问题。

(二) 人格

与普通同龄学生相比,智障学生的人格在发展过程中具有以下特点:

需要发展不平衡,以低层次的生理需要为主。智障学生对自我实现、精神追求等没有强烈的动机,但是对有形的物质奖励表现出渴望。所以教师和家长可利用物质奖励鼓励智障学生进步或者引导他们去做反复的练习。

容易形成负面的自我评价。智障学生在失败的学习经历中很容易得出对于自己的负面评价,情绪压抑、消极、焦虑。在对智障学生进行教学的时候,要注意多鼓励他们,关注智障学生的心理状态,并及时帮助他们进行调整。

性格外向,开朗乐观。智障学生往往性格开朗乐观,社交能力很强,能够为家庭和班级带来很多欢乐。国际上有研究表明,因唐氏综合征儿童活泼外向,善于交际,在与母亲的交往中表现出更多积极互动。

(三) 社会性

社会性情绪和情感都是随着人们认知活动的不断开展而产生的一种感性的体验。智障学生的认知活动特点对他们的情感发展产生了影响,主要表现有情绪体验不深刻,高级情感发展缓慢,情绪不稳定,抑郁、害怕、焦虑等情绪较多。

第一,情绪体验不深刻,由于认知特点所限,智障学生对于同一事件的认知较普通学生浅,只能有浅层的快乐、愤怒等情绪,在教学中可能很难理解文章中的复杂情感,很难与文章产生共情。

第二,在高级情感方面,他们的高级情感发展缓慢,很难体察到周围人表现出来的社会性情感,很难识破他人的真实意图,从而容易被欺骗和挑唆。

第三,在情绪稳定性方面,智障学生的情绪不稳定,自控能力比较差,来自环境的一点小小的刺激都会使他们做出过激反应。

第四,在心理发展方面,智障学生容易产生负面情绪,主要包括抑郁、孤独、焦虑、害怕等。智障学生的社会适应能力比较弱,到普通班级就读可能会花费更长的时间来适应。由于学习能力不如普通学生,智障学生往往比普通学生遭遇更多学习上的失败,有更多的焦虑情绪。

第五,在社会交往方面,智障学生在学习上的表现可能会影响其人际交往,一方面他们特别渴望和普通学生成为朋友。另一方面他们也表现得胆小怯懦,不敢和同学交朋友,从而产生孤独、抑郁的情绪。所以在融合情境中,智障学生需要更多的包容和理解,也需要更多的引导,来帮助他们学会以恰当的方式表达自己的情感。

三、学习特点

智障学生在学习上有各自的特点,教育者可以利用他们的学习特点更好地开展教学。大部分智障学生在学习中具有以下特点:

(一) 学习动机

在学习中,智障学生意志力薄弱,缺乏动力。在日常学习中,他们做事情的主动性不足,同时缺乏自制力。智障学生倾向于依赖外部动机来学习,学习的目的是获得老师和家长的表扬和肯定,同时他们的情感体验比较浅层,无法对一件事情形成强大的动力,缺乏克服困难和迎接挑战的决心。他们在学习过程中经历了太多的失败,自我效能感很低,这使得他们缺乏学习的动力和热情。

(二) 学习过程

第一,在学习节奏上,智障学生的学习节奏较慢,学习的跨度不大,理解知识需要花费更多时间。教师在课堂上需要将知识进一步细化,分步骤地呈现,并且让学生重复学习,调整教学节奏以适应智障学生的学习节奏。

第二,在学习能力上,智障学生的抽象概括能力较弱,迁移能力较差,学习比较刻板。所以在教育智障学生的时候,教师要尽量将知识具体化地呈现给智障学生,帮助他们理解消化。同时在知识的迁移和泛化方面需要家长和教师的共同配合,家长帮助他们在家里面将所学知识泛化和延伸。

第三,在学习时间上,智障学生学习持续的时间短。因为智障学生的注意力以自己的兴趣点为转移,所以他们的注意很难集中在某一特定目标上面,不能利用元认知策略管理自己的学习状态。日常教学中,教师需要不断地给予智障学生不同的刺激,以维持智障学生的注意水平,在进行短暂的学习后,还要给他们放松的机会。

(三)学习效果

从学习效果来讲,智障学生对生活技能、劳动技能的掌握优于对文化知识的学习。一方面,生活和劳动技能在生活中有更多的实践机会加以巩固。另一方面,生活和劳动技能更为具体,与生活本身的联系较为紧密,所以智障学生的掌握程度更好。

第二节 我国智障学生融合教育的发展历程及特点

一般认为,融合教育遵循的是一种全新的教育理念,进行的是持续的教育过程,主张接纳所有学生,反对歧视排斥,促进学生积极参与,注重集体合作,满足不同需求,建立融合社会。[1] 融合教育在我国本土化的教育安置形式就是随班就读。下面将从发展历程和发展特点两方面介绍我国的随班就读。

一、发展历程

"随班就读"作为一种重要的安置形式,扩大了智障儿童的受教育机会,对智障儿童的成长有重要的意义。我国智障儿童随班就读的历史可以分为四个阶段:一是非政府组织探索阶段;二是政府推动的实验阶段;三是政府推广阶段;四是全面发展阶段。[2]

(一)非政府组织的探索阶段(1978年之前)

早在中华人民共和国成立初期,我国民间已经自发出现了随班就读的尝试,但是它的规模、数量和正规性远不能和当下相比较。由于人们对于"障碍""残疾"存在偏见和歧视,智障学生没有好的学习氛围和学习资源,同时,普通班的教育方法和教材也不适用于智障学生,所以即使随班就读的形式已经出现,其实质还是流于"随班混读""随班就坐"。

(二)政府推动的实验阶段(1978—1992)

由于种种历史原因,改革开放前的特殊教育对象主要集中在盲、聋两类儿童,并

---

[1] 黄志成.全纳教育展望——对全纳教育发展近10年的若干思考[J].全球教育展望,2003,32(05):29—33.
[2] 马金玲.民族地区残疾儿童随班就读有效教育策略[M].兰州:甘肃教育出版社,2017:3—6.

且办学仅初具规模,此时智障学生的教育问题未引起重视。直到改革开放后,智障学生的教育才逐步引起了重视,智障学生随班就读由此兴起。

1. 智障学生逐步走向课堂

1979年,上海市开始在国家的支持下进行智障学生教育的探索。上海市第二聋哑学校智障儿童辅读班当时招收了24名轻度智障学生,分为两个教学班,由三个教师负责教学教育工作。以这个辅读班为起点的智障教育事业一开始就引起强烈的社会反响,受到各方面的关心和支持,因此发展迅速。[①] 1979年下半年,上海市已有3个区办起12个辅读班,招收智障学生137名;1984年,智障教育已发展到12个区,共58个辅读班,671名学生;而到1989年,除上海市区外,4个郊县也办起智障教育,全市共有124个班,1400余名学生。1990年发展到151个班,1700余名学生。有了上海的成功范例,北京、天津、山东等各个省市也先后开始兴办智障学生的辅读班,越来越多的智障学生走入课堂。

2. 智障学生随班就读的提出

20世纪90年代,我国开始推行九年义务教育,视障、听障、智障三类儿童也被纳入其中。1987年,我国进行了全国残疾人抽样调查,根据调查结果推算,我国共有残疾人5000多万人,其中残疾学龄儿童少年约有600多万人。在当时低城镇化率的背景下,这600多万人中有一大部分残疾孩子居住在农村地区,居住地分散,人口众多,生活水平不一,单靠短时间内建立特殊学校不足以解决他们的上学问题。同时,在这600多万残疾学龄儿童少年中,有一大部分是智障儿童,尤其是轻度智障儿童。为了在特殊教育领域尽快推进普及义务教育的工作,历史和现实为智障儿童提供了一个符合当时国情和具有中国特色的教育安置形式——随班就读。1987年12月,教育部《全日制弱智学校(班)教学计划》(征求意见稿)中明确提出:"在普及初等教育的过程中,大多数轻度智障儿童已经进入当地普通小学随班就读。这种形式有利于智障儿童与普通儿童的交往,是在那些尚未建立智障学校(班)的地区特别是农村地区解决轻度智障儿童入学问题的可行办法","随班就读"这一概念由此被正式提出,同时它的作用也得到了认识和肯定。

3. 智障学生随班就读实验的开展

自1989年以来,国家教委在北京、山东、江苏、辽宁、浙江的部分县市开展轻度智障学生随班就读实验,并积累了不少经验。例如,1989年北京市昌平县进行了"弱智儿童随班就读的实验",探索发展农村智障儿童教育的途径和方法,取得了较好的效果,同时将其经验汇编成《积极实验 大胆探索——昌平县"弱智儿童随班就读"初探》一书。在教学方面,将班级教学和个别教育相结合,做到因材施教。在评估方面,以全日制学校(班)教学计划、学科教学大纲及个别教学计划为依据对随班就读智障学生进行综合评估。在师资方面,注重开展相关培训,并相应提高师资待遇。

在山东进行的实验中,三个不同的实验点总结出来三种不同的智障学生随班就

---

① 银春铭.弱智儿童的心理与教育[M].北京:华夏出版社.1993:97.

读的教学模式。第一,不完全的小学随班就读模式,以胶州市的三级分段式教学模式为代表,在小学高中低不同的年级中采取不同的教学方式,小学低中年级学生随班就读,实行班内帮助。小学高年级学生进入附设辅读班就读。从初中阶段开始学生到独立辅读学校接受职业技术教育。第二,完全的随班就读模式,是以济南市历城区为代表的教学模式,在小学阶段实行随班就读模式,小学毕业后学生进入初中附设辅读班,接受职业训练。第三,完全的随班就读模式,但另设辅导教室和辅导教师,这种教学形式以昌乐县为代表。在普通小学里,除任课教师对智障学生进行个别教育和帮助外,班级多的学校另设辅导教室和辅导教师(即资源教师),每天定时为学习困难的智障学生进行个别辅导和语言、感知活动训练。[①]

随着实验的开展和经验的积累,国家和各省市分别召开了大量智障学生随班就读相关会议,相关的法律法规也逐步确立起来了。

(三) 政府推广阶段(1994—2013)

1994年5月22—25日,国家教委在江苏省盐城市召开全国残疾儿童少年随班就读的工作会议,总结1989年以来各地开展视障、听障、智障儿童少年随班就读工作经验,会后发出《关于开展残疾儿童少年随班就读工作的试行办法的通知》和《关于印发〈全国残疾儿童少年随班就读工作会议纪要〉的通知》,作为开展随班就读工作的指导性文件。随后,1994年7月,教育部发布了《关于开展残疾儿童少年随班就读工作的试行办法》,对随班就读的对象、班额、教育形式、教师等多个方面进行了规定。同年8月,国务院颁布《残疾人教育条例》,以法律法规的形式确立了随班就读的地位,提出以特教学校为骨干、以大量的普通学校附设班和随班就读为主体的特殊教育发展格局。智障儿童随班就读工作逐步走向系统化和规范化。

(四) 全面发展阶段(2014年至今)

智障儿童教育的发展过程中,"随班就读"的概念逐步发生着转变,它不再是特殊时期为了完成某一既定目标不得已而为之的举措,而真正成为普通学生和智障学生追求教育和发展双赢的一种尝试,同时也真正成为世界融合教育潮流不可分割的一部分。在实践和发展过程中,理论研究者和实践操作者不断地进行着反思,反思的重点也由"该不该进行融合教育""该不该进行随班就读"逐渐转向"如何进行融合教育""怎样有效地开展随班就读工作",各地则进行了多样化的智障学生随班就读方式的探索。

这一时期的发展也离不开政策层面的支持。2014年,教育部等多部委联合发布了《特殊教育提升计划(2014—2016年)》,指出"扩大普通学校随班就读规模。尽可能在普通学校安排残疾学生随班就读,加强特殊教育资源教室、无障碍设施等建设,为残疾学生提供必要的学习和生活便利",同时也强调送教上门的重要性。在此基础上,为了进一步提高残疾儿童少年义务教育普及水平,《第二期特殊教育提升计划(2017—2020年)》提出了更为详尽的规定:"以区县为单位统筹规划,重点选择部分

---

① 丑荣之.再论弱智儿童随班就读[J].山东师范大学学报(人文社会科学版),1991(6):56—59.

普通学校建立资源教室,配备专门从事残疾人教育的教师,指定其招收残疾学生。其他招收残疾学生5人以上的普通学校也要逐步建立特殊教育资源教室。"基于此,资源教室和资源教师对于随班就读的智障学生的重要作用开始逐渐凸显,为随班就读提供更多更有针对性的人力和物力上的支持成为一个重要的发展方向。2016年的《普通学校特殊教育资源教室建设指南》对于资源教室的功能作用、基本布局、场地及环境、区域设置、配备目录、资源教师、管理规范等多个方面作了规定,成为地方开展资源教室建设的指导性文件。2017年修订的《残疾人教育条例》也对资源教室提出了相关规定,并且强调了资源教室和资源中心的相关联系和不同作用。

由此,我国智障儿童随班就读事业出现了很多新趋势,各个地区因地制宜地进行探索,实现了多元化发展。例如,上海长宁区积极引进并实践国际先进的特殊教育理念,进行区域特殊教育国际化发展路径开发与运作,关注随班就读智障学生的多重需要,促进智障学生的融合教育的发展。

二、发展特点

回顾过往,我国智障儿童随班就读的发展特点主要集中在如下三个方面:

第一,从数量和程度上来讲,智障学生的人数逐渐增长,残疾程度发生变化,随班就读工作能够据此来进行调整。数量上,在校的智障学生数量不断上升,据《中国教育统计年鉴》的数据比较分析,如表7-1所示,以小学阶段为例,随班就读与普通学校培智班的智障学生人数不断增加。这一方面得益于我国九年义务教育的推进,普通学校、特殊学校的入学率均有所上升,另一方面,社会对智障学生的认知不断深入,能够及时对智障学生进行筛查、诊断并且给予适当的教育。人数的增长已经成为既定的趋势,越来越多的智障学生被安置在普通班级中,然而普通学校对于随班就读的态度仍然需要转变。程度上的变化主要指,不同智障程度学生所接受的教育安置方式发生了变化。原来在特殊教育学校中就学的学生,智障程度比较轻,能够适应课堂环境,能够掌握大部分知识,生活自理能力较好;一些重度智障的学生或者在家,或者在医院以及养护机构中。20世纪八九十年代,随着随班就读工作的普及,越来越多的轻度智障学生进入普通学校就读。21世纪以来,随着早期干预、资源教室等的发展和普及,一些中度智障学生也能够进入普通学校学习,同时在资源教室或者康复机构里面进行训练。普通学校开始在能力范围之内招收轻、中度的智障学生。中度智障儿童的进入也对随班就读工作的质量提出了更高的要求。

第二,从格局和功能上来讲,随班就读在智障学生教育安置中的作用愈来愈重要。但是提倡随班就读并不意味着否定特殊学校教育的作用。很多教学教法并不是特殊学校或者普通学校所特有的,往往可以在不同教育环境中通用。普通学校和特殊学校相互支持、相互融合和交流,才能够更好地促进智障儿童的发展。

在当下的智障儿童的教育中,特殊学校发挥骨干作用,数量不断增长,普通学校发挥主体作用,实现功能拓展。普特逐步实现融合。特殊学校的骨干作用主要体现在以下三方面:特殊学校逐步发挥技术引领作用,特殊学校承担着更加重要的育人任务，特殊学校成为社会道德建设的一个重要宣传场所。普通学校的主体作用体现在绝大多数的轻度智障学生都是在普通学校随班就读。这对学校环境的创设、教师的能力等提出了更高的要求，也对相关的配套资源提出了更高的要求。轻度智障学生在普通学校就读的过程中，和普通同伴进行社会交往，有助于培养其社会交往能力，树立起对于自己的正确认识，积极地面对生活。同时，在这个过程中，普通学校也实现了功能拓展，帮助普通学生更好地学会尊重他人，更好地与不同的人相处，促进普通学校学生的全面发展。

特殊学校若要发挥技术引领、道德建设等作用，更需要和普通学校进行交流，才能使更多的普通大众了解智障学生的特点以及教学教法等多方面的知识。普通学校要想实现普特学生的双赢，也需要不断地向特殊学校取经，实现自我的发展。

第三，从内容和重心上来讲，智障教育的内容发生变化，关注重心发生转移。在理论研究层面，由于对于智障的理解在不断发生变化，除了传统的感知、记忆、思维、语言等领域之外，自我决定能力、家庭生态支持成为新的研究热点，研究者想通过对于自我决定能力等热点问题的研究提高智障学生的适应能力，帮助智障学生更好地适应普通班级的环境，提高他们对于班级的归属感。在实践教学层面，普通学校教师越来越关注在普通课堂中将集体教学和对于智障学生的个别指导相结合等问题；家长参与孩子的教育较几十年前更为积极，家长正在通过家校交流等途径提升自己的教育技能，参与自己孩子的成长过程，并且家庭教育正在逐渐被提高到和学校教育同等重要的地位。总的来说，基层老师和家长也越来越注重智障学生的生活质量问题。对于如何提高智障学生的生存质量，真正实现融合，不同的学校进行了不同的探索，主要是从组织教学、同伴关系、家庭支持、资源教室等多个方面进行探索和实践。例如，上海卢湾区辅读学校经过近十年的摸索和实践，初步形成了针对中重度智障学生的独具特色的生存教育办学模式，帮助智障学生更好地融入社会。[①]

表7-1　培智教育在校学生统计(1984—2016)

时间(年)	培智学校数量(所)	接受培智教育的在校学生人数(人)	在普通小学附设特教班(个)	在普通小学附设特教班学生数(人)	在普通小学随班就读学生数(人)
1984	4	3257	—	—	—
1985	25	3717	—	2752	—
1986	36	6515	—	4531	—
1987	90	9937	—	6435	—
1988	131	12286	—	6553	—
1989	179	16744	—	8951	—
1990	191	21129	—	11312	—

---

① 何金娣.智力障碍儿童生存教育课程建设案例研究[J].中国特殊教育，2009(12):51—56.

续表

时间(年)	培智学校数量(所)	接受培智教育的在校学生人数(人)	在普通小学附设特教班(个)	在普通小学附设特教班学生数(人)	在普通小学随班就读学生数(人)
1991	235	29381	—	15473	—
1992	273	65476	—	15134	—
1993	299	98815	—	80972	
1994	370	139223	—	107595	
1995	446	212439	—	170049	
1996	448	230914	—	187202	
1997	425	245196		198963	
1998	473	260723	—	209021	
1999	418	270517		215108	
2000	431	274475	—	214417	
2001	375	249476	738	5473	188482
2002	371	228465	669	4891	162180
2003	375	216670	633	4447	150948
2004	369	217267	579	4117	147472
2005	391	206877	614	3784	137221
2006	382	205641	566	3976	129312
2007	380	208353	581	4213	127836
2008	388	205803	585	4033	119605
2009	401	207973	592	3825	116367
2010	396	209014	522	3206	111146
2011	391	189182	409	2529	87145
2012	408	186682	341	2476	77451
2013	428	185047	409	2409	68846
2014	445	205661	378	2432	76445
2015	458	232084	368	2357	82125
2016	464	260546	401	2585	88682
2017	—	158704	420	2404	90114
2018	—	179672	443	2376	91438
2019	—	204917	426	2325	101682

说明：1."—"指《中国教育统计年鉴》未做统计。

2."接受培智教育的在校学生人数"包括特殊学校智障学生、普通学校随班就读智障学生、普通学校附设培智班学生。

第三节 智障学生的融合教育策略

个体的发展是个体与环境相互作用的结果,高质量的融合教育需要学校和教师根据智障学生的发展特点和需要,积极使用有效的融合教育策略为其提供多元化的支持。本节将围绕环境创设、教学指导、班级管理、家校合作等方面,探讨智障学生融合教育策略。

一、环境创设

融合环境的创设对于智障学生学习起着至关重要的作用,包容的良好的学习环境有利于智障学生顺利地融入所在班级,与普通学生实现共同进步;隔离的冷漠的学习环境会影响融合教育策略的运用,导致智障学生产生心理、生理方面的问题。智障学生接受融合教育的两大主要场所是普通班级和资源教室,而在这些融合教育场所进行环境创设时,不仅要考虑物理环境,也要考虑心理环境;不仅要考虑普通环境,也要考虑特殊环境;不仅要考虑到物,也要考虑到人。

(一)普通班级的环境创设

普通班级主要是为普通学生和教师服务,里面一切陈设都是按照普通学生的教育需求来设计。当智障学生走进普通教室,其特殊教育需要不能得到全部满足,所以普通教室根据智障学生的特点进行一些适应性调整,在调整的过程中,可以征求智障学生及其家长对于环境的建议。

1. 物理环境

普通教室的物理环境主要指教室中存在的能够对于教育主体产生影响的客观因素。物理环境构建以个体的教育需要为核心依据,以人性化为宗旨,其原则包括教育发展原则、实用安全原则、整体性原则等。[①]

(1)物理因素

这里所述的物理因素主要包括光线、温度、湿度、颜色、声音、气味等,恰当运用这些物理因素,能够创造一个温暖舒适的学习环境,带给师生心灵上的愉悦感,有助于激发和维持全班学生的学习动机。教室中应光线适宜。教室的环境颜色应当清新柔和,适宜学习。在班额过大或者小组讨论的时候要求学生控制音量,防止智障学生因噪声或他人的情绪感染而无法控制自己的情绪。在垃圾桶和靠近厕所处尽量不要安排学生就座,并且保持通风。提醒坐在靠近门窗通风处的学生适当添减衣物,尤其提醒缺乏自我照顾能力的智障学生添减衣物。

(2)教学设施

根据智障学生的特点,融合教室主要配备的教学设施包括个别化物品、教具、多媒体设备等三方面。智障学生由于其自身特点,可能对于某些玩具有特殊的偏执爱好,在进入

---

① 马红英,谭和平.特殊教育需要学生的教育[M].北京:北京大学出版社,2011:162—163.

班级时，教师可以允许其携带个人化的物品，帮助他在新环境建立安全感。同时，这些物品也可以是教师和家长帮助智障学生进行知识泛化的工具。智障学生的思维具有具体性、单一性等特点，在知识传授的时候，需要借助一些直观的教具帮助智障学生学习，这些教具可以是教师或者智障学生自己动手做的，也可以是从资源教室中借来的。另外，可借助多媒体设备给予智障学生更为丰富的感官刺激，也将更具体直观地将知识呈现出来。

(3) 班级规模

班级规模是指一个班可容纳的学生数量，班级规模影响着教学质量，班额过大，教师精力有限，难免会忽视一部分学生，不利于进行良好的师生互动。建议将普通班学生的总人数控制在30～40个人，智障学生组成的特殊班人数控制在10～12个人。对融合班级而言，智障学生的教育要花费更多的时间和精力，所以在普通班级中的智障学生人数最好控制在1～3名。同时，如果一个融合班级内有不同障碍类型的学生，则要更加注意班级规模的选取。条件允许的情况下，一个班级最好也不要有2名兴奋型智障学生，最好也不要有2名具有其他伴随性疾病的特殊学生，如患有癫痫的学生，否则教师将很难保证教学体验。

(4) 座位编排

现有的座位编排方式主要有秧田式、茶馆式和马蹄式。秧田式的座位编排方式能够容纳下的学生最多，但是容易产生中间前排效应。中间前排效应指得到关注比较多的、学习效率比较高的是坐在教室前排中部的学生。茶馆式的座位编排方式有利于开展小组合作学习，有利于学生之间进行互动和讨论，但是在维持纪律上面教师需要花更多时间。马蹄式的座位编排方式有利于教师关注到两边的学生，减轻秧田式带来的弊端。总之，无论哪一种座位编排方式，由于智障学生的认知能力和学习能力较普通学生有特殊需要，教师需要将其放在自己注意得比较多的区域，以便开展交流和引导。在安排前后桌时，可以多鼓励学生进行双向选择。智障学生前后的学生要符合"小先生"的标准，能够为智障学生树立好榜样，营造好的学习氛围，并且愿意开展伙伴教学，帮助智障学生成长进步。智障学生注意力集中时间短，尽量不要将其放在门口、窗边等噪声、人员干扰比较大的地方。

2. 心理环境

(1) 班风建设

班风能潜移默化地改变人的心理和行为，其影响深远持久。融合班级中，良好的班风对智障学生的融合教育过程有着重要的作用。融合班级民主、平等、融洽的氛围，班级中的每一个人都有积极向上的精神面貌，个体行为也有无形的导向和约束，是实现融合的基础。在良好班风的熏陶下，智障学生能够保持心情愉悦，激发学习动力，并且通过模仿他人改变自己的行为。良好班风的营造需要教师和学生的共同努力。良好班风一般以班训、班歌、班级宣传栏作为主要的载体，所以要在班训、班歌等上面体现班级精神，在日常的学习和劳动中加强。

(2) 师生关系

师生关系是一种重要的情感联结。良好师生关系的建构可以使智障学生信服老师,并与老师建立亲密的联结,有助于智障学生发挥学习动力,学习所教内容;另一方面,师生关系影响着同伴关系的建构,普通学生会模仿老师对待智障学生的态度和行为。良好师生关系建构的基础是教师从心底关爱和接纳智障学生,智障学生能够感受到教师的情感,并且作出回应。

良好师生关系建构的有效途径包括教师主动记住智障学生的名字、主动地问候智障学生、和智障学生有更多的语言或非语言交流互动等。其中最重要的途径就是和智障学生之间形成有效沟通。第一,教师要以平等、协商的态度和智障学生交流,鼓励他们提出自己的意见和看法。教师不要过多地替智障学生作决定,而是应该双方讨论和商量。第二,教师要善于倾听。有些智障学生的反应速度较慢,说话缺乏逻辑性,教师应当保持耐心,听学生慢慢说,然后进行补充,询问智障学生正确与否。第三,有效的沟通需要智障学生的回应,避免教师单方面决定或者命令。

(3) 同伴关系

同伴是和智障学生接触最多的群体,也是智障学生学习和模仿的主要对象。同伴关系的建构受教师、家长和学生自我三方面的影响。

教师的态度、行为等往往被学生模仿,所以教师要以身作则,关心和爱护智障学生,给普通学生树立良好的榜样。友谊关系的建立有赖于双方共同的兴趣、爱好和情感,教师可以为普通学生和智障学生之间建立良好的同伴关系创造条件。例如,在智障学生进入课堂的时候,教师可以鼓励智障学生介绍自己,并且鼓励全班同学相互介绍自己,增进彼此的了解;在班级中,教师可以鼓励智障学生担任职务,为全班同学服务,例如擦黑板、发作业、做小组长等。和普通学生交往互动的过程中,智障学生会逐步形成情感的联结。教师可以作为一个桥梁,向普通学生表述智障学生未能表述或者表述不当的情感。

家长的情感态度与价值观影响着孩子的观念,所以在智障学生和普通学生相处的过程中,一方面,教师要和普通学生的家长做好沟通工作,保证家庭教育和学校教育方向一致,引导普通学生正确地与智障学生相处。另一方面,教师要和智障学生的家长做好沟通工作,智障学生家长和教师可以引导智障学生和普通学生交往。例如,有些智障学生家长会准备一些零食、玩具,帮助智障学生和普通学生拉近距离,建立良好的同伴关系。

学生本身具有个体独立性,智障学生和普通学生进行交往的过程,也是一种双向选择、相互吸引的过程,在此过程中家长和教师不需要对学生群体的交往多加限制和干涉,在适当的时候稍加引导即可。

(4) 积极的自我概念

自我概念,是一个人具有的有关我是谁,我应该怎样表现,别人怎样看我,我何所归属以及我可能成为怎样的人等组织而成的信仰系统和情感。[①] 积极的自我概念是良好心理环境建构的核心,智障学生的自我认知影响着其在融合班级的一切活

---

① 华国栋.差异教学论[M].北京:教育科学出版社.2001:141.

动。自我概念的建构受到学风、师生关系、同伴关系等多方面的影响。为了帮助智障学生建构积极的自我概念,教师首先要具有一双善于发现的眼睛,关注智障学生细微的进步,并且给予适当的表扬;教师可以给予智障学生为班级作出贡献的机会,并且在事后积极提供反馈,让智障学生在为班级作出贡献的过程中感受到自我价值。同时教师可以帮助智障学生正确看待差异,正确看待自己和班级内普通学生的差距,为自己的独特感到骄傲而不是自卑抑郁。

(二)资源教室的环境创设

相比普通学生,智障学生在普通班级所接受的教育资源和服务是远远不够的,需要更多的辅助和训练才能达到和普通学生相近的知识水平,正常地在普通学校中进行学习和生活。资源教室是为有特殊教育需要的学生提供各种各样有效资源的教室,依据智障学生特殊教育需要,在特定时间去接受特殊教育课程或资源协助的一种教学环境。

1. 物理环境的建构

在学校教育中,除了需要教师给予智障学生关爱、专门的帮助和辅导外,还需要特别为他们开展教育训练或康复服务,包括认知训练、语言训练、社会适应训练、精细动作训练、感统训练、心理与行为康复训练等。

首先,从功能分区上来讲,资源教室主要分为五大区域:家长接待区、教师办公区、学业辅导区、康复训练区、心理支持区,各区域承担不同的教育教学功能,智障学生主要在学业辅导与康复训练这两个区域进行活动。在对智障学生进行学业辅导和康复训练的时候,有些教育训练或康复需要借助一些专门的教具、学具或康复设备才可能取得更好的效果。表 7-2 是为智障学生随班就读提供专业支持服务的特殊教育中心资源教室的专业版配备项目。小学阶段的智障学生使用益智类和肢体辅助类教具更多。但有时现有教具难以满足个别智障学生的需求,教师或可以自行改造或设计更有针对性的教具。

表 7-2 智障学生资源教室专业版配备项目[①]

一、基本配备

类别		名称
基础设备	办公用具	办公桌椅、电脑、电子白板
	学习用具	课桌椅等
		学生电脑及相关学习软件
	储物用具	各种文件柜及书柜:存放学生资料或其他文件、图书资料的文件柜、书柜;存放教学活动或干预训练所需用品的储存柜或置物架等

---

① 根据教育部《普通学校特殊教育资源教室建设指南》的要求改编。

续表

类别	名称
图书音像	特殊教育专业书籍及杂志、一般教育/心理书籍、教法类图书、康复医学类图书及各种专业工具书籍等； 儿童、青少年阅读的各类图书(含绘本)及音像资料、益智类光盘等
益智类教具、学具类	橡皮泥、棋子、画笔、模型、玩具、塑封的实物或卡片等；儿童图形认知板、字母数字列车、几何图形插件、蒙台梭利教具、早期干预卡片等能够促进学生认知能力发展的教具、学具

类别		名称
肢体运动辅助类	大动作训练	步态训练器、支撑器、助行器及跳绳、拐杖、球类等能够促进学生大运动技能发展的简单器具
	精细动作训练	分指板、抓握练习器、套圈、沙袋、不同硬度和粗细度的磨砂板及手功能训练材料、OT操作台(注：串珠、小型拼接积木、扣子等都可以帮助精细运动的发展)
	感觉统合训练	滚筒、大龙球、触觉球、吊篮系列、滑梯和滑板、蹦床、跳袋等
听觉及沟通辅助类	听觉功能训练	训练听觉功能的各种产生不同频率、响度、声音的物品等
	言语沟通训练	用于呼吸、发声、语音训练的物品(蜡烛、气球等)、图片、学具(喇叭、哨子、游戏板等)及软件光盘；语言训练卡片、沟通板、语言能力评估与训练材料等

二、可选配备

类别	名称
肢体运动辅助类	太极平衡板、手摇旋转器、跳袋、平衡木、独脚椅、平衡功能评定及训练设备等； 作业治疗器等、踏步器、平衡功能评定及训练设备、上肢运动功能训练设备、下肢运动功能训练设备、轮椅等； 多感官统合训练设备
听觉及沟通辅助类	言语语言沟通评估训练设备等； 早期语言干预或康复设备
身心发展评估工具	学习风格评估量表及工具； 阅读学习能力评估量表及工具； 数学学习能力评估量表及工具； 大动作、精细动作、体能评估量表及工具； 情绪行为问题评估量表及工具； 认知评估量表及工具等
心理康复训练类	认知干预操作用具； 沙盘等； 进行音乐治疗时使用的电子琴、吉他、音响等(民族地区可选配当地相应的民族乐器)

2. 资源教师的配备

资源教师是资源教室的管理者和服务人员,其主要服务于特殊需要的学生,这里特指智障学生。资源教师是规划、建设、运用和管理资源教室的特殊教育及其相关专业的人员,资源教师是资源教室的核心和灵魂,资源教师的基本素养和质量决定了资源教室的功能发挥和质量。[1]

资源教师要应对不同的任务和情境,不同的情境需要的能力有所不同,所以选取的资源教师需要具有多元化能力。资源教师的道德与情怀是工作的前提,即对于特殊教育事业的关心和热爱,有了这个前提,资源教师才有坚守岗位的动力。此外,还有一些专业知识与能力是资源教师所必须具有的:[2]

（1）特殊教育的基本知识、理念与方法。所有资源教师都应具备相关要求的知识和方法。

（2）特殊儿童测量的知识与技能。

（3）特殊儿童及特殊教育的咨询、指导、辅导的相关知识与技能。

（4）补救教学的知识与技能。

（5）特殊的特异化训练的知识与技能。

资源教师的意义远大于资源教室,物的建设是一方面,人的建设更为重要。有了合格的资源教师,资源教室才有了灵魂,物理器材的价值才能真正得以运用和发挥。因此,在招收了智障学生就读的普通学校中,有条件的学校,要设置资源教室,配备一定数量的资源教师;在条件达不到的学校,鼓励普通教师主动了解智障学生,学习相关知识,自创康复和教育器材,真正为智障学生的成长创设融合环境。

3. 资源教室的运作

资源教室的建设和运用需要利用全校资源,需要多方面的统筹和运作。资源教室运作的核心在于各级各类专业的人才,没有专业人才善用各类器材,资源教室就失去了它本来的意义,图7-1就是由各级各类人才组建的管理系统。

资源教室的日常运作主要包括设备管理、资源管理、档案管理、学生管理、业务工作管理等。[3] 设备管理主要指专用设备不可挪用,日常借用、保管、维修、报废、添置必须全部登记造册。资源管理包括资源教室内各类图书、音像、软件等同样需要登记入册,并且及时更新相关资源。档案管理指教师要为享受服务的智障学生建档入册,同时要建立教师工作日志、教学日志、康复训练日志等,通过完整的档案保证随班就读工作的连续性,并且严格坚守保密性的原则。学生管理主要指学生在学校日常活动的监测、学生在普通教室和资源教室之间的轮转等的管理。例如,如图7-2所示,智障学生表达能力有限,为了方便其在不同教室和不同课堂之间轮转的需要,可以制作一张走读卡以方便教师之间的对接和协调。业务工作管理主要指对于资源教室的运作进行持续监督和定期考核、教师能力的培训、教师水平的考核等。

---

[1] 许家成,周月霞.资源教室的建设与运作[M].北京:华夏出版社,2006:5—6.
[2] 刘全礼.随班就读教育学:资源教师的理念与实践[M].天津:天津教育出版社,2007:46—47.
[3] 许家成,周月霞.资源教室的建设与运作[M].北京:华夏出版社,2006:20—21.

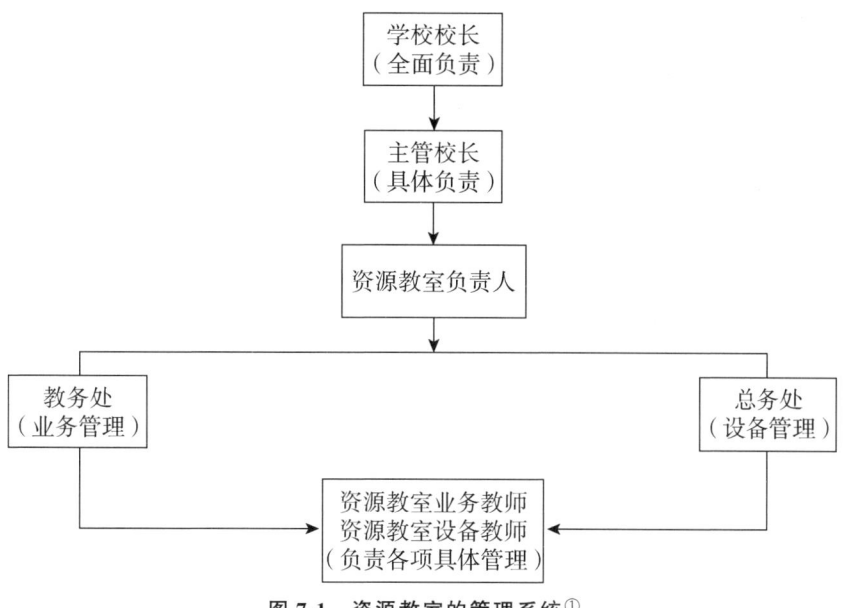

```
                    ┌──────────┐
                    │ 学校校长  │
                    │(全面负责)│
                    └────┬─────┘
                         ↓
                    ┌──────────┐
                    │ 主管校长  │
                    │(具体负责)│
                    └────┬─────┘
                         ↓
                  ┌────────────┐
                  │资源教室负责人│
                  └──────┬─────┘
            ┌────────────┼────────────┐
            ↓                         ↓
       ┌─────────┐              ┌─────────┐
       │ 教务处  │              │ 总务处  │
       │(业务管理)│              │(设备管理)│
       └────┬────┘              └────┬────┘
            └────────────┬───────────┘
                         ↓
              ┌────────────────────┐
              │ 资源教室业务教师    │
              │ 资源教室设备教师    │
              │(负责各项具体管理)   │
              └────────────────────┘
```

图 7-1　资源教室的管理系统①

走读卡

学期		时间	
学生姓名		班级	

＿＿点＿＿分离开＿＿＿＿＿＿教室到＿＿＿＿＿＿教室学习

　　　　　　　　　　　　　　　　　　　　　　负责教师签字＿＿＿＿＿＿

＿＿点＿＿分离开＿＿＿＿＿＿教室到＿＿＿＿＿＿教室学习

　　　　　　　　　　　　　　　　　　　　　　负责教师签字＿＿＿＿＿＿

　　　　　　　　　　　　　学生交卡时间＿＿＿＿＿＿　班主任签字＿＿＿＿＿＿

图 7-2　资源教室的走读卡②

案例 7.1

让每一颗小草都开自己的花(节选)
——深圳市光明新区凤凰小学创建资源教室的实践探索

一、创建资源教室

1. 硬件建设。凤凰小学设有专门固定的资源教室,教室位于学校新建的五六年级教学楼一层,位置相对安静,进出方便。资源教室由相邻的"融合资源教室"和"融合教室"

---

① 许家成,周月霞.资源教室的建设与运作[M].北京:华夏出版社.2006:20—21.
② 同上,30.

组成,总面积大约为120平方米,其中融合资源教室被划分为"感觉统合训练室""平衡功能检测训练室""认知训练室"3部分,每部分都配置了相应的教学用具和康复器材,如大龙球、踩踏车、羊角球等。另一间融合教室则配置了12张学生课桌椅、2张手工制作台、1台心理自助系统设备,还有多种供阅览的书籍以及蒙氏教具等。

2. 软件建设。凤凰小学资源教室现已配备3名接受过特殊教育学习或培训的资源教室专职教师。3位教师在学校领导的带领下积极开展各项工作,如筛选特殊学生、进行教学评估、制订个别化教育计划、建立特殊学生档案等。

二、筛查有特殊需要的学生

学校领导召开教师会议,安排各班主任对本班有特殊需要的学生进行摸底调查并上报至学校德育处。经过对全校班级的调查,确定了9个有特殊需要的学生,其中有3名被医院诊断为智障,2名属于先天性听力缺损儿童(均已佩戴人工耳蜗),2名被诊断为患多动症,1名患有癫痫,1名经历过车祸,此外对于其他有支持需要的学生如学业不良、学习困难等儿童,资源教师也提供相应心理援助和特殊支持。

三、资源教室活动内容

1. 评估。首先,对学校内有特殊需要的学生进行筛查。家长提供相应的医院证明,确定学生是否属于特殊学生。然后资源教师对学生家长及班主任进行访谈,了解学生的一些基本情况、在校表现以及家长和任课教师对学生的期望。此后教师对随班就读的这些学生进行课堂观察,并通过多种活动,如剪纸、团体辅导、画人画树测验等方式,与每个有特殊需要的学生建立信任感,形成基本的情感联结,从而了解他们的行为特点、人际交往情况、问题行为以及课堂表现。综合以上几方面信息,形成对特殊学生的初步非正式教学评估。

2. 制订计划。根据非正式教学评估和正式教学评估(只针对智障学生的评估工具),资源教室的教师针对不同类别或不同需求的学生制订个别化教育计划或行为矫正方案。以智障学生为例,教师参照张文京的"智障儿童个别化教育与教学"的内容,从"沟通、居家生活、自我照顾、自我引导、社交技能、使用社区、健康安全、适应性学科、休闲娱乐"等10个领域为智障学生制定适合他们的长短期目标,为他们更好地适应班级学习提供保障。

3. 实施训练。每天确定一定的时间对这些学生进行个体训练、蒙氏训练、感统训练、团体心理辅导以及学业辅导。我们为每个学生制定了相应的课表,如一名六年级的智障学生,一星期为他安排6节课,包含了"感觉统合训练""适应性功能教育个体训练""团体心理辅导""蒙氏教育"等课程。

四、普及融合教育观念

1. 倡导有教无类,尊重接纳。学校领导多次在全体教职工会议上强调每个学生都是一粒种子,都需要适合自己的土壤和灌溉方式,倡导每位老师对特殊学生要做到不嫌弃、不放弃、不抛弃,对每个学生要采取接纳关怀的态度,不用学业考试成绩作为衡量他们价值和能力的唯一标准。学校领导始终坚信世上没有一无是处的人,鼓励各位老师积极开发特殊学生的潜能,让特殊学生自信自强,成长成才。

2. 倡导师生接受差异,互帮互助。我们发现特殊学生家长对于孩子能否真正融入学校正常接受学习存在较强的忧感。为缓解家长的焦虑,学校领导、班主任和资源教师都积极与家长沟通,在"如何提升孩子的自我保护意识""如何提高孩子的社交技巧""如何发挥孩子的潜能"等问题上,家长和校方达成了一致意见,并为孩子制订了相应的个别化教育计划。

3. 主张因材施教,扬长避短。郑观应在《盛世危言》中提出"别类分门;因材施教"。即教师在教学中需要根据不同学生的认知水平、学习能力以及自身素质,选择适合每个学生特点的学习方法有针对性地开展教学,发挥学生的长处,弥补学生的不足,激发学生学习的兴趣,树立学生学习的信心,从而促进学生全面发展。对于我们学校的特殊学生,我们积极地培养他们的兴趣,发挥他们的潜能。比如,对于一年级三班的高同学,我们发现他有绘画天赋,他的画作具有很强的创造性,我们便把他推荐给美术老师,让美术老师每星期对他进行2次单独辅导。

——案例提供者　凤凰小学　谢丽珍

二、教学指导

智障学生和普通学生相比存在差异,这种差异必然会影响融合教学的实施。如何在有限的课堂时间里面通过教学兼顾普通学生和智障学生双方的教育需要,是智障学生融合教育实施过程中面临的一大问题。要解决这个问题,不仅需要教师充分利用有限的课堂时间,而且需要在教学前、教学中和教学后采取措施,形成环环相扣的教学过程,帮助智障学生更好地达到学习目标。

(一)教学前的准备工作

1. 认知前提的准备

进行教学之前,要帮助智障学生具备必要的认知前提。若智障学生前面的相关知识、技能掌握得不好,而新课中的知识点密度高、难度大,导致接受有困难,则就需要教师在课前给予铺垫和辅导。比如,上语文课前,老师可以帮助智障学生在书上标注拼音或者熟悉基本字词;上数学课前,老师可以提前给智障学生一些教具以帮助他们熟悉物体形状,理解立方体性质;上其他课前,温习上节课学过的相关知识点,为新课作铺垫等。

2. 情感前提的准备

进行教学之前,要激发智障学生学习的动力。教师可以通过给课程起吸引人的标题、设计课前提导入性问题、表扬鼓励、讲故事等方法激发智障学生对于课程的兴趣。

3. 教学目标的确立

首先,教学目标的设立要遵循义务教育阶段教育目标的要求。其次,要遵循融合教育目标。智障学生融合教育的目标是接受基础的文化素质教育、提高社会交往能力训练的基础上实现生活自理,追求自身的价值贡献。最后,要遵循"同一教材,不同要求"的原则。具体而言,在知识容量的要求方面,智障学生需要一次性掌握知识的容量较小,数量较少,密度较低。在掌握知识的难易程度方面,智障学生要掌握的知识难度较小、深度较浅。在培养能力方面,智障学生所培养的能力以感性认识为基础,普通学生注重感性认识和逻辑思维两方面的能力培养。[①]

(二)教学过程中的内容与方法

1. 教学内容

教学内容的组织和编排主要依据教学目标,体现系统性、可接受性和实用性三大原则。

具体来说,从教材本身的逻辑体系来讲,教学内容的组织要具有系统性。知识点和知识点之间要有逻辑关系,能够使智障学生联系旧知识的同时促进理解和掌握新知识。

从智障学生的能力水平来讲,要有可接受性。教学内容的组织要符合智障学生本身的认知特点,要在智障学生能够接受和掌握的范围之内,太过于抽象和依赖逻辑推理的内容不适合直接教给智障学生,需要进行删减或者进一步加工。

从智障学生的未来发展来讲,教学内容要具有实用性。智障学生学习是为了更好地走向生活,所以教学内容的组织上要更加偏重和生活密切相关的内容,同时教学内容中增加一些生活中的实用内容。

教学内容编排和调整的具体步骤如下:①认真研究统一教材的内容及逻辑顺序。②根据班上有特殊教育需要学生的情况,为他们制定不同层次的目标。③根据设定目标相应调整教材内容,调整时要考虑学生的共性和差异,既要满足不同学生的不同需要,又要保证所有学生都能在课堂上共同学习。④根据调整的内容提供必要的辅助材料。[②]

案例 7.2

随班就读智障学生学习的知识点调整方案举例

单元	页码	四(上)删除知识点	调整结果	调整方式
第一单元	6~7,复习	能正确使用计算器进行计算	1. 认识计算器常用键。 2. 能正确使用计算器进行一步计算。 3. 能正确使用计算器进行两步计算。 3.1 能正确使用计算器进行两步只含一级、两级运算。 3.2 能正确使用计算器进行两步混合运算。 4. 能正确使用计算器进行计算	增加基础知识 细化目标 降低计算难度(包括数的大小,运算级别)

---

① 黄兴云,彭新花.弱智儿童随班就读数学课堂教学探讨[J].现代特殊教育,2001(3):21—22.
② 闫寒.随班就读轻度智力障碍学生数学课程内容调整的个案研究[D].上海:华东师范大学,2015.

续表

单元	页码	四(上)删除知识点	调整结果	调整方式
第二单元	11～12，大数的认识	认识亿计数单位及相应的数位	1.熟记个级/万级计数单位及相应的数位。 2.借助数位表认识亿计数单位及相应的数位	改变教学方式，借助数位表进行教学，以游戏的方式熟记计数单位和数位表降低要求，认识前两级
		认识十亿计数单位及相应的数位	1.熟记个级/万级/亿级计数单位及相应的数位。 2.借助数位顺序表认识十亿计数单位及相应的数位	改变教学方式，借助数位表进行教学。 降低要求，认识前三或两级
第二单元	19，四舍五入法	初步学会根据实际需要，把一个数用"四舍五入法"省略尾数写近似数	1.了解"四舍五入法"和"近似数"的含义。 2.初步学会根据实际需要，把一个数降低数位一位至五位尾数的大小，用四舍五入法省略尾数写近似数	增加基础知识 降低要求，降低数位一位至五位尾数的大小
	24，吨的认识	知道表示较重物体的轻重时一般使用吨作单位	1.认识表示物体轻重的一些重量单位克、千克、吨。 2.利用生活实例理解各个重量单位之间的区别。 3.知道表示较重物体的轻重时，一般使用吨作单位	增加基础知识 改变教学方式，借助生活实例学习

2. 教学方法

常用的教学方法多种多样，在不同的教育情境中教师可以选择最优的教学方法，以促进融合班级中的学生更好地学习。常见教学方法的选择主要有以下几个标准：①教学方法的选择要符合教学原则，使教学方法具有教育性和科学性。②教学方法的选择要符合教学目标和内容，使教学方法具有合理性。③教学方法的选择要符合现实条件，包括教育资源、教师的教育能力和智障学生的学习水平等。

表7-3 针对轻度智障学生的常见教学方法[①]

方法类别	实施步骤	备注
任务分析法，是一种把特定的、复杂的学习行为或技能分解为一个一个简单的步骤或步子，然后按照一定的顺序进行教学的方法	1.将目标教学任务(通常学习行为或技能)分解为循序渐进的较小单元或叫较小步子； 2.分析、评价学生完成每一步骤所需的各种准备性技能； 3.研究并比较完成目标教学任务的不同方法，找出最简单的方法； 4.根据每个学生的不同情况，确定教学步骤的大小和起点步骤	只适用于部分学科和部分内容的教学，并非适合所有的内容

---

① 肖非,王雁.智力落后教育通论[M].北京:华夏出版社,2000.

续表

方法类别	实施步骤	备注
游戏教学法,利用游戏来向智障学生传授知识、培养技能、矫正缺陷的一种教学方法	1. 根据教学目的和教学内容,确定游戏的内容和主题; 2. 设计游戏步骤,准备游戏用具; 3. 分配游戏角色,宣布游戏规则; 4. 开展游戏; 5. 总结	适用于所有课程的教学。但是游戏本身不是目的,真正目的是通过游戏这种容易被广大学生接受的形式来传授知识与技能
单元教学法,按照单元内容的划分,来组织教学过程和进行教学的方法	1. 认识整个单元的内容和范围,了解学生的需要和兴趣; 2. 将学生需要掌握的知识和技能归纳综合成不同的单元; 3. 实施单元教学	对于教师的要求比较高,教学过程力求具体形象
多重感官教学法,一种充分调动和利用学生的各种感觉器官,使学生通过多种渠道和途径,从多方面感受教材,接受信息,以获得最佳教学效果的方法	1. 了解课程内容和教学大纲; 2. 利用朗读、教学视频、音乐等不同形式来合理组织课程内容; 3. 实施多感官教学	要求教师事先有周密的计划与准备,充分考虑到学生的实际水平和接受能力。多感官教学不可能取代其他的教学活动,必须配合其他教学活动进行

（三）教学后的巩固与练习

在教学之后,作业练习是智障学生运用所学知识、检验学习水平的重要途径,是教学的一个重要环节。所以在教学过程中教师不能忽视对于智障学生作业的设计和批改。

第一,从作业完成的时间上来讲,提倡课堂作业当堂完成,及时给智障学生批改和反馈,帮助智障学生进一步练习。第二,从作业内容上来讲,智障学生作业的难度不要太大,多布置一些巩固性和运用性的作业。第三,从作业形式上来讲,不要局限于纸质作业,作业形式可以多元化,比如学习了关于春天的古诗,教师可以布置作业让智障学生将诗中的春天画出来或者回家找一找春天等。第四,从作业批改的频率上来讲,智障学生的作业最好全部批改以便完全掌握他们的学习情况。第五,从完成作业的辅助上来讲,可将作业分成不同难度,难度较高的作业可以鼓励智障学生和其他同学、家长或者资源教师合作完成。[①]

---

① 华国栋.差异教学论[M].北京:教育科学出版社,2001:119—122.

案例 7.3

一份英语作业设计单[①]

——教材牛津英语 3A Module 2 Unit 1/Look and learn

（一）口头作业

"I can fly."听录音，正确朗读课文，能尝试介绍自己。

A 类：通过听读课文使学生能模仿正确的语音语调，读准课文。

B 类：能模仿课文介绍自己（三至五句话），尝试和同学们合作表演"猜一猜"游戏。

（二）书面作业

"Words Garden"（词汇花园）

A 类：通过抄写能够正确识记 fat thin big small tall short 等形容词。

B 类：能正确掌握 fat thin big small tall short 等形容词，并能灵活运用（组词）。通过自主查找使学生能够掌握多个同类型词汇。（本课中为反义词）（至少两对）

"Sentences Garden"（句子花园）

A 类：联系生活实际，自主选择以上任意单词模仿造句。（至少一对）

B 类：联系生活实际，自主选择反义词造句。（至少一对）

（三）设计策略

兴趣激发：由于小申对学习和作业毫无兴趣，因此在作业设计上要吸引他，为每一项作业设计一个吸引人的名字。

适度选择：为小申设计了简单基础的 A 作业，考虑其能力可以从 A 类过渡到拓展型的 B 类。

奖章激励：为了鼓励小申勇于挑战，选择完成 A 类可得一个奖章，B 类可得两个奖章，每个月以不同的奖章换取奖品。

互助合作：安排助学小伙伴及时为小申提供帮助，A 类模仿和朗读作业能独立完成，如选择 B 类作业，课间可在小伙伴的帮助下合作完成。

（四）成效

小申在奖章激励的驱动下，基本能完成 A 类作业，他还饶有兴趣地上网查找单词的反义词、近义词。在教授了"cloths"后，我要求学生运用拓展词汇自主完成作品"cloths"，结果第二天他提交了一份图文并茂的作品，我当着全班同学展示了他的作品，他也受到了很大的鼓舞。

三、班级管理

融合班级的管理包括课堂管理和课外管理，课堂管理保障了教学效果，课外管理更深刻影响了智障学生的身心成长与发展。

[①] 夏峰.发出中国的声音：上海市长宁区特殊教育国际化研究与实践[M].天津：天津教育出版社.2013.

(一)课堂管理

1. 课堂管理常规

(1)课堂常规的含义与主要内容

课堂常规是指对学生进行课堂活动的一种要求,是以实现教学目标和促进学生发展为宗旨,以适当、积极地处理影响课堂教学的诸因素为前提,教师和学生共同参与制定的一套有系统的规则。[①] 课堂常规囊括了学生在课堂上进行一切行为的活动规范,范围十分广泛,根据活动项目分类,活动规范涉及点名、出入教室、上课、收发作业和值日生工作等方面。融合班级的课堂常规除了考虑普通学生的日常活动需要以外,还要兼顾智障学生的特殊教育需要。为了符合智障学生的认知特点,课堂常规一般列举得非常细致、有韵律、便于理解,对于小学低年级段的智障学生,还可以给予一定的视觉辅助作为支持。

(2)课堂常规的核心和最终目标

课堂常规的核心是要以人为本和提倡民主。以人为本强调的是包容差异,从学生个体出发,照顾到每一个学生的教育需要,这一点在融合班级中显得格外重要。融合班级的课堂常规需要照顾到普通学生和智障学生两方面的需要,在语言表述上要符合智障学生的认知水平,简单细致且易懂。语言风格上不要全篇以"不能""禁止"等否定负面语气词开头,要提倡培养积极行为。在编写过程中可以将各种各样的课堂常规整理成不同层次的课堂规范,例如班级的底线、一般常规、积极行为等,鼓励某方面能力较好的学生严格遵守积极行为,某方面能力弱的学生先争取守住底线。

民主强调的是共同参与,在编写方式上可以组织包括智障学生在内的所有学生一起合作,围绕"理想班级的一天"展开头脑风暴,每个人各抒己见,这样的常规是每个人都认同的规定。在编写内容方面,教师可以根据学生发展的一般规律和相关教育学知识,限定课堂常规的主要维度,然后由学生进行讨论,这样有限制的民主才是有效的民主。在课堂常规的维护上,更需要学生共同参与,共同维护,在管理好自己的基础上帮助其他学生。

课堂常规的最终目标就是实现学生的自我管理。学生自我管理,是指在学习过程中学生充分认识自己,主动对自己的学习或生活进行合理规划,激发自己的潜能,并对自己的心理活动和社会活动等进行调控和管理,进而使自己不断进步。[②] 融合教育情境中的学生能够根据自己的需要遵照班级常规进行日常学习活动,在这个过程中潜移默化地养成良好的学习习惯。智障学生参与到课堂常规的制定和执行过程中,学着去管理自己的学校生活,有利于培养其自我决定能力,更好地适应学校和社会生活。案例7.4是普通小学班级常规的示例。

[①] 杜萍.课堂管理的策略[M].北京:教育科学出版社.2005,12—13.
[②] 谢艳.项目化学习中学生自我管理能力的培养研究[D].南京:南京师范大学,2018.

案例 7.4

班级常规(示例)

年级	班级常规
一二年级	班训:学习好,习惯好。 班规:铃声响,教室静;学具齐,坐姿正。 坐得住,爱思考;敢发言,作业好。 讲真诚,不说谎;讲谦让,不打闹。 不挑食,不剩饭;吃不言,睡不语。 懂礼貌,人人夸;勤锻炼,身体棒。
三四年级	班训:心到事成。 班规:课前静心准备;课上全力参与。 作业用心完成;闲余开心游戏。 身体恒心锻炼;工作尽心尽力。 待人热心诚恳;对己信心十足。
五六年级	班训:理想从脚下起步。 班规:大事小事,踏实严谨。 同学之间,宽容虚心。 发展特长,把握机遇。 锻炼身体,磨炼毅力。 自律自强,勤奋进取。

2. 行为管理

课堂教学中,智障学生可能因为各个方面的原因产生一些行为问题,因此行为管理对智障学生非常重要。当行为和环境不匹配时,就容易引发行为问题。智障学生的行为往往不会受单一刺激的影响,一个行为背后可能受文化背景、个人经历、身体状况、动机、物理等多方面因素的复合影响。为了维持课堂教学的良好秩序,行为管理必不可少。以下是一些基于行为主义理念,适用于智障学生行为管理的方法。

(1)减少问题行为的方法

第一,消退。在课堂中,撤销促使智障学生不良行为产生的某些因素。采用消退法的前提是教师通过细致的观察和功能性评估,了解智障学生产生相关行为问题的诱因。例如,智障学生在课堂上大吵大闹,教师发现周围人对他的关注越多,他吵闹得越厉害,诱因正是他想博得他人的关注,但是不会用恰当的方式表达。因此教师刻意减少关注的频率,该生的吵闹行为会逐步减少。

第二,惩罚。当正面强化和夸奖、消退法等方法效果不显著时,可以采用惩罚来减少智障学生的问题行为。正惩罚的实施流程主要是在每次问题行为出现以后,就给予厌恶活动或者厌恶刺激,例如批评。负惩罚的实施流程是在每次问题行为出现之后,就去掉一个好的刺激。例如,智障学生出现了问题行为,教师可以取消这节课的小红旗、小星星。在实施惩罚时,教师要让智障学生明确认识到自己的问题,同时强度要适当。需要注意的是,教师尽量避免使用惩罚手段管理智障学生的问题行为,以免对学生身心造成负面的影响。

(2)培养积极行为的方法

第一,差别强化。差别强化是指在智障学生表现出的众多行为中,积极的正向行为每出现一次,就被强化一次,在这个过程中,正向行为都可以得到奖励并被强化,负向行为都不会被强化,正向行为就得到了保持。例如,智障学生控制不住脾气,容易和他人发生纠纷,教师可以和其约定,一堂课与同学和平共处就奖励他一个小星星,积攒八个小星星就可以在放学后领取一个奖品。

第二,塑造。塑造是将目标行为分成细小的目标,然后帮助智障学生逐渐达成小目标,最终形成目标行为。例如,智障学生很难在课堂中安坐在自己的座位上,教师可以为他制定不同阶段的小目标:①能安坐在椅子上三分钟。②能安坐在椅子上五分钟。③能安坐在椅子上七分钟……最后帮助智障学生整堂课都能够安坐在椅子上。

第三,行为技能训练。行为技能训练的过程包括示范、指导、演示和反馈。比如,帮助智障学生学会正确的握笔姿势,教师首先要进行生动形象的示范,然后在反复示范过程中为智障学生讲解握笔的重点,此时教师可以鼓励智障学生自己试着握笔在纸上画一画,并且给予指导和反馈,最后教师可以鼓励学生在不同课堂上用笔试着写下当堂内容。

行为管理中教师需要根据智障学生的个人特点,选取行之有效的方法,这样智障学生才能得到真正的进步和发展,整个课堂管理才能够保持井然有序。

案例 7.5

三年前接手小冯(化名)时,了解到他的一些情况:智商 50,四级智力残疾。小冯上课不听讲,时常扰乱课堂秩序。下课乱跑乱闹,既影响他人,又存在安全隐患。没有"组织"的概念,排队常常晃晃悠悠落在最后一个。班级里没有人愿意和他同桌,也没有人和他一起玩……

很显然,在老师和同学眼中小冯是"另类"。教师首先做的是想方设法消除他的"特殊"感,同时,不让其他同学觉得他"特殊"。按照普通儿童的行为规范来要求他:上课要坐在自己的座位上,不可以故意弄出声响破坏课堂纪律,影响其他同学学习。做操排队要按照自己的身高排在应该站的位置。课桌椅要和其他同学一样保持整洁。会做的作业必须认真完成,不懂的问题要及时请教老师……这些要求似乎有点苛刻。但是,当小冯意识到这些是班级中每一个学生都必须遵守的规范准则时,在经过一段时间的强化训练以后,他基本能达到这些要求。[1]

---

[1] 陈燕,胡德运.轻度智障儿童教育转化的行与思[J].现代特殊教育,2015(9):59—61.

案例 7.6

一天上体育课时,小吴同学回教室翻动其他同学的书包,并拿了别人准备在学校吃饭的 100 元钱。下课后,有学生向我反映情况,我气不打一处来,准备狠狠地批评他一顿。可是冷静地想一想,决定还是给他一次机会。于是,我把他叫来,对他说:"有同学的书包被人动过了,丢了 100 元钱,你能不能帮助找一找?"说完,我就让他回去了。一节课后,他拿着 100 元钱交给了我,我问他钱是从哪儿找到的,他不好意思地说:"是我翻别人书包拿的。老师,我一定改!"我从这件事中受到启发,决定多给他创造几次机会,改变他在同学心目中原来的印象。于是,上课发言时,只要他举手,我就让他讲,不管回答是否正确,我都鼓励他,使他享受到被人肯定的快乐。他劳动积极,我评他为"热爱劳动"的好少年,以此增强他的自信心。他生病住院,我带着礼物去看望他,并挤出时间给他补课。他认识到自己在班级、老师心目中有一定地位,由此树立了自信心,进步很大。[①]

(二)课外管理

课外活动包括学生课间休闲娱乐、生活卫生活动等,场所包括教室、运动场、宿舍等。通过课外活动,智障学生能够发展人际交往、生活自理、运动等多方面的能力,所以在进行课堂管理之外,教师不能忽视课外管理,应引导学生正确使用课外教育资源,帮助智障学生更好地适应社会生活。例如,组织有趣的课外活动让智障学生与其他同学一齐参与,分配劳动任务让全班同学合作完成等。

四、家校合作

学校教育和家庭教育都会对智障学生产生深远持久的影响,可帮助他们超越自身的缺陷,发展自身优势,追求自身价值。当两者以良好的方式结合在一起,会产生合力,这股合力以智障学生为中心,以社会环境为外部支撑,帮助智障学生更好地发展。当两者出现冲突或者对抗,可能会抵消智障学生从教育中获得的进步,不利于智障学生的发展。当只有一方面独自支撑起智障学生的教育,其教育效果也会大打折扣。

(一)合作策略

智障学生的成长过程中会遇到比普通学生更多的危机,例如,生活习惯的培养、人际关系的建构等,这些危机也相应地给家长的生活和学校的教学带来危机,处理危机的过程就是智障学生成长的过程,也是家长学习进步和教师教学技能提升的过程。在这个过程中,家长和教师彼此分担面对危机的焦虑和共同分享成功的喜悦。

---

① 刘美英.给随班就读智障儿童多一点"偏爱"[J].现代特殊教育,2012(4):38—39.

1. 家校合作的原则

第一,态度上相互尊重和理解。一方面,教师要尊重并理解家长。家长有着各种各样的职业,教师不能因为自己的专业身份而忽视家长的声音,轻视不同家庭背景带来的多元化的教育资源。照顾小学阶段的智障学生需要花费更多的时间和精力,家长们也承担着更多的心理压力,教师要给予更多的理解和包容。另一方面,教师需要保证一个班级正常运行,付出的心血和努力也需要家长的认可。双方应相互理解,以一种民主平等的态度来协商智障学生的相关事宜。

第二,双方主动参与。教师应主动与家长沟通、合作,家长也要积极主动地参与智障学生的日常学习。在这个过程中,学校要给家长增权赋能,邀请家长参与学校的日常管理活动,帮助智障学生更好地适应校园生活,家长也需要提高觉悟,正视自己所具有的家庭优势,如文化素养、时间、精力和家庭氛围等,需要提高责任感,积极参与孩子的教育。

第三,交流沟通的及时性。教师和家长针对智障学生的学习情况和生活情况要及时进行交流沟通。智障学生即使出现细微的变化,也具有重要的意义,变化背后可能是智障学生取得的进步,也可能是智障学生负面遭遇的表现,小学阶段语言能力有限的智障学生,可能难以表述清楚自己的生活、学习现状。据此家长和教师要多观察、多沟通,及时采取措施干预。

第四,家校合作的持续性。智障学生的进步和发展是一个长期的过程,家校双方要长期稳定地合作,形成紧密的联系。

第五,家校双方的一致性。首先,这表现在家校合作的目的是一致的,都是为了智障学生更好地成长。其次,学校的教材教法和家长在家中给予的训练中,秉承的理念也应该是一致的,否则难以形成教育合力。除了家校之间的默契,智障学生每一个阶段的教育和训练都应该有内在的逻辑性,都应互相衔接的。

2. 家校双方的角色

(1) 家长的角色

家校合作的过程中,家长的角色是多元的,家长不仅仅是智障学生的监护人和照料者,同时集教育者、研究者、管理者、学习者这五种身份于一体。第一,家长是智障学生的照料者,他们照看智障学生的日常起居,智障学生的自理能力较同龄的普通学生弱,所以家长要花费更多时间和精力照看自己的孩子。第二,家长是智障学生的教育者,他们是智障学生的第一位教师,家长是早期教育的重要实施者,也是早期干预的重要实施者。对于智障学生来说,为了巩固学习成果,防止出现行为倒退,家长们应该不断地帮助他们训练。第三,家长是智障学生的研究者,是自己孩子的专家,没有任何人比家长更了解自己的孩子,也没有任何人比家长更希望自己的孩子有所进步,所以在教育过程中,家长应该不断反思自己的做法,找到更适合自己孩子的教育方法。第四,家长是智障学生的管理者,家长在与自己孩子相处过程中,帮助孩子安排好一天的生活,同时记录下孩子的成长过程。第五,家长同时也是学习者,智障学生虽然存在缺陷,但在和他们共同生活的过程中家长也能够学到东西,更重要的是,家长应该在教育智障学生的过程中,自发地学习和了解自己的孩子,在学习的基础上进行研究。

家长具有多元的角色,这些角色基于家长和家庭所具有的优势。第一,家长对于智障学生怀有最大的关切。家长最关心智障学生的成长与进步,对孩子的康复训练有最大的动力和惊人的毅力。第二,家长是自己孩子的专家。家长是最了解自己孩子的,家长是智障学生最好的朋友,能够体察他们最细微的变化和进步,理解他们的需求和困惑。第三,家庭是训练智障学生的最佳场所。智障学生接受的一切知识都是为未来的日常生活做准备,需要家长将知识点泛化到日常生活之中,在家庭环境中帮助学生学会相关技能。第四,家庭教育是智障学生学校教育的有力补充。学校评估智障学生、了解智障学生的过程中,家庭是重要的信息来源。不当的家庭教育会影响智障学生的心境并产生行为问题,这些行为问题也可能会在学校中反复出现。

(2) 学校和教师的角色

在家校合作的过程中,学校教师不是单纯的教育者,学校教师的角色也经过了转换和拓展,同时是智障学生的教育者、服务者、研究者和学习者。教师作为智障学生的教育者,在融合教育环境中,有组织地、系统地、全方位地训练智障学生,补偿其缺陷并发展他们的能力。同时,教师也可以相应地教授家长一些小技巧或者训练方法。学校教师作为智障学生及其家庭的服务者,在智障学生个别化教育计划的制订过程中,要充分尊重家长和智障学生本身的需求。教师也是智障学生的研究者,在日常教学中,教师会发现智障学生存在的问题,从而反思自己的教材教法,寻找更适合智障学生的教育路径。而且教师也是学习者,在教育智障学生的过程中,教师可以从多方面来学习和了解智障学生,从而丰富自己的教育知识储备,使自身获得成长。

3. 家校双方的责任

家校合作过程中,由于扮演的角色不同,所以承担的责任也不一样。

对于家庭而言,在合作的过程中,家长应该承担的责任主要有:第一,增强自己的责任意识,认识到自己肩负的责任,不断适应自己的角色和身份。家长要正视自己孩子的特殊之处,这是承担责任的前提。第二,提出家庭的意见和需求。学校基于专业知识提出的建议和计划可能会超出家庭的承受能力,或者与家庭的预期相违背,例如普通学校存在学科教学为主的倾向,智障学生的家长可能只希望自己的孩子能够学会简单的交际技能,这个时候就需要家长主动表达自己的诉求。第三,在家庭中给智障学生开展训练。家长要根据学校的教育内容训练孩子的相关技能,这些训练要和学校知识保持高度的相关性,并且符合智障学生的学习水平。

对于学校和教师而言,在合作过程中应承担如下责任:第一,向家长传授正确的教育观念和相关的训练方法。教师要主动协调家校双方的意愿和想法,才能够形成教育合力。只有借助家庭中的训练,学校的教育成果才能得以巩固,甚至取得意想不到的效果。第二,为家长提供适当的情感支持。在有余力的情况下,教师可以倾听智障学生家长的诉说,这样不仅可以拉近两者之间的关系,而且通过家长的话语教师可以更加了解智障学生的情况。第三,不断地自我学习。智障的成因和表现都很复杂,教育方法也在不断更新,教师不可能从容面对智障学生出现的每一种情况,所以要以问题为导向不断地进行学习。

如表 7-4 所示,为了更好地明确家校双方权责,可制定如下条约,督促双方履责。

表 7-4 家庭服务支持协议书[①]

家庭服务支持协议书
甲方: 乙方: 甲、乙双方本着自愿、平等、公平、诚实、信用的原则,经友好协商,根据中华人民共和国有关法律、法规的规定签订本协议,由双方共同遵守。 协议内容: 1. 甲方进入家庭服务支持中,出现非教育事故,不负任何责任。 2. 乙方如没配合或没达到甲方的教育中的相关工作要求,甲方可以立即取消教育服务。 3. 本次服务有效时间为:2014 年 10 月 1 日至 2014 年 12 月 28 日。 <div style="text-align:right">双方签名: 日期:2014 年 9 月 10 日</div>

(二) 合作内容

家校合作的内容应当以智障学生为中心去展开,并且将单一内容转变为多元内容。根据木桶理论,决定木桶能够盛多少水的是最短的一根木板;但是将木桶倾斜,决定能够盛多少水的是最长的一根木板。这个理论可以应用到智障学生身上,在他们所具备的多种智能中,教师和家长不应只聚集于智障学生某一方面的缺陷,家校合作的内容还可以多涉及智障学生所具有的优点和潜能,还可以根据智障学生能力的维度去展开,例如,认知能力、记忆能力等。也可以根据智障学生一天所从事的日常活动去展开,例如,日常衣食起居、学校普通课堂上的学习、课下的体育休闲活动、在资源教室中所做的活动等。另外,教师和家长可以在共同了解、相互交流的过程中,开发家庭优势资源。

(三) 合作途径

家校合作可以采用不同的方式多元化开展,在开展过程中也有一些注意事项和技巧,以保证家校合作关系持续地开展下去。

1. 家校合作的方式

家校合作的方式可以分为正式和非正式的合作方式。正式的家校合作内容是固定的和稳定的,例如家长学校、家长会、家访等方面,可以定期开展,开展前家校双方要作好充分的准备,可以准备阶段性总结,制订阶段性的计划。表 7-5 是广州市越

[①] 陈凯鸣,刘劲,等.启智学校行为处理实用手册[M].上海:上海社会科学院出版社.2016:44.

秀区针对家长开展的培训示例。

表 7-5 广州市越秀区启智学校 2011 学年度 11 月份家长培训安排①

时间	内容	讲课者
11 月 2 日 下午 2:30—4:00	介绍学校教学规模、教学理念、课程特色	×××
11 月 11 日 上午 8:50—11:50	介绍学校的教学理念、家长对孩子应抱有怎样的期望值	×××
11 月 18 日 上午 9:00—11:50	介绍对各种特殊类型孩子进行教育、教养的方法(以沙龙的形式进行)	××× ××× ××× ×××
11 月 25 日 上午 9:00—11:50	如何对孩子进行适度的性教育	×××(学校核心组老师)

注:培训时间、内容如有变动,届时以最新通知为准。

非正式的家校合作形式有:不定期家庭教育咨询、建立家校联系本、制定家庭教育指导手册、开展校内外的公共活动(如春游、运动会、亲子联欢等)、下课放学时简短交流等。非正式的家校合作是多元的、即时的、随机的,形式多种多样,可以做很多创新。例如,制作介绍学生在家庭和学校取得进步的快乐卡、因学生进步而给予家庭或学校奖励的家校契约,建立家校双向记录本等。

2. 家校合作的注意事项

家校合作受多方面因素的影响,除了家校双方背景等客观因素,双方观念、交流技巧等都是重要的影响因素。

第一,明确双方合作的界限。双方的合作不是一方无条件地迁就和妥协另一方,而是双方各自守着底线进行的民主协商的合作。智障学生的家长承受着更多的心理压力,有更多的顾虑。所以教师和家长初次接触的时候,就应该明确家长在合作方式、合作地点、联系手段等方面的倾向。比如,家长职业是个体户,家长大部分时间都在商店而不是家中,则协商合作的地点可以定在学校或者家长所开商店附近的咖啡馆,这样比让家长特地在家里等候更合理。家长也需要明确与教师的合作模式,如果家长在教师深夜休息或照料亲人之时打电话交流孩子的情况,教师也难免疲于应付。因此,双方一开始就应该明确自己的界限,确定交流和沟通的最佳时间、自己常用的联系方式等。

第二,双方在面对面沟通时也应当注意细节。沟通和合作有很多人际交流的策略,这些策略可以彰显双方对彼此的尊重以及合作诚意。例如,在家长入门前,教师

---

① 陈凯鸣,张文京,等.在以人为本指导下的培智学校改革探索[M].上海:上海社会科学院出版社.2016:224—230.

可以提前备好简单的茶水,以及供智障学生玩的简单玩具,这样智障学生也能保持较好的状态而不去干扰打断家长和教师双方的谈话,使家长更为放松。若一个新学生家长来学校进行沟通,教师可以提前几分钟在门口等候。在交流过程中,教师应教师认真倾听家长的话语,家长感到被尊重也会自然地去倾听教师的话语。多名教师与家长交流时,不能将家长包围或者半包围起来,否则家长会产生压迫感,若教师你一言我一语,减少家长发言机会,则会导致家长产生反感和敌意。在交谈时,不要用太多的专业术语,如果有必要,可以向家长简短解释一下。商讨问题时,可以从智障学生的优点入手,减少家长的抵触情绪。交谈结束后双方可以相互鼓励,例如"您辛苦啦,孩子这段时间的进步中有家长很大的付出"。

第三,遇到突发情况和问题,要提前作好准备。例如,智障学生会存在一些行为问题,可能会突然扰乱课堂纪律。教师和家长进行交流的时候不能只谈问题、进行问责,更重要的是双方要协商出解决和改善的方案,并且取得全班普通学生的谅解和配合。智障学生如果有一些特殊疾病,家长也一定要提前告知教师,教师提前备好急救的工具,对急救方法和步骤做到心中有数,这样才能更好地呵护智障学生的成长。

第四,良好的家校合作是学校和家庭两者并肩努力,努力的双方是一种共生的关系,在对智障学生进行教育上,双方都有着不可替代的优势。在这个基础上,社区融合是家校合作的深化和超越。家校合作的最终目的是实现社区融合,推动家校社联动,在社区中形成温暖和谐的氛围,帮助智障学生与社区中的普通成员进行交流互动,更好地促进其社会交往和适应能力的发展。

案例7.7是广州市越秀区培智学校通过教师家访形式进行家校社融合的尝试[①],可借鉴并运用在融合班级建设中。

案例7.7

教师家访记录单(有删改)

学生姓名:	家访日期:	时间:	
		初访	再访
主要被访视者	☐个案母亲　☐个案父亲　☐个案祖父母　☐个案外祖父母 ☐其他		
主要教养者	☐个案母亲　☐个案父亲　☐个案祖父母　☐个案外祖父母 ☐其他		
家访目的	1.了解学生居家生活情况; 2.了解学生自我照顾情况		

---

① 陈凯鸣,谢立瑶,等.新形势下培智学校经营手册 广州越秀区启智学校为例[M].上海:上海社会科学院出版社.2016:90—92.

续表

学生姓名：	家访日期：	时间： 初访　　再访	
个案与家人互动情形	1.主要家庭成员教养态度与学校配合情形(其他注明教养者角色)： 父亲：□完全配合　□愿意配合,但常常无法坚持　□配合意愿低 母亲：□完全配合　□愿意配合,但常常无法坚持　□配合意愿低 其他：□完全配合　□愿意配合,但常常无法坚持　□配合意愿低 2.亲子关系： 父子：□关系冷淡　□常发生矛盾　□可一起生活　□相处愉快 母子：□关系冷淡　□常发生矛盾　□可一起生活　□相处愉快 3.与手足关系： □完全不互动　□常互相争吵　□可一起游戏　□手足会照顾学童 □无兄弟姐妹 4.与其他家人关系： □关系冷淡　□常发生矛盾　□可一起生活　□相处愉快　□无其他家人		
生活作息	1.进食： □和家人吃相同食物　□特别制作食物　□偏食 □自己吃　□需喂食　□其他困难(可注明,下同) □其他情况(可注明,下同) 2.盥洗： 洗脸：□可自行完成　□家人帮忙　□未进行　□其他困难 刷牙：□可自行完成　□家人帮忙　□未进行　□其他困难 穿着：□可自行完成　□家人帮忙　□未进行　□其他困难 3.如厕： 小便：□会自行完成　□包尿布　□其他困难 大便：□会自行完成　□包尿布　□其他困难 其他情况：□便秘　□经常性腹泻(注明次数) 4.睡眠： 就寝时间：□固定　□不固定　□其他 品质：□安稳　□不安稳　□其他 起床时间：□固定　□不固定　□其他		
其他(如对IEP的了解及配合)	1.主要教养者配合学校教学目标执行情况： 2.家庭成员对个案医疗问题处理情形： 3.家庭成员对个案教养问题处理配合程度：		
家长对个案未来的期望	(包括未来发展或就学安排的期待)		
对家庭的建议			
教师家访后对学校的建议			

教师签章：　　　　　　　　　　　　　　行政签章：

第四节 智障学生融合教育案例分析

一、基本情况

小旻是一个先天染色体异常的唐氏综合征学生,目前就读于普通小学特教班。测得其韦氏智力量表智力商数为46,认知、语言、动作协调及学习能力低。小学就读普通学校特教班,喜欢与人互动,也善于模仿学习,在普通班参与部分课程的学习及加强人际关系的正向互动,在老师的帮助下与固定伙伴建立友谊,并共同学习。课堂学习需要事前预习、降低学习难度及减少事后大量复习。与同学互动时容易比较固执、主导性过强、说话语气凶、动作粗鲁、不愿配合他人却要求他人顺应她等。生活中卫生习惯有待加强,经常挂着鼻涕、咬手指甲等,常因为想引起他人注意而做出一些不雅行为,如挖鼻子并把污物黏在隔壁同学桌上,或是趁人不注意拿走他人物品、藏东西,从而令同学感到不舒服。以上这些负向行为若是被当众纠正,她会更加抗拒、不配合。

在生理上存在肌肉张力低、协调平衡能力弱、先天性心脏病、视听缺损、听觉记忆力短暂等问题。从生理情况上来看,小旻除了先天染色体异常,出生时被发现有川崎氏症,心脏有心房、心室中隔缺损的情况,四个月大时已动过心脏手术。视力有近视600多度及远视400多度的情况,配戴眼镜可以参与学习。生病时中耳容易积水,听觉有40~59分贝的听损。教师曾建议家长评估配戴合适的助听器,但碍于小旻不愿意配合而作罢。在一般日常生活及上课时,小旻可听到声音与做出正确反应,听不清楚时有时候会主动问:"啊?"以了解对方说话的内容。小旻先天鼻梁塌陷,下颏小,容易张口呼吸。身体的张力低、足内翻(扁平足),影响平衡能力及坐姿,容易驼背,站立走路时尚可挺胸,需常常提醒维持仪态。

从心理情绪等方面来看,小旻对许多事情喜欢自己主导,不喜欢别人提醒她,不喜欢别人协助,在学校的普通班级里同学协助她有困难。在家中也令母亲十分困扰,不愿意配合父母亲,想要做什么事情会固执地去达到自己的要求。小旻的母亲是位职场女强人,也为教养小旻而进修过相关的教养知识与方法,但常说带小旻很具挑战性,举例来说:小旻想要拿相机拍照,便直接扯母亲脖子上的相机,在旁人对她进行制止的情形下小旻仍坚持拿取相机且拉扯母亲。小旻性格固执,这常导致旁人与她相处出现困难。

二、现状分析

(一)优势能力

小旻的优势能力主要表现在社会性方面。

(1)对喜欢的课堂学习有兴趣,喜欢表现自己,具有学习动机,参加个别活动或小组活动时专注力高,若重复练习,可以记忆工作流程、生字语词、语句方式,可以阅读。

(2)喜欢聊天,具有简单的日常沟通技能,也喜欢帮助同学。

(3)生活中可遵守一般作息时间,生活较为规律。

(二)存在问题

1. 生理方面

生理上有口腔低张的情况及肌肉耐力不足,容易坐姿驼背,无法持续参与运动。

2. 心理方面

(1)认知

理解抽象语言及复杂社会情境的能力较弱。由于听力较弱,当遇到阅读速度较快或阅读较长的句子时,小旻就会有接收与理解的困难。小旻会主动与人聊天,内容句型以简单句为主,无法完整表达,较长或较复杂的句子则会以关键字表达,具体以事件叙述为主,有时候表达内容的正确性有待商榷,常常刻意说出引人注意的固定句型与人互动,例如:"我爸爸洗冷水澡!""某某同学捏我!""我要去住大饭店!"。

小旻在学习较难的课程及讲述内容较多的课时偶尔会睡着。会做其他的干扰行为,如将课本拿上拿下或拿走他人物品。

(2)人格

在社交情境中固执、以自我为中心,只要她主动向别人打招呼就能表现得很大方自然,若是他人先向她打招呼反而不理人。喜欢抱同学,或未经过对方同意拿走他人东西以引起他人注意。喜欢帮助别人却不能视情况而定,有时会令人觉得唐突或引起争执。遇到突发状况时一般坚持用自己的方法。

若发生问题行为,小旻不喜欢别人纠正她,会对此感到生气。

(3)社会性

小旻与人互动时常为引起他人注意,而忽略互动时的具体情况,会用力拉扯同学手臂,说话口气有时候很凶,需被提醒口气要委婉。在班上难以与同学建立友谊,时常执着于自己要做的事情而要求同学配合,或是把同学的东西藏起来等而令同学不悦,需要老师大量介入帮助营造友善互助的环境,适当引导她采用正确的人际互动方式,如运用温柔语气和动作,慢慢地小旻才在班级中交到一个好朋友。

在团体规范方面,她能知道常规的具体内容,但需加强引导才能遵守。小旻喜欢自己主导许多事情,若普通班同学协助她,她有时会不愿意配合,从而影响同伴关系而产生挫折感,需老师介入引导。

3. 学习方面

小旻是唐氏综合征患者,由于认知功能有严重缺损,在普通班上团体课时容易被附近的人和事物影响而不专注。她在上五年级时语文水平约达到二年级程度,数学约达到一年级程度,在普通班上语文课可以自己参与学习生字组词、课文理解、造句及习作综合练习等的学习,需要教师介入对其进行引导或为其调整学习内容以降低难度。数学逻辑是对小旻最具挑战性的课程,小旻学习上常依赖大人的提示,常出现计算200以内的数字运算正确率不稳定及理解题意困难的状况,九九乘法表更是努力背还是记不住,需安排小组学习与大量个别练习。

（三）问题分析

第一,生理因素:本身学习能力的限制,生理张力的限制。

第二,情感需求:想要交朋友,期待受到好朋友的重视。

第三,喜欢引起他人的注意。

第四,有特别的偏好,或对某些事情有固定的做法,不喜欢被阻止。

第五,自尊心强,被纠正时用情绪表达不悦。

第六,语言表达能力弱:小旻的行为有表达需求的功能,譬如想要得到物品、参加某项活动,或得到某些人的关心,却又不会采取适当的方法表达,而运用不恰当的肢体动作来表达,譬如很用力地拉对方。

（四）问题诊断

第一,因智力显著低下,上课容易听不懂或不专心,便会出现拿他人物品,挖鼻子把不干净的东西黏在旁边同学的桌上等行为,这可能因为课程对小旻有难度,跟不上的时候就做其他事情。

第二,小旻由于本身肌张力低,上课坐着容易驼背、翘脚;喜欢趴在桌上,嘴巴张开。

第三,发音上送气不稳,加上个性固执,所以小旻需要拿捏对同学说话的音量及语气的轻重,语气因说话用力也显得强势了些,影响人际关系。

第四,语言表达上常使用关键字词或固定的几个句子,与同伴互动时也多是说简单固定的问候语及常用生活用语。有藏他人物品或拿走他人物品等行为,除了想要引起别人的注意,也是很想要交朋友的一个意愿表达方式,有待建立正向良好的友谊互动模式。

第五,社交上会主动去做自己会的事情或是向人打招呼,且希望自己是主动者,若是被他人纠正或是他人先跟自己打招呼就不理会对方。

第六,会逃避不喜欢的情境,譬如被他人要求时,会觉得不耐烦,为了逃开不愉快的情境,可能对要求她的人有情绪或与之唱反调。

三、融合教育策略

智障学生需要得到相关团队的持续性支持,以便能学习社会技能并适应生活,进而实现独立。因此,智障学生的融合教育应从了解、记录孩子的行为做起,与孩子相关的人员就孩子的教育计划达成共识并执行,之后评估成效,根据孩子情况修正教育计划再执行,减少孩子的行为问题,使正向行为更加稳定持续。

（一）坚持观察与记录

主要负责教育小旻的老师做观察记录,观察记录内容包括行为发生的时间、次数、反应等。制作行为改变记录本,以明了进步情况。

（二）进行多方合作

邀请与小旻相关的普通班老师、科任老师、行政人员及家长,共同讨论问题行为产生的原因,并接纳其特质,拟定策略以改变其行为。

（三）学习内容趣味化

顺应小旻开朗、喜欢和人互动的特质,学习上尽量通过各项有趣的游戏活动,提高她的参与度与配合度。对于她不喜欢的运动或是坐姿仪态训练等,可采取跟朋友竞赛的方式开展,让她觉得有趣而提升参与度。

（四）教学策略多元化

普通班综合课、健康与体育、语文等课程设计上,可采用同伴合作、竞赛、多媒体教学、上台发言等方式,增加小旻上课参与度。

（五）辅助提升同学互动

同伴互动时小旻喜欢担任主导角色,且常用不当动作表达意愿,需要老师引导其正确进行人际互动,并教给她一些社交技巧。教师多创造她与好朋友分享的机会,教导她记住朋友生日,适时表达爱的祝福。

（六）开展个别辅导

1. 语言能力训练

教师利用师生共同经历过的事情不断地对小旻进行引导、询问等问答训练,教导她家长经常让小旻回顾复述重要事件,提升其表达能力。多制造机会与小旻开展一问一答的谈话并引导其正确回答,提高其语言表达能力。

2. 社交能力训练

小旻常会因为好玩而分不清对错,因此当出现触犯到别人的行为时,就要适时地制止其不当行为,除了道歉之外还要让她负相关责任,并使她知道错在哪里,修正自己的行为才能受到好朋友欢迎。

3. 构建动机激发机制

以正向方式与小旻谈好行为契约与奖励方式,教师密切注意,一旦她出现好行为就予以奖励,增强正向强化,使她慢慢建立良好的互动行为。

4. 开展情绪管理

小旻有时性格会很固执,因此处理她的问题行为时要特别注意切勿太过强硬,否则可能会导致她拒绝学习。

可采用如下处理方式:借助其他同学的带领,暂时忽略当前事件或开展吸引力更大的活动,让她平缓情绪后主动参与活动。小旻有幽默感,有时候跟她开一点玩笑,常会缩短她固执的时间,令其破涕为笑。

5. 进行行为管理

小旻有些不当行为或习惯性的不良行为,若强行制止她的不当行为,她会更加反抗而不愿意改变,因此当不良行为产生时,努力让她参与其他活动,以中断其不当行为。

四、总结反思

上述的融合教育案例中智障学生的问题主要集中在行为问题和学习问题。总体而言,这两大问题的解决有赖于多方协作,而协作都是建立在对学生情况充分了解的基础之上。上述案例中有很多方法和技巧在智障学生的教育中可以借鉴。

第一,分清主次,因材施教。由上面的案例分析可知该名学生的主要问题表现在社交、语言、行为、情感等多个方面,正因为涉及的维度多样,因此在制订解决方案时应首先考虑核心问题症结、家庭急迫期望达到的目标等多方面的因素。通过案例我们可以推断出该生语言能力较弱,导致在社交时可能因表达不清而产生社交摩擦、在学习中影响知识习得的程度,若这一推断能够在观察与记录中得到验证,那么该生需要解决的一个核心问题就是语言问题。语言问题究其根本,来自唐氏综合征固有的缺陷,同时也可以看到该生存在一定程度的听力损伤,这也可能是导致语言问题的诱因。因此,在这个案例中,设计融合教育方案时也要对该生的听力问题进行分析和测量,制订方案并采取相应的措施,做到分清主次,因材施教。

第二,多方协作创融合。多方协作主要体现在教师、学生、家长等一起营造融合包容的环境,允许智障学生暴露出固有的问题,并且将其问题和优点综合起来看待,为智障学生的成长制订方案和计划。另外,多方协作体现在每一方都在自己的职责和能力范围内对智障学生施加正向影响。在学校中,智障学生出现问题行为,同学和教师会对其进行提醒。在家里出现问题,家长会采取措施,并且与学校老师的教育保持一致。

第三,融合教育的长期性。智障学生离开小学升入初中的过程中,智障学生由于环境改变等多方面因素,行为问题会出现小幅度的反弹。所以对智障学生的教育是一个长期的过程,需要教师、家长细心观察智障学生各方面的状况,不断地根据其变化调整教育教学策略,巩固原有的教育成果,这样智障学生才能够发展得更好。

第四,注重多方面能力的培养。在案例中,智障学生学习能力、社会交往能力的培养是重中之重。教师在对智障学生进行教育的过程中,要注意培养学生多方面的兴趣爱好,发展多方面的能力。兴趣爱好的培养可以更好地推动智障学生全方位进步,有利于智障学生的成长。同时也要注意广泛培养,重点突出,对于小学阶段的智障学生而言,最重要的还是人际交往能力和生活自理能力的培养,教师和家长要将重心放在这方面。

第五,安置形式多样化。针对不同智障学生的特点,随班就读可以采用不同的安置形式,例如本案例中,针对该生喜欢与人互动,也善于模仿学习的特点,采用的安置方式是小学就读于特教班,并安排至普通班参与部分课程的学习及加强人际关系的正向互动。一般而言,程度越轻的智障学生,在普通班学习的时间越长,越有利于其发展。

【推荐阅读】

[1] 肖非,王雁.智力落后教育通论[M].北京:华夏出版社.2000.
[2] 刘春玲.智力障碍儿童的发展与教育[M].2版.北京:北京大学出版社,2019.
[3] 夏峰.发出中国的声音:上海市长宁区特殊教育国际化研究与实践[M].天津:天津教育出版

社.2013.

[4] 陈云英.智力落后心理、教育、康复[M].北京:高等教育出版社.2007.

[5] 华国栋.差异教学论[M].北京:教育科学出版社.2001.

[6] 胡爱华.智力残疾儿童家长必读[M].北京:华夏出版社.1995.

【本章小结】

本章通过介绍智力障碍学生的特点、融合教育发展特点、融合策略、案例分析四个方面的内容,详述了智障学生的特征,基于此介绍了环境建构、班级管理等多项融合教育策略,并结合案例实践进一步分析,帮助读者对智障学生的融合教育建构基本的概念框架与知识基础。

思考与练习

1. 智障学生的心理发展有什么特点?
2. 智障学生对教室环境有哪些特殊要求?如何改变教室环境才能适应智障学生的需要?
3. 请根据智障学生的身心特点,对课程内容进行调整,使其更适应智障学生的要求。
4. 在课堂教学中,怎样兼顾智障学生和普通学生的需要?

第八章 学习障碍学生的融合教育

学习目标

1. 理解并掌握学习障碍学生的心理特点和学习特点。
2. 了解国际学习障碍学生融合教育的发展历程及特点。
3. 掌握针对学习障碍学生的融合教育策略。

【案例导入】 威尔逊是美国第28任总统,同时还是一名学习障碍人士。威尔逊有坚持写日记的习惯,但是日记内容都是一些简短的句子,其中有拼字错误,如Thursday 拼成 Tursday,original 拼成 origonal,develop 拼成 develope 等。还会出现语法错误,如经常省略冠词等,此外,他的算数能力也较差。但是,威尔逊喜爱写作与口语表达,善用隐喻和比喻句。虽然他不是特别喜欢画画,但素描很好,表现出较好的视觉和空间处理能力。在威尔逊33岁时,他曾说道:"这可能很难想象,不过在发育上我总是比一般人慢,有较长的儿童期、较长而不同的青春期,直到现在,或许,我才能成为一个有自信的人!"[①]

思考:

1. 结合威尔逊的表现,想一想学习障碍学生的特点。
2. 假如你是威尔逊的老师,如何对其开展教育干预?

通过阅读威尔逊的故事可以发现,学习障碍学生在认知、学习领域较普通学生有所不同,具有一定的独特性,需要根据其特殊教育需要对其因材施教,挖掘其优势与潜能。目前学习障碍学生是学龄段有特殊需要学生中数量较多的群体之一,他们大多在普通学校就读。进入小学阶段,学习障碍学生在学科学习、社会适应方面表现出明显困难,普通学校尤其教师会面临诸多挑战。掌握学习障碍学生发展与学习的特点,了解国际学习障碍学生融合教育历程及相关做法,能够为促进学习障碍学生更好地融入普通学校提供理论支持和实践参考。

---

① 中国特教论坛.学习障碍学生辅导手册[EB/OL].[2014—08—01]. http://blog.sina.com.cn/s/blog_8f887f880102uys3.html.

第一节 学习障碍学生的特点

学习障碍是什么？美国学习障碍联合会给出了明确的定义：学习障碍是一组异质性障碍，主要表现在听、说、读、写、推理或数学能力获得和运用等方面出现明显困难。这种障碍是个人内在因素所引起的，一般认为是由中枢神经系统的功能失调所致，且可能会发生在任何年龄。虽然学习障碍学生可能伴随自我调节行为、社会知觉、人际互动的问题，但这些问题本身并不是导致学习障碍的直接原因。虽然学习障碍可能和其他障碍同时出现，例如感官障碍、智障、严重情绪困扰等，或由环境影响所致，例如文化差异、不当教学等，但这些障碍或外在因素并非导致学习障碍的主要原因。[①]

学习障碍具有个体差异性，我们难以全面地总结学习障碍的所有特征。但是，以往研究得出结论：学习障碍在某些方面具有共性特征。了解这些特征一方面能够为鉴别这类儿童提供可观察的指标，一方面，有助于小学教师实施针对性教学。本节主要围绕学习障碍学生的生理特点、心理特点和学习特点展开介绍。

一、生理特点

总体来说，学习障碍学生与普通学生在生理上不存在明显差异。学习障碍不是由智力、视力等损害导致的，所以学习障碍学生的生理发展过程与普通学生一致，遵循与普通学生一样的发展规律。即使本身具有轻微脑损伤的学习障碍学生，他们的身体成长也经历与普通学生一样的过程，遵循一般的发展规律。研究者们认为虽然他们的身体可以正常发展，但是其视觉加工和言语加工的异常表明其大脑皮层未能正常发育。[②]

二、心理特点

学习障碍学生虽然在生理上与普通学生无明显的差异，但是由于其特殊的条件限制，在心理方面会有所差异。许多学习障碍学生在进入小学后，因学业水平较低、自信心不足，导致在适应学校生活方面存在诸多困难。

（一）认知发展

学习障碍学生的认知发展主要表现出四个特点：一是知觉失真，他们存在视觉和听觉障碍，无法精确复制知觉现象，导致无法正常理解事物。[③] 二是注意缺陷与多动，他们大多伴有注意问题，很难长时间注意特定对象，注意不稳定，不善于从教师提供的信息中提取重要内容。三是记忆缺陷，其短时记忆、工作记忆、长时记忆发展不足，工作记忆容量比普通学生低。四是认知与元认知缺陷，元认知过程和认识过程是影响学生学习的重要变量，元认知是学习者对自己思维过程和思维技巧的掌握

---

① 张微.学习障碍的评估与矫正[M].武汉：华中师范大学出版社，2013：17—18.
② 杜志强.特殊儿童发展与学习[M].北京：高等教育出版社，2016：141.
③ 赵微.学习困难儿童的发展与教育[M].2版.北京：北京大学出版社，2020：38.

和意识。① 研究表明,学习障碍学生在策略使用方面存在诸多不足,例如,策略使用的水平、数量、频率偏低,不能进行有效的策略迁移。②

(二)人格发展

人格即个性,指在个人的生理基础上,受到家庭、学校教育和社会环境等影响,而逐渐形成的气质、能力、兴趣、爱好、习惯和性格等心理特征的总和。③ 学习障碍学生的人格特点表现为焦虑和抑郁,孤独及易愤怒。

1. 焦虑和抑郁

学习障碍学生大多学业成就水平比较低,这使他们很容易陷入焦虑的情绪之中。长期以来,家庭和学校都比较看重学生的学习结果(通常是学生的考试成绩),使得学习障碍对考试产生畏惧心理,容易感到焦虑和抑郁。

2. 孤独及易愤怒

学习障碍学生面临学业和生活上的失败,容易感到无助和孤独,产生消极的自我概念,相比于普通儿童,他们在面临不被同伴接纳的情况时更容易表现出冲动和愤怒的情绪。④

(三)社会性发展

社会性行为是学习障碍学生社会性发展的外部体现。学习障碍学生的社会性行为发展特点表现为有适应性行为缺陷、攻击性行为及退缩性行为、多动。

1. 适应性行为缺陷

适应性行为指的是个体在日常生活中,能够根据周围环境、事物的变化,及时调整自己的身心状态,并且能够将这种状态与周围环境保持一致,克服因环境变化所带来的困难的能力。⑤ 学习障碍学生经常表现出适应性行为的缺陷,从而影响其学习的进步和社会关系的建立。⑥

2. 攻击性行为及退缩性行为

学习障碍学生相比于普通学生而言,更容易出现攻击性行为,干扰他人的学习活动。以往的失败经验让他们胆小、害怕,也使其常常表现出退缩性行为。⑦

3. 多动

很多学习障碍学生伴有注意缺陷多动障碍。有研究者对学习障碍学生和成绩优秀学生进行对比研究发现,学习障碍学生在多动的因子上,与非学习障碍学生不一致,学习障碍学生往往表现得更加好动。⑧

---

① Cecil D. Mercer, Ann R. Mercer. 学习问题学生的教学[M]. 胡晓毅,谭明华,译. 北京:中国轻工业出版社,2005:7.
② 俞国良,曾盼盼. 数学学习不良儿童视觉—空间表征与数学问题解决[J]. 心理学报,2003,35(5):643—648.
③ 陈孝禅. 普通心理学[M]. 长沙:湖南人民出版社,1983:473.
④ 杜志强. 特殊儿童发展与学习[M]. 北京:高等教育出版社,2016:143.
⑤ 陈玉珠. 残疾人适应性量表的编制及研究[D]. 南昌:江西师范大学,2014.
⑥ 赵微. 学习困难儿童的发展与教育[M]. 2版. 北京:北京大学出版社,2020:39.
⑦ Cecil D. Mercer, Ann R. Mercer. 学习问题学生的教学[M]. 胡晓毅,谭明华,译. 北京:中国轻工业出版社,2005:7—8.
⑧ 张微. 学习障碍儿童的评估与矫正[M]. 武汉:华中师范大学出版社,2013:101.

三、学习特点

学习障碍学生在学习上的基本特征是在某一个方面或者多方面表现出学习能力的缺失。① 如果没有得到有效指导,他们容易产生挫败感,产生对学习的抵触情绪。因此,小学教师需要重点了解学习障碍学生学习特点。

(一)学习动机水平较低

学习动机,指的是唤起与维持学生学习的行为,并使该行为朝向教师预先设定的学习目标的内在心理过程。② 学习障碍学生的学习动机较少产生于个体自身,其经常性的学业失败使其自我效能感渐渐降低,对学习的兴趣也随之减弱。③ 但是,正如心理学"期望效应"所指出的,父母或教师对学生有很强的期待时,可能会产生较好的行为结果。有研究者比较了融合教育对13名学习障碍小学生和17名成绩中等的普通同伴在学业技能和情感方面的影响。他们在融合教育计划实施前后分别测量学生的阅读和写作成绩,结果表明学习障碍小学生的进步和普通同伴相似。④

(二)学习过程存在困难

根据加涅的信息加工学习理论,学习障碍学生在学习过程中面临诸多困难。下面以语言和阅读学习以及数学学习为例说明。

1. 语言和阅读学习

学习障碍学生在阅读时通常难以将语音和词语的意义等同起来,他们虽然能够认得书本上的每个字,却不理解这些字连起来的意思。他们往往记不住字,阅读时会颠倒、省略、插入或替代词语,难以流畅地朗读和理解语句的含义。部分学习障碍学生也会有书写问题,如写字速度慢,写的字让人难以辨认等。由于知觉障碍、手眼不协调等原因,他们在拼写时容易添加、省略、颠倒声母和韵母,很难组织材料,难以表达清楚自己的观点(见图8-1)。⑤

图8-1 遗漏笔画

---

① 朱楠.特殊儿童发展与学习[M].武汉:武汉大学出版社,2016:141.
② 闵卫国,傅淳.教育心理学[M].昆明:云南大学出版社,2004:73.
③ 朱楠.特殊儿童发展与学习[M].武汉:武汉大学出版社,2016:144.
④ Banerji M, Dailey R A. A Study of the Effects of an Inclusion Model on Students with Specific Learning Disabilities[J]. Journal of Learning Disabilities, 1995,28;511—522.
⑤ 朱楠.特殊儿童发展与学习[M].武汉:武汉大学出版社,2016:142.

2. 数学学习

由于视觉加工缺陷等原因,学习障碍学生在学习数学时,容易错认数字。例如,会把数字 6 看成数字 9。他们无法理解与数学相关的术语,没有基础的数学概念。部分低年级学习障碍学生由于计算能力的缺损,难以进行加、减、乘、除四则运算。[1]

(三) 学习效果表现较差

学习障碍学生学习动机水平较低,其学习过程相比于普通学生更容易遇到困难。他们往往不会使用恰当的学习策略促进记忆,呈现出"漏斗形"的学习特征,即记不住刚刚学习过的内容,边学边忘,难以保持记忆先前的学习内容。这些因素使得学习障碍学生的学习效果表现较差,尤其是语文或数学学科的测验得分较低。

第二节　国际学习障碍学生融合教育发展历程及特点

1994 年,联合国教科文组织(United Nations Educational, Scientific and Cultural Organization, UNESCO)在世界特殊教育需要大会(World Conference on Special Needs Education: Access and Quality)上颁布《萨拉曼卡宣言》和《特殊教育行动纲领》,正式拉开了融合教育的序幕。[2] 融合教育作为一种倡导自由、平等、公平、多样性等价值理念的教育形式越来越受到国际社会的广泛认可,也逐渐影响着教育系统的整体性变革,让越来越多的特殊需要儿童(包括学习障碍儿童)享有进入普通学校接受教育的机会。本节将主要介绍国际学习障碍学生融合教育发展的总体历程及特点,以期为我国学习障碍学生融合教育的推进提供借鉴。

一、发展历程

(一) 从隔离走向融合

20 世纪 60 年代以前,人们尚未形成对学习障碍群体准确和清晰的认识。这表现在很多全天待在普通班级的学习障碍学生没有被鉴别出来,而另一些则被误以为是智力障碍人群而安置在特殊教育学校。直到 1963 年,美国柯克基金会在知觉障碍儿童基金会的研讨会上首次提出学习障碍的概念,国际一些主要国家才日益增加对学习障碍人群的关注。[3]

正是因为长期缺乏对学习障碍准确、清晰的认识,国际上一些主流国家某种程度上忽略了学习障碍学生。例如,1944 年英国颁布的《教育法》(The Education Act, 1944)将特殊儿童分为盲、弱视、聋、重听、病弱儿童,糖尿病患者、智力低下者、癫痫病患者、环境适应不良者、肢体残疾者、失语症者、语言缺陷者等类别,而在 1978 年的

---

[1] 刘翔平.中小学生心理障碍的评估与矫正[M].南京:江苏教育出版社,1999:130.
[2] UNESCO. The Salamanca Statement and Framework for Action on Special Education [EB/OL]. [2020—11—18]. https://www.right-to-education.org/sites/right-to-education.org/files/resourceattachments/Salamanca_Statement_1994.pdf.
[3] 梁威.国内外学习障碍研究的探索[J].教育理论与实践,2007(21):57—60.

《活诺克报告》(*The Warnock Report*,1978)强调用"学习困难"界定各类学习异常,主张普通学校要为特殊儿童提供个别化的服务。① 美国在大多数公立学校都为智力发育迟缓学生、感官障碍学生、肢体残疾学生和行为问题学生制订了特殊教育方案,但直至1975年《所有障碍学生教育法》(*Education of All Handicapped Students Act*,94-142公法)颁布后,学习障碍才被正式列为特殊教育服务的对象之一。另外,该法案还强调学校要为所有障碍学生提供适当的教育,并规定了学生接受特殊教育的标准、提供教育服务的种类、注意事项等。② 由此,可以看到国际社会都强调在法律层面保障障碍学生享有和普通学生一同参与班级互动的权利,为其进入普通学校提供保障。在此之后,原先被安置在隔离环境中的学习障碍学生逐渐进入普通教育环境,最少受限制环境的原则和融合的理念得到家长、研究者、专门人员以及障碍学生广泛支持。③

(二)追求高质量的融合

物理空间、社会和教学的融合是融合教育的三个层次,教学融合是最高层面的融合。④ 尽管越来越多的学习障碍学生进入普通环境接受教育,但这仅仅是融合教育的物理层面,无论是研究或是实践层面都发现学习障碍学生在普通环境中的教育需求并没有得到有效满足。有学者总结以往研究发现,能否为学习障碍学生提供高质量的指导是影响他们学业表现的关键。⑤ 为此,国际社会愈发强调为小学阶段学习障碍学生的在校学习提供完善的支持保障体系以建设高质量的融合教育。例如,美国在政策层面出台了极具影响力的《不让每一个孩子掉队》(*No Child Left Behind*,NCLB)法案,并在研究层面提出了干预反应模式(Response to Intervention,RTI)共同助力学习障碍学生的教育教学。

1.《不让每一个孩子掉队》

2001年颁布的《不让一个孩子掉队》法案规定:"到2014年所有公立学校中的中小学生,每年级必须通过本州设置的语文和数学考试,并掌握这两门学科的知识。"该法案同时要求接受特殊教育的学生(智障者除外)也要通过相应的考试,在考试时间上可给予适当的变通与放宽。⑥ 该法案虽然不是明确针对学习障碍学生而出台的,却使得学校管理以及教师更加关注学习障碍学生,提高对他们的期望值,加强对他们的指导和辅助。

---

① 景时,邓猛.英国的融合教育实践——以"特殊教育需要协调员"为视角[J].学习与实践,2013(6):127—133.
② 佟月华.美国全纳教育的发展、实施策略及问题[J].中国特殊教育,2006(8):3—8.
③ Mcleskey J,Waldron N L. Educational Programs for Elementary Students with Learning Disabilities:Can They Be Both Effective and Inclusive?[J]. Learning Disabilities Research & Practice. 2011,26(1):48—57.
④ 赵梅菊.美国资源教室对学习障碍儿童教学质量的分析与启示[J].残疾人研究,2018(2):79—85.
⑤ Mcleskey J,Waldron N L. Educational Programs for Elementary Students with Learning Disabilities:Can They Be Both Effective and Inclusive?[J]. Learning Disabilities Research & Practice. 2011,26(1):48—57.
⑥ 任颂羔.特殊教育发展模式[M].北京:北京大学出版社,2011:28—32.

2. RTI

RTI 可为学习障碍学生提供有效支持和服务，核心内容为三级干预模式。[①]

初级干预，是全校范围的干预（Universal Interventions，TIER1），属于预防层面的干预，面向普通班级里的所有学生。教师对学校里的所有学生，分别在学年的开始、中间和结尾进行课程本位测验（Curriculum Based Measurement，CBM），如果有学生的学业成绩没有达到州规定的最低成绩标准，且这种情况持续5~8星期，则需要进行预防层级的干预。教师会基于由评估所得出的数据，采用多元化的分组安排，运用有研究支持的教学策略和方案开展教学干预，以提高学生的学业成绩。如果在采用一系列措施之后，评估结果显示学生与班级、学校、学区的同伴相比仍有显著落后，则需要进行第二层级的干预。[②]

二级干预，是针对目标小组的干预（Targeted Group Interventions，TIER2），采用问题解决模式。对第一层级接受干预没有发生明显变化的"高危儿童"，学校立即成立RTI小组，小组成员包括特殊教育教师、行为干预专家、语言治疗师、认知行为科学专家、学校心理学家等跨学科的人员。RTI小组与普通教师一起对学生进行评估，制订并实施个别化的干预方案。普通教师往往采取小组教学的方式，采用个别化的教学策略促进学生的学习。如果学生对这一层级的干预有积极的反应和明显的进步，则回到初级干预；反之，则需接受三级干预。[③]

三级干预，是针对个别学生的干预（Individual Student Interventions，TIER3），学生需要到普通教室以外接受特殊教育服务。三级干预常由受过专业训练的人员对前两级干预无应答的学生实施高强度的个别化训练。[④] 如果学生在这一级干预中有明显的进步，则回到二级干预。如果学生在三级干预中没有充分的反应，则RTI小组会建议将学生正式转介到特殊学校等其他特殊教育安置形式中。[⑤]

RTI充分强调要提供高质量的教学，教师需要更高的素质和能力。[⑥] 与传统"等待失败"模式不同的是，普通教师的教学过程也是对学生开展评估和干预的过程，充分将评估、干预、教学有效结合。不仅如此，RTI还注重发挥特殊教育教师、行为干预专家、语言治疗师、学校心理学家以及家长的团体合作的力量，为学习障碍学生提供适当的教育。

二、发展特点

（一）法律法规健全

法律法规的建立与健全是实施学习障碍学生融合教育的基本保障。纵观国际

[①] 牟晓宇，昝飞.美国特殊儿童学业困难反应模式——RTI模式[J].外国教育研究，2011(4)：54—59.
[②] 昝飞.融合教育：理想与实践[M].上海：华东师范大学出版社，2016：75.
[③] 同上书，76.
[④] 王道阳，王翠翠，陶沙.学习障碍鉴别RTI模式：进展、困境与出路[J].中国特殊教育，2015(12)：42—46.
[⑤] 昝飞.融合教育：理想与实践[M].上海：华东师范大学出版社，2016：76.
[⑥] 刘嘉秋，刘春玲，Michael Gerber.如何让学习障碍学生更好地进步：美国RTI模式及其启示[J].外国教育研究，2013(3)：106—114.

学习障碍学生的融合教育历程，我们能够清晰地发现，健全的法律法规体系在保障学习障碍学生享有优质的融合教育方面发挥着举足轻重的作用。回顾国内政策文本发现，专门面向学习障碍学生融合教育的立法文件相对匮乏。各级教育部门规定的特殊教育服务对象中，较少涉及学习障碍群体，大多是强调聋、盲、智力障碍群体。[①] 值得注意的是，近年来党和政府推行的相关政策也将特殊教育对象的焦点从传统的三类对象扩至所有残疾儿童少年，为学习障碍学生的融合教育提供支持。例如，2021年底教育部等出台的《"十四五"特殊教育发展提升行动计划》指出，特殊教育是面向视力、听力、言语、肢体、智力、精神、多重残疾以及其他有特殊需要的儿童青少年的教育。[②]

（二）安置体系完善

根据学生的障碍程度和特殊教育需要，国际上一些发达国家学习障碍学生可在普通班级、资源教室、隔离班级、特殊教育学校、看护机构、家庭教育或者医院接受教育，已形成了连续性的教育安置体系。

在普通班级接受教育指特殊学生在普通班级里或在普通班级外分开接受特殊教育及相关服务的时间少于教学日时间的21%，一般涉及轻度学习障碍学生。在资源教室接受教育是指特殊学生在普通班级之外接受特殊教育和相关服务的时间占教学日时间的21%～60%之间，包括安置在资源教室但部分时间参与普通班级活动的学生，一般涉及中度学习障碍学生。在隔离班级接受教育是指特殊学生在普通班级之外接受特殊教育和相关服务的时间占教学日时间的60%以上，包括安置在特殊班级但部分时间参与普通班级教学活动的学生，也包括全部时间待在特殊班级但是处在普通校园里的学生，一般涉及重度学习障碍学生。在特殊教育学校接受教育是指特殊学生在分开的特殊学校里接受特殊教育和相关服务的时间占教学日时间的50%以上。在看护机构接受教育是指特殊学生在看护机构里面接受的教育和相关服务时间占教学日时间的50%以上。家庭教育或在医院接受教育指学生在家里或医院里接受特殊教育。[③]

目前，我国虽然对学习障碍学生的关注度有所提高，但是相比于理念倡导和研究而言，融合教育实践层面的探索相对滞后。[④] 尽管学习障碍学生大多安置在普通学校，却没有得到及时的评估和干预，也没有为其提供更为合适的安置环境。

（三）融合效果明显

一些发达国家学习障碍学生融合教育经历了从"量"到"质"的转变，在学习障碍学生进入普通教育环境后，研究者们就将关注点放在如何使他们享有高质量的服务，提高融合教育质量上。我国学习障碍学生属于普通教育和特殊教育的边缘群

---

① 刘翔平.学习障碍儿童的心理与教育[M].北京:中国轻工业出版社,2010:18.
② 中华人民共和国教育部."十四五"特殊教育发展提升行动计划.[2021—12—3]. Http://www.moe.gov.cn/jyb_xxgk/moe_1777/moe_1779/202201/t/20220125_596312.html.
③ 余强.美国中小学阶段特殊教育安置的趋势分析[J].中国特殊教育,2007(4):41—45.
④ 赵微,王津,吴师伟.我国学习困难研究的现状与展望[J].中国特殊教育,2006(1):94.

体,①其融合教育质量不容乐观。为此,普通教育和特殊教育需要整合自己的优势资源,加强合作,尤其是教师的相互合作。一方面,普通教师需要对学习障碍学生持包容的心态,实质性地接纳他们,调整教学,提高教学能力,尽可能地运用适合学习障碍学生的教学形式和方法。另一方面,特殊教育教师应该发挥特殊教育的相关专业技能,为学习障碍学生提供有效的小组或者个别指导,完成高质量的补救性教学。

第三节　学习障碍学生融合教育策略

小学阶段,学习障碍学生的生理特点、心理特点,尤其是学习特点表现较为明显。学校尤其是教师、家长需要深入了解其特点并提供适当的帮助。本节主要从环境创设、教学指导、班级管理、家校合作、社区支持五个方面介绍学习障碍学生融合教育策略。

一、环境创设

环境是影响个体发展的重要外部条件之一,在普通小学就读的学习障碍学生有特殊的教育需求,需要为他们提供支持性和接纳性的环境。这里主要介绍物理环境和心理环境的创设。

（一）物理环境

1. 普通教室

（1）座位安排的调整

有些学习障碍学生的注意力难以集中,有时候可能会出现离开座位、干扰他人学习的情况。教师需要将此类学生安排在较少干扰他人学习的地方。同时,可以在地板上围绕学生的座位用彩色胶带贴一个四方形,提示他们可以在该区域走动,但是不能超出界限。② 另外,还需要将学生的座位调整到远离窗户、门口和其他易受干扰的地方。

（2）文具、玩具或其他新颖的刺激物的处理

一些学习障碍学生课上可能会被一些刺激干扰,难以将注意力集中于课堂上。比如,他们可能会一直玩弄笔或者其他玩具。教师需要有足够的敏锐性,排除这些无关的刺激,将可能影响学生的文具、玩具或其他新颖的刺激物放在学生的视野范围之外。

（3）提供更多的视觉提示

学习障碍学生尤其是阅读障碍学生在识字、阅读时存在一些困难,教师在进行班级环境创设时除了提供文字以外,可以增添一些图片。比如,在行为宣传上,可以提供示范恰当行为的图片,帮助他们理解。

---

① 佟月华.美国全纳教育对学习障碍学生的教育影响[J].中国特殊教育,2005(7):32—36.
② 赵微.学习困难儿童的发展与教育[M].2版.北京:北京大学出版社,2020:166.

2. 资源教室

资源教室是一种特殊教育措施实施的场所,它是指在普通学校中设置的,专为特殊学生提供适合其特殊需要的个别化教学的场所(教室),这种教室聘有专门推动特殊教育工作的资源教师,以及配置各种教材、教具、教学媒体、图书设备等。[1] 普通教室的教学无法满足学习障碍学生在阅读、数学方面学习的特殊需要,资源教室的补救性教学对他们而言十分必要。

资源教育的合理分区十分重要,资源教室可摆放一些适合学生阅读的书籍,也可以设置一些学生感兴趣的小游戏。以北京市海淀区花园村第二小学的资源教室为例,他们的资源教室设置专门的学习辅导区(如图 8-2 所示),用于对进入资源教室的学生开展辅导教学、补救教学等。[2] 同时设置了游戏观察区,用来观察学生的行为、动作、学习习惯、学习状态,用于学生的独立学习等训练。[3]

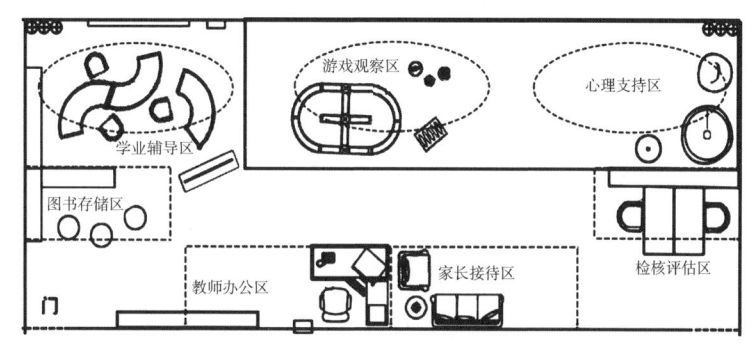

图 8-2 资源教室的不同分区[4]

(二) 心理环境

正如前文所述,学习障碍学生的自我概念水平偏低,影响其班级融入及归属感的获得。创设利于他们融入班级的平等、接纳、包容、共同进步的良好氛围,需要多方人员的参与及合作。

首先,普通教师要加强与资源教师的沟通,加强对学习障碍学生的情绪行为特点、学习特点的了解。因为学习障碍学生的学习能力不高,轻视、厌烦甚至粗暴对待、冷嘲热讽他们有违教师道德规范。一位家长这样说道:"老师能够了解学习障碍,愿意包容、接纳孩子,孩子就会快乐,要不然结果不堪设想。三年级的时候,老师很严格,孩子写好了作业不敢交,老师就一直骂,孩子感觉自己一无是处。后来,遇到一位教师真正地接纳了她,并针对她的特点调整了教学内容,孩子的学习压力小了,表现也越来越好。"[5]

---

[1] 徐美贞,杨希洁.资源教室在随班就读中的作用[J].中国特殊教育,2005(4):14—19.
[2] 中盛普阳.北京海淀区花园村二小资源教室[EB/OL]. http://www.sunpsy.com.cn/CustomerDetail/265.
[3] 王红霞.资源教室建设方案与课程指导[M].北京:华夏出版社,2017:51.
[4] 七维教育发展中心.资源教室的功能分及布局说明[EB/OL].[2018—08—15].https://baijiahao.baidu.com/s?id=1608847805948171964&wfr=spider&for=pc.
[5] 张英熙.从失落到接纳:特殊儿童家长心理支持团体实务[M].台北:心理出版社,2017:25.

其次,教师可以设计一些活动,让普通学生对学习障碍学生的特点有所了解,体验他们在学习上面临的挑战,以此增强普遍学生的同理心。鼓励普通学生与学习障碍学生多沟通,建立良好的伙伴关系。例如,教师可以播放电影《地球上的星星》,借机引导学生学会换位思考,可在教室墙上设置知识卡片区展示换位思考的步骤。这里要注意的是,教师尽量不要对"学习障碍"名词做过多的阐释,以防产生不良的引导。同时,教师也需要调动学习障碍学生的情绪,鼓励他们积极主动地与普通同伴交往,改变自我评价过低的情况,学会正确地欣赏他人和欣赏自己。

> **资料卡**
>
> 　　　　　　　换位思考"四部曲"——如何换位思考①
> 　　第一步:如果我是他,我需要的是……
> 　　第二步:如果我是他,我不希望……
> 　　第三步:如果我是对方,我的做法是……
> 　　第四步:我在以对方期望的方式对待他吗?(黄金法则)

二、教学指导

学习障碍学生在学习上面临的挑战需要教师做出多方面的调整。总体上来说,教师首先需要引导他们更多地追求"学习目标"而不是"表现目标"。学习目标指的是跟自己相比,是否达到了预先设定的学习目标。表现目标则是指获得的赞赏和许可,更加注重同别人比较。鼓励学习障碍学生不要因为比别人学得慢而放弃学习,要学会将"今天的自己"和"昨天的自己"做比较。②

(一)明确教学目标

教师在教授知识时,不仅要注重实现知识目标,还要实现针对学习障碍学生的特殊性学习目标。由于学习障碍学生在元认知和信息加工方面有困难,因此,首先,教师要训练学习障碍学生学习迁移和自我管理的能力。否则,学习障碍学生很难把课堂上获得的技能迁移到新的情境中。其次,通过有意义的学习帮助学习障碍学生提高学习动机、自尊水平,减少习得性无助感。③

(二)调整教学策略

学习障碍学生学习时容易遇到各种困难,教师需要调整教学策略以适应他们的需求。例如,对于学习障碍学生来说,如果能够掌握文章的关键词,则能够很快理解内容。学习障碍学生在信息处理上速度比较慢、记忆短暂,教师在教学时或者布置作业时需要注意所使用语句的长短,尽量以简短的语句形式告知学生需要完成的学习内容。

---

① 张微.学习障碍的评估与矫正[M].武汉:华中师范大学出版社,2013:216.
② 王琼珠.学习障碍:理念与实务[M].台北:心理出版社,2018:175.
③ 路得·特恩布尔,安·特恩布尔,玛里琳·尚克,等.今日学校中的特殊教育(上册)[M].3版.方俊明,汪海萍,等译.上海:华东师范大学出版社,2004:175.

当然,教师在进行课堂教学时自己精力有限,难以时时关注到每一个学生的反应,同伴合作学习是教师可以使用有效方法之一。教师可以为学习障碍学生搭配一个助学伙伴,帮助他们建立伙伴关系,助学伙伴指导学习障碍学生解决学习上的难题,也可以在其分心时做提醒。

（三）设计趣味教学活动

学习障碍学生在学习过程中往往难以保持注意力,教师如果以传统的讲授式进行教学容易使学生在课堂上感到百无聊赖,脱离课堂甚至出现某些问题性行为。教师需要对自己的教学活动加以设计,增添适应学习障碍学生的趣味性活动。例如,一位语文老师发现班级中一名阅读障碍学生很喜欢涂鸦、画卡通人物,于是她以游戏闯关、竞赛、分组讨论、表演的方式展开课堂教学,将全班学生分成两大组进行轮流造句或说故事,过关的学生可以上台画课本人物或图案,最先完成的组获胜。因为教学活动的设计调整,学习障碍学生能够口头造句,提高了自信心。

（四）教授学习策略

学习策略教学的主要目的就是教会学生学会学习。所谓学习策略,即在学习情境中,学习者对学习任务的认识、对学习方法的选择与使用和对学习过程的调控。已有研究指出,学习策略与具体学科相结合时更有助于学生的学习。[①] 这里分别介绍字首记忆策略、视觉—语言理解技术、计划和自我调节三种学习策略的教学。

1. 字首记忆策略

字首记忆策略适用于需要程序记忆的事项,有化繁为简的功能,能减少记忆负担。教师指导学习障碍学生写生字或者解答数学题时,就可以使用该方法。比如,教师可以将写生字的步骤变成"看""抄""盖""核",具体是看目标字,小心抄写目标字,盖住目标字并默写,核对目标字。[②] 学习障碍学生在练习写字时可以采用这样的方式,养成自我检查的习惯。

2. 视觉—语言理解技术

视觉—语言理解技术(Visualizing-verbalizing Reading Comprehension Technique)比较适合小学阶段学生使用。在使用这一策略的过程中,教师可以帮助学生将阅读内容可视化,帮助形象理解和记忆阅读内容。例如,一位教师说道:"对朱利亚和其他人来说,阅读理解是个挑战。学生很难看懂一个故事。通常他们所描述的内容和实际的故事没有什么联系。于是,需要我们训练学生如何学习阅读。我们让朱利亚读一段描述性的段落,然后给她笔和纸,画下自己所'看到'的。有时,让朱利亚只集中于理解句子中的几个描述性的词汇和作者能够引导读者看的图画部分,然后让她将所理解的故事情节画在纸上。有时,采用一种相反的方式,给她一幅图画,让她用

---

① 赵微.学习困难儿童的发展与教育[M].2版.北京:北京大学出版社,2020:211.
② 王琼珠.学习障碍:理念与实务[M].台北:心理出版社,2018:358.

自己的语言描述画的内容。"①这种方式可以让学生学会如何理解阅读材料,掌握学习的技巧。

3. 计划和自我调节

学生的学习需要由自己计划和监控,否则很难成为一名积极有效的自我定向的学习者。有研究者对在普通班教室的学习障碍学生需要的学习技能进行调查,发现能够在课前准备材料、按时完成作业、灵活使用课堂时间是学习障碍学生有效学习的重要影响因素。②

学习制订学习计划,计划内容包括:估计学习所需要的时间,组织所需材料,制定完成一项活动的具体的时间安排表。在这个过程中,学生学会如何思考,如何自我提问,形成自我控制、自我检查、自我调节的能力。

学习工具能够帮助学习者更好地学习。教师要引导学生学会利用学习工具。例如,数学学习障碍的学生在进行手算时容易出错,所以教会他们运用计算机协助数字运算是不错的选择。目前,手机多有简易计算机的功能,也有一些软件可以帮忙处理度量衡的换算。③

资料卡片区提供一些教师在教学中针对学习障碍学生提出的具体措施和建议,可供教师参考。

资料卡片

给教师应对学习障碍学生学习的建议④

1. 由简入繁:从简单的句子或题目开始并反复练习。
2. 颜色加粗:应用于相似字的学习,将不同的部分以不同颜色表示。
3. 步骤提示:运用于解数学题目时,可先呈现步骤,等学生练习熟悉后,再停止提示。
4. 在下达指令前,目光需注视学生的眼睛。
5. 教学时可使用视觉性教材激发学生的学习动机,例如运用实物等。
6. 耗时长的课程可分阶段进行。
7. 教师写板书时应该注意重点和主题,书写尽量保持清楚,避免混乱。
8. 给予学生充分的时间思考、书写。
9. 调整施测方式,例如,老师帮助学生把答案写在试卷上,延长考试时间,用另外的答题纸写答案,允许学生口头回答,允许学生在考卷上做记号。
10. 善用肢体语言帮助学生集中注意力。

---

① 路得·特恩布尔,安·特恩布尔,玛里琳·尚克,等.今日学校中的特殊教育(上册)[M].3版.方俊明,汪海萍,等译.上海:华东师范大学出版社,2004:134.
② Monda-Amaya,Dieker,Reed. Instructional Practices in Mainstreamed Secondary Classroom[J]. Journal of Learning Disabilities,1993,26(1):57—64.
③ 王琼珠.学习障碍:理念与实务[M].台北:心理出版社,2018:372.
④ 特教资讯网.普通班教师如何帮助特殊学生[EB/OL].[2020－01－10]. http://www.jces.tn.edu.tw/wordpress/special education/? page_id=2(节选)

三、班级管理

班级是学校的基本单位,学习障碍学生就读的班级对其学习有重要的影响,这种影响的优劣视班级管理的质量而定。

(一)班级组织建设

班级组织通过设置职能岗位,可以让学生得到锻炼,学会自我管理。班干部的选拔是班级组织建设的内容之一。[①] 学习障碍学生因学习上的问题可能会使其在小学班级中处于被忽视的地位,教师在进行班级组织建设时,可以充分考虑他们某方面的才能,例如,有些学习障碍学生具有很好的艺术才能,小学教师可以让其担任班级的文娱委员,与普通学生一起组织班级文娱活动。这有助于培养其领导能力和发展同伴关系。

(二)班级常规管理

班级常规是在班级里学生必须遵循的基本的规矩,这些规矩能够帮助学生形成良好的行为习惯。学习障碍学生因为在学习过程中长期缺乏成功的体验,加之部分学生伴有多动症状,注意力难以集中,所以经常出现干扰他人的不恰当行为。[②] 普通教师需要制定以正面行为表述为主的班级常规,告诉学习障碍学生在班级中什么是可以做的,什么是不可以做的。例如,有教师对学生说:"你力气很大喔!把教室窗户的玻璃都打碎了。"这很容易让学习障碍学生误以为教师在夸赞自己,正确的方法应该是直接告诉学生"要爱惜学校公物,例如窗户"。

(三)班级活动管理

班级活动是学生在班主任的指导下,有目的、有计划地为实现班级教育目标而举行的各种教育、教学实践活动。[③] 班级活动的有效组织和开展能够影响班风,形成良好的班级氛围。教师可以组织主题班会课,让学生分享学习生活上的趣事,激发学习障碍学生参与的积极性。教师也可以组织趣味运动会、游园会、三人两足游戏等,鼓励学生以团体形式参加,营造团结协作、共同进步的氛围。

此外,教师需要注重培养学习障碍学生的自我管理能力,尤其是情绪管理能力和同伴交往能力。下文资料卡片补充适用于在普通班级接受教育的学习障碍学生融合教育的做法,可供参考。

[①] 郭娅玲.德育与班级管理[M].长沙:湖南师范大学,2015:187.
[②] 赵微.学习困难儿童的发展与教育[M].2版.北京:北京大学出版社,2020:184.
[③] 张代富.班主任工作的理论与实践探索[M].合肥:安徽大学出版社,2013:161.

> **资料卡片**
> **适用于在普通班级接受教育的学习障碍学生融合教育的做法**[①]
>
> | | 我可能看到的 | 你试图去做的 | 换一种做法 | 让同伴参与的方法 |
> |---|---|---|---|---|
> | 行为 | 该学生不停地打扰别的正在独立完成作业的同学 | 把她与别的同学分开或让她去教室外面 | 检查她是否理解所学内容、能否独立完成作业,制订一个行为发展计划 | 比较她和同伴的作业,与同伴讨论帮助她实施行为管理的计划 |
> | 社会互动 | 该学生误解社会行为线索,误解面部表情、手势或其他语言变化 | 指出她的误解并告诉她正确的解释 | 与学校咨询教师或资源教师合作,设计一些方法教她必要的社会技能 | 确定一个同伴与其建立合作关系,使她能够实践专门的社会技能 |
> | 教育表现 | 该学生作业未完成,或完成质量一般都很差 | 对她完成质量差的作业或未完成的作业打低分 | 与特殊教育者合作教她学习策略,提供额外的完成作业的时间 | 与合作伙伴一起利用适合其年龄的阅读材料帮助她阅读 |
> | 教室里的态度 | 该学生很容易在她不能胜任的方面放弃学习 | 在有些作业上原谅她,或指责她不愿意去尝试 | 用该生能够完成的恰当的学习任务帮助她取得成功,然后对她提供积极的奖赏 | 在该生做得成功的方面,给她提供指导其他学生的机会 |

四、家校合作

家庭是人成长的重要环境。父母的教养方式、行为习惯对于个体的成长有重要的影响。家校合作实际上是联合对学生最具影响力的两个社会机构,即家庭和学校的力量,对学生进行教育。在教育活动中家庭和学校相互支持、共同努力,使学校能在教育学生方面得到更多的来自家庭方面的支持,使家长能在教育子女方面得到更多的来自学校的指导。[②]

(一)体谅与信任:为孩子撑起一把"伞"

学校,尤其是教师应该与家长相互体谅与信任,这是二者进行有效合作与沟通的前提。

首先,学校要学会理解学习障碍学生家长。作为学习障碍学生的家长,他们面临许多挑战,大多数家长对孩子的情绪问题、学业问题感到棘手。例如,一名家长曾

[①] 路得·特恩布尔,安·特恩布尔,玛里琳·尚克,等.今日学校中的特殊教育(上册)[M].3版.方俊明,汪海萍,等译.上海:华东师范大学出版社,2004:136.

[②] 马忠虎.基础教育新概念——家校合作[M].北京:教育科学出版社,1999:155.

这样说道:"在家里我花很多时间教他,可是越教越烦!最后孩子抱怨我跟学校老师教的不一样,纠正我,说我乱教!四年级的功课比较难了,我也有点教不来了,结果孩子干脆不理我了。"[①]

其次,家长也需要体谅学校所面临的挑战。学习障碍学生进入普通班级,学校需要提供多方面的支持与服务。但是,面对孩子可能出现的学校适应困难,甚至是情绪与行为的问题,普通学校难以及时应对。面对班级中的许多学生,教师也很难及时照顾到学习障碍孩子的各方面需求。

最后,学校与家长应该互相信任,这是二者能够合作的基本前提。有些教师虽然答应家长在班级中会"照顾"他们的孩子,实际上有时家长会感到教师没有满足孩子的特殊教育需求。这样很容易让家长失去对教师的信任。当然,家长也需要摆正心态,给予学校充分的时间去准备,为孩子提供更好的服务。

(二)沟通和合作:给孩子搭起一座"桥"

学校与家长加强沟通与合作,是促进学习障碍学生进步的有效保障。具体可以采取以下几种做法。

1. 建立家长委员会

学校应该成立家长委员会,便于学习障碍学生家长与普通学生家长、家长与学校之间保持相互联系。家长委员会要定期举办形式多样的交流会,引导家长提出关心的问题,定期向家长报告学习障碍学生的学习进步以及与班级同伴之间的交往情况。

2. 设置家长开放日

学校可以设置家长开放日,让家长直接进入课堂,感受学习障碍学生在班级中的融合教育情况。一方面,可以让家长更加信任学校教师,体会融洽的氛围。另一方面,可以让家长针对融合教育中的问题提出建议。

3. 家访与家长培训

家访可以使得学校了解学习障碍学生在家的情况,方便与家长共同找出解决问题的方法。家长培训是促进家校合作的有效办法,学校可以开展一些针对学习障碍学生家长的培训活动,教这些家长如何在家庭中对孩子的学业困难、社会交往能力不足进行适当的干预,如何对孩子有合理的期望,如何调控好自己的情绪。

需要注意的是,在家长培训中需要提醒家长在家庭中注意加强对孩子自我管理能力的培养,让孩子学会承担责任,不能将"学习障碍"作为借口,要学会自我监督,对自己的行为负责。

五、社区支持

社区是影响学习障碍学生发展的另一重要资源。有研究者对普通学生和学习障碍学生的社会功能轨迹做了对比研究,比较二者的同辈群体关系和大众接受度,

---

[①] 张英熙.从失落到接纳:特殊儿童家长心理支持团体实务[M].台北:心理出版社,2017:25.

结果发现相比于普通学生而言,学习障碍学生的人际交往能力偏低,社会排斥和孤独感高于普通学生。[1] 由此可见,社区需要为学习障碍学生提供充分的社会支持。社区要加大对学习障碍学生的关注度,正确看待他们,保障其基本权利。社区可举办形式多样的社区活动,鼓励学习障碍学生、普通学生及家庭其他成员共同参与,增进对彼此的了解。还可开设针对学习障碍学生及家长的培训课程,邀请专家进社区提供指导。

第四节 学习障碍学生融合教育案例分析[2]

一、基本情况

羽瑞(化名),男,刚升入五年级。羽瑞在一年级和二年级时成绩中下,平时上课安静,班主任黄老师在课堂上问问题时他会主动举手回答。羽瑞虽然写作业很努力,但错误率高、经常遗忘读过的字,朗读课文时经常念错字、漏行。黄老师根据羽瑞的情况在课间时间特意对羽瑞进行个别指导,并请家长帮忙留意其学习情况。几星期后黄老师发现,羽瑞的学习情况没有好转,需要更多支持,怀疑羽瑞有学习障碍,于是与家长沟通后转请资源教师帮忙。在资源教师对羽瑞进行专业的评估后,决定提报学校进行专业鉴定,经过鉴定及特殊教育专家委员会的研判,确定羽瑞为阅读障碍的学生。

二、现况分析

长期以来,羽瑞的语文成绩表现不佳,因为识字与阅读速度缓慢,导致与语文能力相关的学科,成绩也不是很理想,这使羽瑞自信心跌落,学习动机逐渐降低。具体表现如下:

(一)识字困难

羽瑞不容易记住学习过的汉字,如果老师当天对羽瑞进行密集辅导,让他不断背诵后,羽瑞当天与隔天记忆效果较佳,之后容易忘记。羽瑞的形似字辨识能力不佳,容易混淆。例如,官、宫、客、容等,雨、两等。

(二)阅读困难

羽瑞阅读全篇文章时,念字的速度缓慢、不流畅,容易念错字、漏字、跳行,甚至出现断句错误,如:"十九日早上,各路人马都来了。"羽瑞会读成"十九日早上,各路人马……来了。"

---

[1] Estell D B, Jones M H, Pearl R A, et. al. Peer Groups, Popularity, and Social Preference: Trajectories of Social Functioning Among Students with and Without Learning Disabilities [J]. Journal of Learning Disabilities, 2008(41):5—14.

[2] 喜安人文.融合教育现场阅读障碍辅导案例小学阶段[EB/OL].[2017—05—16]. http://www.sohu.com/a/141055079_763055.

（三）专注力不集中

普通小学高年级的课文篇幅偏长、文字偏多，因为阅读困难，羽瑞上课经常表现出精神不济、发呆冥想、专注力低，需要老师不断地口头提醒，同学也要经常告知他上课的进度和内容。

（四）自信心低落

羽瑞的阅读能力与学科成绩比同学差，练习很多次还学不会写汉字，尤其是同学在一旁指导后，仍会忘记，这让羽瑞感到很自卑，越来越不敢在同学或者老师面前阅读文章或者课文。

羽瑞的听语能力较好，课堂上的重点笔记内容经老师讲解后，较能听懂笔记的内容。

羽瑞对画画饶有兴趣，老师发现羽瑞在学习单的空白处、课本上涂鸦，画满喜欢的卡通人物，喜欢倾听、分享与卡通人物相关的故事。参加综合实践课的时候，羽瑞也会拿起色彩丰富、图画生动的绘本阅读。

三、融合教育过程

羽瑞对辨识字词和理解文章有显著的困难，需要运用不同的学习方法和评量方式，才能帮助他达到学习的效果。班主任陈老师和资源教师讨论后，先与羽瑞的父母亲沟通，并请学校行政人员协助调整学习环境、课程内容与教学策略、学习方式，激发羽瑞的学习动机和提升其自信心，资源教师对羽瑞进行个别化教学，给羽瑞提供更好的学习支持服务。

（一）调整学习环境

为了增强羽瑞的阅读动机，陈老师在教室的图书角陈列了丰富多元、图文并茂的阅读资源，如有声书、视听光盘，纸质诗集、小说、漫画以及羽瑞喜欢的绘本等。陈老师制订了全班共读计划，让学生于休闲时间选择喜欢的书籍阅读或倾听，增加羽瑞阅读的机会。同时也选择友善、喜爱阅读的学生当羽瑞的伴读者，和羽瑞一起阅读或轮读，增加其阅读乐趣的机会。

（二）调整课程内容与教学策略

陈老师与资源教师为了减少羽瑞在书面文字上学习的困难，将学习的内容加以简化或替代，利用多媒体增加与文章或学习主题相关的知识，以减少羽瑞因字词辨识困难而导致阅读理解不佳的情况。

1. 常用字与汉字部件练习

陈老师不再要求羽瑞和班上其他学生一样学习每课复杂的生字，而是从课文中挑选出常用字让羽瑞重点学习。让羽瑞做汉字部件拆分与组合的相关练习，联想理解字义，如"歪"就是不正所以歪了的意思，"尖"从小而大所以就是开头尖尖的意思等，让羽瑞加强练习（见图8-3及图8-4）。

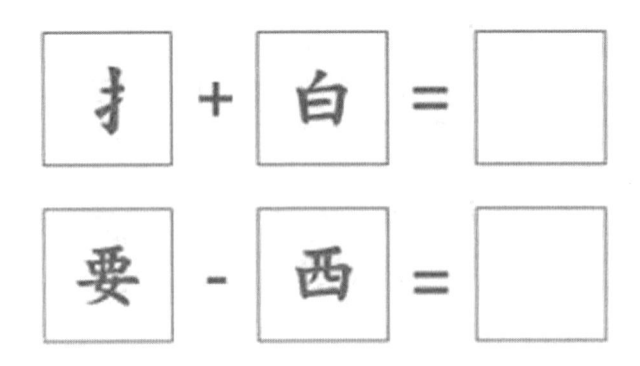

图 8-3　汉字部件的拆分与组合练习

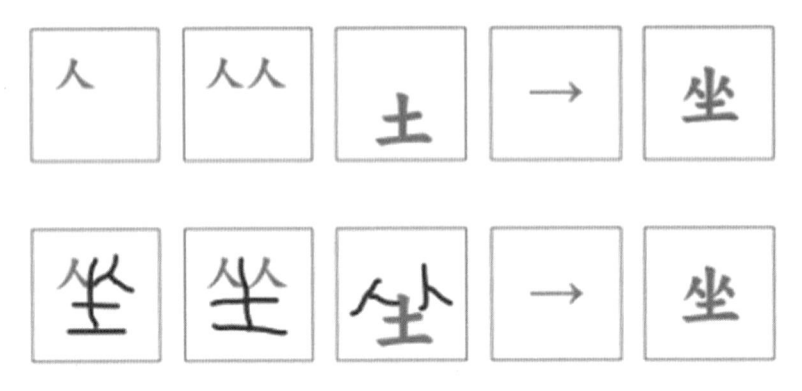

图 8-4　写出剩余笔画,完成汉字

2. 多媒体输入

陈老师利用呈现概念图和图表、播放视频、角色扮演等方式,代替羽瑞文字朗读的方式,协助羽瑞理解课文内容与学习重点内容。同时,在黑板上呈现文字教材内容时,陈老师会利用不同的颜色或关键字强调学习的重点内容。

3. 日常生活经验联结

学习新课文与主题前,陈老师会挑选学生生活中常遇到的问题、事件等作为题材,并预先协助羽瑞联结与文章或主题相关的生活经验或背景知识,使其能较顺利地参与新的阅读活动,同时增强其阅读的动机。例如,学习"珍爱时光"的主题前,先指导羽瑞了解守时的观念、管理时间的方法等。学习"艺术天地"的主题前,先指导羽瑞认识、欣赏艺术家如梵高的绘画、贝多芬的音乐等。学习"动物世界"的主题前,先指导羽瑞了解家中饲养宠物的经验、动物的生活等。

此外,陈老师借由相关图片的辅助和对标题意义的解释,使学生学会整合知识和内容,以提升学生的阅读理解能力。例如,解释"餐盒里的惊喜"题目的意义并讨论文章中可能会出现的内容,诸如餐盒的菜色特点、做餐盒的人是谁、餐盒会造成什么样的惊喜与影响等,借此刺激羽瑞与同学一同思考,提高羽瑞的学习动机与兴趣。

(三)调整学习评量方式

陈老师召开特别会议,请英语、自然与生活科技、社会等各科目的教师,一同依据羽瑞的需求调整考试评量的方式,如延长考试作答时间、采用口述作答方式、以选择题作答或以计算机输入方式代替纸笔书写测试等评量方式,以呈现他真正的学习成效。

（四）激发学习动机与提升自信心

陈老师与各科教师调整羽瑞作业的数量与完成方式,让羽瑞不因书写文字的困扰而造成学习的牵绊与动机的削弱,如延长完成学习的时间或改以绘画、剪贴等方式表达阅读心得。羽瑞对习作或语词练习内容采取简化、减量或替代等方式学习。

（五）资源教师的个别化教学

资源教师利用晨间活动时间,每星期规划设计五节课,采用不同的方式为羽瑞及其他学习障碍的学生开展多元的阅读与识字学习活动。

1. 分段阅读

羽瑞先找出每段文章中的关键字,讨论重点,分享与日常生活相关的经验等,分段了解内容后,再联系前后文进行推测,找出彼此的关联性,组合成整篇文章,最后再重复阅读,进一步熟悉文章。

2. 反复阅读语词、短句和文章段落,理解文章大意

每天上资源班小组课时,羽瑞利用5～10分钟时间反复练习使用语词、常用句与阅读短文,并记录每天的具体情况,以清楚自己的学习进度与熟练情况。

3. 运用多感官学习

在利用视觉学习方面,教师用图片、插图等展示内容,或将文章重点内容制成图表、概念图呈现或用不同颜色标识重点内容等,帮助羽瑞记忆。在利用听觉学习方面,教师指导羽瑞利用自问自答的方式理清文章脉落,如5W1H问答法（如表8-1所示）。在利用触觉或动作学习方面,教师利用夸张的动作、手势来联结语词的意义,或以黏土、纸板等材料捏塑、拼组成文字,让羽瑞可以借由触觉或动作加强对语词、汉字的记忆。

表8-1　5W1H问答法

5W1H	说明
Who（人）	这篇文章的主角是谁？
When（时）	是什么时候发生的事？
Where（地）	发生在哪里？
What（事）	他们做了什么事？
Why（为什么）	他们为什么要这么做？
How（发生经过）	事情发生的经过

4. 组字练习

教师分析讲解汉字的字形结构（如图8-5所示）,让羽瑞了解汉字的组合是通过部首、部件组合而成的,并开展剪贴、拼图、配对、故事联想、猜谜语、游戏抢答等活动,增强羽瑞识字的动机与能力。

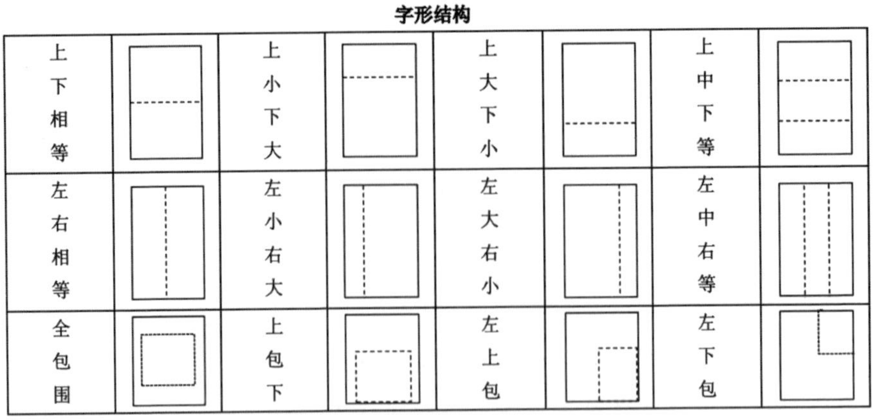

字形结构

上下相等		上小下大		上大下小		上中下等	
左右相等		左小右大		左大右小		左中右等	
全包围		上包下		左上包		左下包	

图 8-5　字形结构图

5. 学习生活中的文字

教师收集广告纸、招牌、商品目录、地图上等生活中常见的文字、词语，搭配图片让羽瑞认识与学习，使其将学习的内容与生活相联系。

阅读障碍学生由于在成长的过程中容易遭遇学习上的困难，不断地受挫，容易自暴自弃、对自己没有信心、对学习没有兴趣。因此，他们除了需要学校的支持与鼓励外，更需要家长的包容和帮助，家长不能过度逼迫学习障碍学生学习，或对其提出过高的成就要求。

羽瑞的妈妈也开始鼓励羽瑞发展多元的兴趣，拓展日常生活经验，不仅可以补救学科学习的不足，还使羽瑞的生活更加丰富。羽瑞的父母知道他喜欢画画，就尝试让羽瑞学绘画。假日带羽瑞走访博物馆、美术馆、艺术中心等，也积极带他去户外或运动中心运动，拓展他的生活经验与视野。

四、总结反思

通过羽瑞的班主任陈老师与资源教师之间合作调整他的学习环境与学习内容，并与家长合作，丰富羽瑞的课外生活后，羽瑞渐渐愿意学习，愿意与班上同学一起学习，自信心增强，逐渐变得开朗起来。

通过以上案例分析可见，对学习障碍学生的教育应当注意如下方面：第一，有效的融合教育需要多方力量的共同努力，学校行政人员、普通教师、资源教师、家长应该加强沟通，携手合作为学习障碍学生提供充分的支持。第二，创设良好的融合教育环境，选择合适的融合教育策略。一方面，需要引导同伴真正接纳学习障碍学生。另一方面，需要对融合教育课程、教学方法、物理环境等做出调整，找到促进学习障碍学生学习的有效途径。总而言之，学习障碍学生的融合教育需要各方在正确认识学习障碍学生的特点后，积极接纳，进而促进他们全面发展。

【推荐阅读】

[1] 路得·特恩布尔,安·特恩布尔,玛里琳·尚克,等.今日学校中的特殊教育(上册)[M].3版.方俊明,汪海萍,等译.上海:华东师范大学出版社,2004.

[2] 西尔弗.别误解了孩子:理解和应对孩子的学习障碍[M].廉黎平,译.北京:北京师范大学出版社,2009.

[3] 爱德华·哈洛韦尔,等.分心不是我的错[M].丁凡,译.太原:山西教育出版社,2011.

[4] 赵微.学习困难儿童的发展与教育[M].2版.北京:北京大学出版社,2020.

[5] 张微.学习障碍的评估与矫正[M].武汉:华中师范大学出版社,2013.

[6] 孟瑛茹.激发特殊生的潜能:学习障碍儿童辅导手册[M].北京:首都师范大学出版社,2016.

[7] 张英熙.从失落到接纳:特殊儿童家长心理支持团体实务[M].台北:心理出版社,2017.

[8] 王琼珠.学习障碍:理念与实务[M].台北:心理出版社,2018.

【本章小结】

学习障碍学生是有特殊需要学生中人数较多的一类,其特点在学龄前表现得不明显。进入小学阶段后,生理、心理、学习方面特征逐一凸显。国外学习障碍小学生的融合教育经历了从隔离到融合进而强调高品质融合的过程。针对我国大多数学习障碍小学生处在融合教育环境的现实情况,学校尤其是教师需要根据学习障碍学生的特点调整物理、心理环境,加强学习策略教授等教学指导,适当调整班级管理,注重家校合作,为小学学习障碍学生适应融合环境提供支持。本章最后提供小学学习障碍学生融合教育的典型案例,此案例中教师根据学生心理、学习方面的特点,对学习环境、课程内容、教学策略、评量方法等做出适当调整,使学生得到适宜发展。

思考与练习

1. 选择一名学习障碍学生,对其进行细致观察,试总结其心理和学习特点。

2. 请设计促进学习障碍学生与普通学生交往的班级团体活动,想想在活动设计中需要注意哪些问题。

3. 针对学习障碍学生在学习过程中可能面对的挑战,从教学的角度谈一谈你有什么可以应对的小妙招。

4. 请思考:作为教师,应该如何与学习障碍学生的家长进行有效的沟通?在沟通时应该注意哪些问题?

第九章　情绪与行为障碍学生的融合教育

学习目标

1. 了解情绪与行为障碍学生的生理特点、心理特点和学习特点。
2. 了解情绪与行为障碍学生的融合教育发展历程及启示。
3. 掌握情绪与行为障碍学生的融合教育策略。

【案例导入】　班里有一个小女孩笑容甜甜的，性格温柔恬静，就像小白兔一样惹人喜爱，但她的情绪完全不受控制，各种让她感到压力或不满的事都可以让她瞬间"变脸"，先是嚎啕大哭，继而情绪失控，最后发展为攻击他人或做出各种破坏行为。刚开始发生这种情况时，班主任试图耐心教育，可说教只会让她的情绪继续失控，变得愈发暴躁。心理医生的诊断结果是：这孩子是一个情绪与行为障碍儿童。

对于"小白兔"的问题，班主任决定采取四个策略进行干预。

通过观察，班主任发现"小白兔"乐于助人，喜欢美食、看书和画画。于是，每有突发状况，班主任会首先表示对她的关心，然后再以示弱和求助的方式转移她的注意力，让她从情绪困境中走出来，摆脱不良情绪的控制。此外，班主任的办公室还长期备着各种零食以及课外书籍、美术用具。

"小白兔"的坏情绪导致很多同学都不敢与她交往，于是班主任便安排班长与她同桌，又找来几个女同学组成爱心小分队，再对她们进行培训，让她们学会如何取得"小白兔"的信任、如何与她相处、如何调解她与其他同学的矛盾等。在同学们的帮助下，"小白兔"逐渐能够参与班级讨论，开始正确表达感情，能与其他同学较好地互动。

除此之外，通过家长，班主任与"小白兔"的医生取得了联系，"小白兔"每次去做治疗，家长都会告诉班主任治疗的详情和结果。班主任也会把"小白兔"在校发生的、值得关注的事件及疑惑告知医生，寻求专业心理医生的建议；班主任还积极组建班级教师辅导团队，与学校心理老师联系，让他们介入"小白兔"在校干预。

每当"小白兔"情绪失控时，班主任都会与家长回顾危机事件的发生过程，共同探讨产生情绪障碍的原因，以了解她在校及家庭中诱发障碍的心理应激因素。通过不断增进对孩子情绪障碍的认识，以及心理医生等专业人员的帮助，"小白兔"的父母逐步调整了与孩子的相处方式。借助有效的家校沟通，父母也能进一步帮助"小白兔"理解他人、学习正确的情绪表达方式。

通过实施以上策略，这个"脾气大"的小女孩在普通班也能享有公平教育的机会，实现了真正的融合。

思考：

1. 结合"小白兔"的特点，想一想情绪与行为障碍学生有什么样特点？
2. 情绪与行为障碍儿童都表现得像这位脾气大的"小白兔"吗？还有其他的特点吗？
3. 班主任做了哪些措施帮助这位"小白兔"？

第一节 情绪与行为障碍学生的特点

情绪与行为障碍（Emotional and Behavioral Disorder，EBD）目前还没有一致的定义。美国《所有障碍儿童教育法》在特殊儿童的分类中将情绪与行为障碍儿童简称为有严重情绪困扰的问题儿童或情绪障碍儿童，并做出了如下描述：情绪障碍儿童可能具备以下一种或者几种特征，并持续较长时间，程度较为严重，已经对学业和生活造成了不利影响。①既不是由智力、感官残疾，也不是由其他健康条件引起的学习低能。②不能与同龄人、伙伴、家长、教师建立或维持令人满意的人际关系。③在正常的环境条件下，也会出现过度的情绪困扰和令人难以接受的行为方式。④长期伴有不愉快的心境和抑郁、沮丧、压抑感。⑤在个人和学校生活中遇到困难时，有出现生理症状后产生恐惧的倾向。[①]

我国学者对情绪与行为障碍概念的界定也存在争议。方俊明认为情绪与行为障碍儿童是学校教育中最具有挑战性的一类儿童，根据障碍程度、控制程度和障碍行为后果的不同会呈现出差异性特征，但这些儿童共同表现为在没有智力障碍和精神失常的情况下与其所处的社会情景和社会评价相违背，在情绪上和行为上显著地异于常态，且妨碍个人对正常社会生活的适应。[②] 李闻戈则将情绪与行为障碍儿童分为外倾型情绪与行为障碍儿童和内倾型情绪与行为障碍儿童。其共同特征是没有智力障碍和精神失常，但情绪与行为表现显著地异于常人，与社会规范相违背，影响个人的社会适应，并且严重者将对他人、对集体，以及对社会产生危害性。[③]

《中国精神障碍分类与诊断标准》第三版（CCMD-3）中将情绪与行为障碍分为多动障碍、品行障碍、情绪障碍三大类。多动障碍分为"注意缺陷与多动障碍（儿童多动症）、多动症合并品行障碍、其他或待分类的多动障碍"三小类。品行障碍分为"反社会性品行障碍、对立违抗性障碍、其他或待分类的品行障碍"三小类。情绪障碍分为"儿童分离焦虑症、儿童恐惧症、儿童社交恐惧症、儿童广泛焦虑症、选择性缄默症、儿童反应性依恋障碍"等几类。[④]

---

① 李闻戈.情绪与行为障碍儿童的发展与教育[M].北京：北京大学出版社，2012：21.
② 方俊明.特殊教育学[M].北京：人民教育出版社．2005：363.
③ 李闻戈.情绪与行为障碍儿童的发展与教育[M].北京：北京大学出版社，2012：4.
④ 刘秀珍.融合教育环境下情绪与行为障碍儿童社交技巧教学之成效研究[D].重庆：重庆师范大学，2014.

综合以上观点，情绪与行为障碍指情绪和行为方面表现显著异于他人，并因此造成个人社会适应困难或影响他人的社会生活，但是与智力障碍和精神失常无关。常见类型有：多动障碍、焦虑障碍、攻击性行为、品行障碍等。

在我国17岁以下的儿童和少年中，至少有3000万人受到各种情绪障碍和行为问题的困扰，并且数量明显呈上升趋势。①

情绪与行为障碍学生的身体外形特征与普通人基本一致，但是心理特点差异显著，并影响着他们的学习与发展。下面主要介绍情绪与行为障碍学生的生理特点、心理特点和学习特点。

一、生理特点

情绪与行为障碍儿童与普通儿童相比，在生理上并无明显差异，但由于其亚类型所表现出来的多动、焦虑、攻击性等特征，可以猜测其脑部神经发育具有一定差异性。研究表明，患有严重情绪与行为障碍的儿童中有很高比例存在神经心理问题，如多动症儿童常伴随有神经损伤，脑电图异常率高，慢波活动增加，存在中枢神经系统成熟延迟或大脑皮质的觉醒不足。同时，严重情绪与行为障碍儿童容易引发身体体质的变化。如厌食症儿童常表现得极度消瘦，常伴随营养不良、代谢、内分泌障碍、睡眠障碍等症状，患者在发病数月内体重会急剧下降；多动症儿童存在发展性协调困难，以及伴有睡眠障碍、抽搐等问题。

二、心理特点

（一）认知

1. 注意

情绪与行为障碍儿童在注意方面存在着诸多问题，比如，持续注意较弱，难以长时间将注意力集中在当下的任务上，注意的品质不高，表现为注意力不集中、不能按时完成作业、上课不注意听讲。注意力缺陷会影响视觉、听觉信号的输入和信息的处理速度，从而影响他们在学业上的表现。具体地说，与一般同龄儿童相比，这类儿童缺乏专注及贯彻到底的能力，常常是一件事情没有做完又去做另一件事情。轻者，对感兴趣的故事或电视尚能集中注意听讲或观看。重者，对任何事物都不能集中注意力，不能从始至终地做完任何一件事。在执行需要使用脑力、注意细节的任务时，这些缺陷表现得尤为明显。还有的儿童表现为脑力易疲劳，完成短时间的任务尚可以集中注意，时间稍长就表现出注意维持困难。②

2. 记忆

部分情绪与行为障碍儿童记忆不佳，主要表现为对工作记忆的信息处理能力不佳。工作记忆是个体在执行认知任务的过程中，对信息暂时保持与操作的能力。它可以帮助我们集中注意力、抵制注意分散以及指导我们在比较复杂的活动中作出决

---

① 何侃."情绪与行为障碍儿童教育"课程建设的研究与实践[J].南京特教学院学报，2008(1)：66.
② 唐健.情绪行为异常儿童教育[M].天津：天津教育出版社，2007：118.

定,如心算、阅读理解以及推理工作。① 工作记忆缺陷是很多学习障碍、情绪与行为障碍儿童的重要特征。② 国内对情绪与行为障碍儿童工作记忆的研究结果表明,与普通儿童相比,情绪与行为障碍儿童的工作记忆存在明显缺陷。这就可能使得情绪与行为障碍儿童在完成阅读任务等学习任务中没有更好的表现。

（二）人格发展

1. 情绪与个性

（1）外倾型:外倾型的情绪与行为障碍儿童的情绪十分不稳定,通常表现为固执、好斗、爱挑衅,有的甚至具有反社会行为。他们脾气猛烈,稍有不如意,便容易暴跳如雷,以大叫大跳、大声哭闹来发泄情绪。此外,他们往往坚持自己的无理要求并且难以妥协,十分任性冲动。

（2）内倾型:内倾型的情绪与行为障碍儿童经常表现为社会性退缩,沮丧、自卑和焦虑,有的甚至会陷入抑郁。他们经常情绪低落,对于外界活动的兴趣不高。有的由于恐惧和焦虑,甚至会表现出躯体的疼痛。内倾型儿童即使在受到同伴的嘲笑与攻击时,也不会有很强的反抗。③

2. 自我概念

情绪与行为障碍儿童自我概念较低,容易随波逐流,盲目跟从,缺乏对自我的认知与思考,对自我关注不高,喜讨好他人,缺乏自信。

3. 角色认同

情绪与行为障碍儿童较难形成正确的角色认同。正确的角色认同是明确自己的目标并对当下所做的事情感到满意以期实现自己的目标,成为自己心中期待的形象。情绪与行为障碍儿童对自己的认知较低,使得他们在角色认同方面也处于较低水平,难以实现较满意的角色认同。

（三）社会性发展

情绪与行为障碍儿童很难与他人建立良好的亲密关系,有的表现为社会性退缩,害怕与陌生人接触。有的则表现出攻击性行为。多项研究显示,情绪与行为障碍儿童比普通的同龄人更少对他人有同情心,更少参与课程活动,更少与朋友联系,因此很难建立起高质量的友谊。外倾型情绪与行为障碍儿童经常会违反课堂纪律或者不遵守规章制度等。这些不良行为表现会反过来影响他们与教师和同伴之间的关系。即使有些外倾型的情绪与行为障碍儿童偶尔也会得到同伴的接纳,但是由于他们缺乏同情心,也很难建立和发展与同伴间的友谊。有研究者认为有内倾型情绪与行为障碍的儿童,经常表现出一些退缩与消极的行为,逃避与教师和同伴之间的人际交往,不乐于参与学校的各类活动。由于缺乏保持友谊的社会交往技巧,他们通常在学校的社会地位较低,常常是他人欺负和嘲笑的对象。

---

① 李苗,赵微,王庭照,赵娅琪,李雷雷. 国内外多动症儿童阅读发展探究[J]. 北京第二外国语学院学报,2018,40(4):24—40.

② 张微. 注意缺陷多动障碍(ADHD)儿童的工作记忆:基础加工缺陷还是执行功能问题[J]. 心理与行为研究,2016,14(4):438—445.

③ 李闻戈. 情绪与行为障碍儿童的教育[M]. 北京:北京大学出版社,2012:5.

三、学习特点

（一）学习动机

情绪与行为障碍儿童学习的主动性差，缺乏学习的内在动机。大多数学生缺乏学习的积极主动性，不能够做出自主的学习行为，即使对自己感兴趣的内容也很难自我发起学习行为，对于自己的学习效果也缺乏自我评价和自我监督机制。

（二）学习过程

情绪与行为障碍儿童在学习过程中过于依赖直观性材料。由于他们大多数存在注意障碍，对于简单的学习任务他们也需要努力地集中注意力才能完成。进行抽象的高级思维活动的时候，如果没有具体形象事物的指导，他们将很难理解知识，需借助直观性材料在物质化情境中逐渐理解内化。他们在学习过程中容易受到外界的干扰，学习的坚持性差。由于注意力方面存在缺陷，他们很难长时间将注意力集中在任务上，这导致他们很容易受外界事物的干扰而分心。即使在安静的环境中学习，由于注意力难以维持，仍然很难长时间坚持学习。在解决较难的题目时更是如此，他们无法通过自我设问、自我回答去解决问题。

（三）学习策略

情绪与行为障碍儿童缺乏学习策略，包括认知加工策略和社会性策略。在认知加工方面，由于情绪与行为障碍儿童的注意力稳定性和集中性较差，他们无法很好地对学习材料进行认知加工。并且他们学习合作性差，内倾型的儿童在交往过程中通常表现为退缩回避行为，害怕与人交往；外倾型的儿童常常过于自我，很难换位思考，在合作中如果他人不顺从他的意思可能就会引发争执与不快。他们在合作中很难有良好的表现，缺乏合作技能，所以很难在学习中寻求老师、同伴的帮助。

（四）学习效果

大多数情绪与行为障碍儿童与同龄普通儿童相比较，学业成就表现明显落后。这与他们的心理特点有着密切的联系，比如在课堂上难以集中注意力，上课无法专心于学习内容和教师的指令，也无法持久参与课堂互动。研究表明大部分情绪与行为障碍儿童都会有学习困难，这种困难与情绪与行为障碍儿童的不正当行为有着密切的关联。比如思维过于活跃、学习方法不当等。目前暂无研究表明他们的智力是否低于普通儿童。

（五）其他：敏感与过度反应

情绪与行为障碍儿童对外部事件和与学习本身无关的事情反应过度敏感，常常因小事而造成情绪、心理，甚至生理上的不适。比如有的情绪与行为障碍儿童一进入教室就会感觉头晕目眩，甚至产生想呕吐等生理反应。

第二节　情绪与行为障碍学生融合教育发展历程及启示

情绪与行为障碍儿童由于很难与人建立起亲密关系，通常在学校中被视为问题儿童。经过一个多世纪的发展，国际上情绪与行为障碍儿童的教育取得了丰富的理论成果和干预经验。

一、隔离教育

早期的特殊教育学校是为聋哑儿童、盲童与智障学生开设的。早期针对情绪与行为障碍儿童的教育场所主要是儿童精神病院和收容所。这种形式的收容所很少让儿童受到专门的教育，有时甚至会对儿童产生精神与肉体的摧残。流浪儿童收容所是专门给有严重情绪与行为障碍儿童设置的，当时的教育改革家认为要给孤苦脆弱的儿童以集中教育，否则他们成年后会危害社会。这种机构始建于19世纪的美国，同时美国还发起了"拯救儿童"的运动，这个运动不久传到了英国，但是这一时期针对情绪与行为障碍儿童的专门教育活动仍然缺乏。随着社会文明的发展，人们开始认为儿童犯罪并非他们想犯罪，而是缺乏社会关爱，社会、成年人对他们忽视所致。在新观念的驱使下，新的教育模式诞生了：实施介于教育与惩罚性质之间的特殊教育的学校，即工读学校成立。[①]

美国第一所为有行为问题学生开设的特殊教育学校招收一些住在城市里并存在青少年犯罪倾向的学生。这种学校设置了一些手工训练课程作为正常教育课程的补充。1890年，许多有行为问题的学生开始在这种学校中学习缝纫、木工、烹饪、绘画等课程。此外，学校也开设了帮助学生建立"社会价值观"的课程，其中特别强调对非裔学生进行"道德教育"的训练。当时，主流社会普遍认为非裔是野蛮人种，需要"教化"。

在早期的美国普通学校中也有特殊教育班，但是这些班其实就是跟不上学业进度、调皮捣蛋者的"收容所"。法雷尔（Farrell）曾在他的文章中描述过20世纪初期纽约市公立学校特殊班学生的情形：这些学生是从每个年级中挑出来的有行为问题的学生，年龄从8岁到16岁不等。这些学生跟不上学校的学习进度，最感兴趣的事情是在街上混。其中有的学生能够用不同方式在校外赚不少的钱，还有相当部分学生常常给警察找麻烦，但未达到犯罪的程度。多数特殊教育班的学生被校方以直接或间接的方式强迫退学。[②]

可以看出，早期美国对于情绪与行为障碍儿童的教育是十分野蛮的，认为他们是需要隔离与"教化"的，而非需要提供合适的教育。最多就是让他们不要去犯罪，不要危害社会。隔离的教育忽视情绪与行为障碍儿童的特殊需求，无法给他们提供更有质量更公平的教育。

二、多元安置

随着相关法律的颁布以及"回归主流"运动的开展，国际情绪与行为障碍儿童的教育走上了融合之路。

---

① 李闻戈．情绪与行为障碍儿童的发展与教育[M]．北京：北京大学出版社，2012：9—10．
② 任颂羔．特殊教育发展模式．[M]．北京：北京大学出版社，2012．

目前，国际对情绪与行为障碍学生的安置形式主要有8种，按照环境的限制程度分为：①普通班，有助理、顾问咨询，以及心理卫生服务的配合。②配备危机处理的教师或资源教师的普通班，提供普通班教师咨询时间和减少学生在资源班的时间。③普通学校设立自足式特教班，学生部分时间回归普通班。④特殊教育的日间学校，学生白天到学校上课，晚上回到家中。⑤医院的日间留院。⑥学生白天在医院接受治疗或教育。⑦在家接受教育。⑧设在少年拘留所或监狱的学校。①

严重型的情绪与行为障碍儿童才会安置在替代性学校。而替代性学校的入学标准主要有以下4项：①满足某种形式的危险标准；②被普通学校停学或开除；③在普通教育环境中有破坏性行为；④在传统学校环境中无法取得成功。②

三、高质量的教育干预

在融合的背景下，情绪与行为障碍儿童的高质量教育逐渐受到关注。在了解具体的教育干预项目之前，先介绍关于情绪与行为障碍学生的教育干预反应模式。

（一）干预反应模式

表 9-1 情绪与行为障碍学生干预模式表③

内容	Tier1(第1层)	Tier2(第2层)	Tier3(第3层)
名称	积极行为支持系统	补充性教学	密集干预
对象	预防所有学生出现行为问题，为促进学生取得重要的社交技能和学习成果而提供的一系列策略	针对可能有问题行为的学生的专门矫正策略	大约3%~5%的学生需要密集的支持
做法	全体筛查出可能有情绪问题的"高危"学生	由支持性人员小组干预，继续实施第1层的高质量预防性策略	基于问题学生个体特征的密集性干预
团队	管理者、所有年级的普通教育教师、学校心理学家、社会工作者、课程专家、家长代表	每个年级的代表教师、校长、学校心理学家和社会工作者、课程专家	4~8个专家、特定教师、特殊教育和普通教育平衡的教师、家长、其他领域专家
责任	运用资源配置，分析学校范围内学习/行为数据，确定差异教学的目标，提出某个年级水平的需要，回顾实施干预以来的系统性数据	回顾普遍性筛查的数据，通过差异教学给需要额外支持的学生提供帮助，关注核心课程，如有需要和第1层团队合作	持续性分析数据，应用监控数据解释个别化学生的进步，协调个别化干预

---

① 谢静仁，陈设立.中国特殊教育新进展(2000—2010)[M].北京：高等教育出版社，2013：126.
② 李林，向友余.跨文化情绪与行为障碍学生教育与安置对比研究[J].绥化学院学报，2013，33(10)：133—135.
③ 夏峰.我们从这里起步——上海长宁区特殊教育新发展(2012年)[M].北京：中国文联出版社，2012：367.

(二) 干预项目

对于情绪与行为障碍学生的教育主要进行集体干预与个别化教育。个别化教育团队的主要成员有：普通教师、特教教师、学校管理者、心理卫生工作者、助教、情绪与行为障碍学生。团队主要通过举行个别化教育计划会议发挥作用。[①] 学生的鉴定与评估、安置、教学调整等都由个别化教育计划团队来统筹决定。

情绪与行为障碍儿童的教育干预内容主要分为以下几个方面[②]：

1. 社交训练

与他人合适地相处是情绪与行为障碍学生成功社交的标准之一。开始对学生进行社交技能训练之前，需要对学生的社会交往的优势和弱势进行评估。评估可以帮助确定学生的个人需求，监测训练进度，并评估教学策略的可行性。教师可以通过直接的观察和功能性行为评估，借助行为评定量表或同伴评定量表，识别情绪与行为障碍儿童的社交优势和确定需要的干预措施。通常，学生社会技能的习得要先确定学习的技能，教师再为学生设计学习技能的步骤。学生接受社交训练后要有反馈，最重要的是，教师要为学生"提供技能实践的机会"。教师也可以布置家庭作业，这样所学的技能就可以被练习和应用到新环境当中去。当学生在新的环境中表现出社会技能时，他们的学习就发生了迁移，也就是习得了这样的技能。

2. 认知行为干预

认知行为干预旨在使用自我交谈和内部言语（口头自我调节）纠正错误行为。简言之，就是通过自己与自己对话以解决问题行为和其他行为。认知行为干预经常被认为是"停止—思考"策略模式。问题解决过程是认知行为干预中的一种类型。它是一个十分有用的认知过程，可以帮助学生更好地分析白天的社交活动和自我控制情况。问题解决过程包括一系列思维步骤，旨在识别和定义问题，生成一个解决问题的菜单，从中选择一个高效的解决方案，并制订计划加以实施。

3. 自我控制

实现真正的自我管理始于学生对自己的行为负责，认知过程的成功以不使用外部系统（强化和惩罚）时能正确进行自我管理为标志。教学生学会自我管理最重要的步骤就是减少或者淡化教师对学生控制行为的参与。教师和其他服务提供者可以帮助有情绪与行为障碍的学生学会自我管理策略，并使用认知行为干预策略增强自我调节功能。

四、启示

（一）健全法律保障体系

法律制度的不断完善可以为有特殊需要的学生提供更多在普通学校接受平等教育的机会。可以说法律的健全为特殊儿童的融合教育保驾护航。目前关于我国

[①] 胡芬. 美国情绪与行为障碍学生（6—21岁）的教育干预[J]. 社会福利（理版），2015(04)：44—48.
[②] Smith S W, Taylor G G. Educating Students with Emotional and Behavioral Disorders[C]. 2010：678—685.

情绪与行为障碍儿童接受特殊教育服务缺乏明确的法律规定,仅在《中华人民共和国残疾人保障法》中以"精神残疾"笼统指代。这使得情绪与行为障碍儿童平等参与教育的权利缺乏保障,对于进一步推进我国情绪与行为障碍儿童的融合教育是十分不利的。

（二）确立诊断评估标准

情绪与行为障碍儿童的教育之所以没有取得较好的发展,与对于"什么是情绪与行为障碍儿童""怎样鉴定情绪与行为障碍"这两个问题没有做出很好的回答有很大的关系,这也使得后续的安置及教育工作不能顺利地开展。我们需要在借鉴国外的鉴定标准的同时结合我国实际情况,将诊断和评估体系标准化和本土化,为情绪与行为障碍儿童的安置与教育提供更为科学的依据。做好评估与诊断工作有着重大意义,早发现、早干预,把握儿童发展的关键期干预效果会更好。若到了青少年时期进行干预,情绪与行为障碍儿童的教育问题将更为棘手。

（三）提供多元安置形式

由于我国目前尚未将情绪与行为障碍儿童正式纳入特殊教育对象,他们大多数和普通学生一样在普通学校就读,部分学生可能因为严重的行为问题或犯罪问题被转介到工读学校,还有一些学生可能由于无法适应学校生活而中途辍学在家,或在医院接受治疗等。无论是工读学校还是普通学校可能均无法满足较为严重的情绪与行为障碍儿童的多方面需求,而医院提供的门诊治疗或住院治疗也无法为学生提供适合的教育。对于那些拒绝上学的儿童,我国也没有过渡机制或机构帮助其逐步回归普通学校。由此可见,从安置形态来看,以上几种安置形式间缺乏连续性。因此,如何在我国目前已有条件下,建构多元且连续的安置形式,以满足不同程度情绪与行为障碍学生不同阶段的需求,是我国情绪与行为障碍儿童教育必须思考的问题之一。我们需要建立连续性的安置体系,帮助情绪与行为障碍学生在不同的阶段、不同的环境中得到适当的教育。

（四）建立科学干预模式

我国对于情绪与行为障碍学生的干预还只是停留在个案的摸索阶段,尚未形成专门的干预模式。即使学生在接受干预后有所改进,但是仍存在不少问题。对情绪与行为障碍学生的干预需从全面筛查后对所有学生建立积极行为干预支持系统,到对部分可能存在情绪与行为障碍问题学生进行补充性教学,再到基于学生个体的密集型干预,层层递进,紧密衔接,形成科学的干预模式。

（五）提高融合教育质量

"随班就读"是融合教育在我国本土化的特色成果,但是"随班就读"在实践中有时成了"随班混读"。这与融合教育的初衷是背道而驰的。融合教育缺乏高质量的专业教师,而普通教师在教学中忽略差异性,采取满堂灌的做法,这些都使得情绪与行为障碍学生的融合教育在落实中难以取得好的效果。他们只是老师眼中的差生与不爱学习的孩子。没有恰当的教育教学措施的干预,无法保障情绪与行为障碍学生的融合教育质量。提高普通学校教师的教师素质,建立个别化教育团队,实施科学的教学策略,为情绪与行为障碍儿童在普通班级中真正实现融合和接受良好教育提供了可能。

第三节　情绪与行为障碍学生的融合教育策略

情绪与行为障碍学生的生理、心理、学习发展特点存在显著差异,这要求普通学校教师应掌握符合情绪与行为障碍学生特点的教学技能,采取特殊措施帮助他们实现德智体美劳全面的发展。

一、环境创设

(一) 普通班级

真正的融合班级需要让每一名学生感受到归属与尊重,包容与理解。由于存在情绪与行为障碍,他们常常难以控制自己的情绪,在与他人交往过程中需要更多的理解与帮助。教师需要指导普通儿童认识和了解情绪与行为障碍学生,并逐渐接纳他们,一起创设包容有爱的班级环境。

下面是一个情绪与行为障碍学生的心里话。

我不坏,我有话要说

我经常容易走神,注意力不集中,作业完成不好,学习成绩差,请不要笑话我,我需要更多的时间,请多一些接纳与尊重。

我有时很难控制自己的行为,在完成一些指令时,可能比较困难,尤其在团体作业中,请多给我一些提示和帮助。

我有些自卑、害怕和焦虑,我想和你成为朋友,可是我不知道怎么办,我只好安静不说话。请多给我鼓励与包容,多一些耐心与我相处,我也需要朋友,需要被爱与尊重。

我有时会控制不住自己的行为,对周围人群充满敌意,如果造成了伤害,我十分抱歉和懊悔。但是请不要放弃我。

我在平时如果有好的、适当的行为和表现,请及时肯定我,多鼓励我,我会越来越好的。

(二) 资源教室

资源教室在普通学校中设置专为特殊学生提供适合其特殊需要的个别化教学的场所(教室),这种教室会聘有专门负责特殊教育工作的资源教师,以及配置各种教材、教具、教学媒体、图书设备等。学生于特定的时间到此接受特殊教育,其他时间仍在普通班级中上课。其目的是为学生和教师提供教学上的支援,以便使学生继续留在普通班级,并促进学生的学业、行为和情绪的发展。[1] 资源教室具有不同的分

---

[1] 徐美贞,杨希洁.资源教室在随班就读中的作用[J].中国特殊教育,2003(4):14—19.

区(图 9-1、图 9-2、图 9-3、图 9-4 是各资源教室分区照片),情绪与行为障碍学生主要的活动场所在心理辅导区(沙盘游戏区)与训练康复区(感觉统合区)。

图 9-1　沙盘游戏区

图 9-2　教师带学生进行沙盘游戏

情绪与行为障碍学生在随班就读中会面临许多问题,例如,学会如何发起交往,如何参与团体活动,如何维持友谊等。尤其是有焦虑症、抑郁症等情绪与行为障碍学生在与普通学生交往的过程中常常表现出退缩与回避行为。需要教师帮助他们学会控制情绪,建立信心,积极努力地改善自身与其他同学、教师的关系。教师可以通过几种方式进行心理疏导工作:对于小学低年级的学生,教师可以带领学生进行沙盘游戏治疗,在沙盘游戏中帮助学生释放自己的情绪。对于小学高年级的学生,教师可以根据具体情况为其提供心理辅导。心理辅导服务常规是每星期服务一次至两次,每次持续 30 分钟,辅导形式可以是一对一辅导或者以小组形式辅导,小组辅导的师生比例以 1 位心理辅导教师对应 5 名学生为宜。[①] 积极利用资源教室可舒缓情绪与行为障碍学生的心理压力。

图 9-3　S形平衡木

图 9-4　宽平衡木

(三)营造全校参与的氛围

"全校参与"融合教育模式是指在校长的领导下,学校订立校内融合教育规范,建立兼容的学习环境,推动教职员工协力帮助有特殊教育需要的学生。具体来说,学校要推行协作教学,倡导全员参与及同辈互助,根据学生的个体差异与身心特点

[①] 任颂羔.特殊教育发展模式[M].北京:北京大学出版社,2012:57.

因材施教,根据学生的不同需要,提供技术支援。还可以邀请家长参与个别化教育会议,共同制定及检讨学生的学习目标和进度计划。①

同时,学校应建立尊重学生差异、欣赏学生能力、发掘独特潜能的一致的价值观和共融文化,整合和弹性调配校内资源,推行有效的教学策略,采用多元的评估方法,建立包容的学习环境,推动教职员工协力帮助有特殊教育需要的学生。②

构建一个尊重、包容、接纳的校园环境具有重要的作用,教师应该在班级中教会学生尊重差异,学会共生,学会合作,并且教师之间进行合作教学,积极营造融合教育的氛围,使得情绪与行为障碍儿童能够在普通学校中被接纳,实现良好发展。

二、教学指导

(一) 多动障碍学生的教学指导

1. 课程调整

根据多动障碍学生的认知特点,我们需要对课程进行适当的调整。首先,在课程目标方面要设计个别化的目标,以增加学生在课堂上专心、安静听讲的时间为目标起点,然后慢慢达到认真学习、吸收课程内容的目标,要看到学生在这一目标达成过程中的进步,不能急功近利,看不到学生的进步与发展。其次,在课程内容方面要进行适当的调整,以适应多动障碍学生的注意力易涣散的特点,要将课程内容分为可按小的步骤进行教学的内容,并且要以更加具体形象的方式呈现,可以用更加鲜艳的色彩或者生动活泼的形象教具等,课前做好教学设计。最后,在多动障碍学生跟不上课堂教学进度的时候应该提供支持性的课程或者配备辅助教师。

2. 实施教学

教学过程要丰富且生动,吸引多动障碍学生的注意力。在教学的过程中教师要学会利用以下策略:

(1) 行为管理法

利用正强化的行为干预技术可以减少学生的多动及注意力分散问题。正强化包括口头赞扬、社会性的赞扬、社会性的接触(拍肩膀、拥抱、拍手掌)、物质强化、代币制、合同制等方式。在减少多动行为的同时,教师应该注意开展适当的活动以减少不当的行为。③课堂中,教师应该及时调动多动障碍学生上课的积极性以增强其参与感,在学生走神时给予适当提醒,并且在多动障碍学生表现良好时给予准确的奖励。

(2) 认知行为的介入

认知行为介入旨在结合自我指导和问题解决方法来增强注意力,减少冲动性。自我指导是一种系统的教学方式,其方法为:①教师一边大声说,一边示范正确的行

---

① 雷江华,连明刚.香港"全校参与"的融合教育模式[J].现代特殊教育,2006(12):37—38.
② 明兰.香港"全校参与"的融合教育模式及启示[J].云南财经大学学报(社会科学版),2012,27(3):148—151.
③ 邓猛.特殊儿童的教育[M].北京:中央广播电视大学出版社,2011:199.

为或相关活动以解决问题,学生观察并学习。②学生一边大声说,一边开始做相关动作或活动。③学生一边小声说,一边做相关动作或活动。④学生一边默述,一边做相关动作或活动。学生使用这种自我指导的方式可以降低冲动性,改善多动的行为。①

(3) 同伴指导策略

根据维果茨基的最近发展区理论,儿童在成人或者比自己能力高的同伴指导下可以取得比自己现在更好的成就。因此教师要多设计小组活动,安排好的学习榜样与情绪与行为障碍学生组成小组,让情绪与行为障碍学生在与他人的互动下学会合作,与他人建立良好行为的关系,并且学会学习。

3. 认知策略训练

(1) 记忆术策略

记忆术是帮助有记忆问题的学生记住事情的方法。这些方法包括教学生使用首字的策略、关键字法和字钩法等。例如,一位老师可能使用首字语 HOMES 来帮助学生记住联结北美五大湖 Huron、Ontario、Michigan、Erie 和 Superior 的第一个字母并进一步记住五大湖。关键字法是选择一个图画和语音类似的字以便想起一个定义。例如,一位老师可能帮助学生画一头熊的动作以记住字"barrister"(律师)的意思。字钩法是使用节律的方法。例如,可借助想象(或画)"a gun being washed",由 wash 和 gun 的节律要素来记住美国第一位总统"Washington"。记忆术被认为可以帮助有学习、情绪与行为障碍的学生记住重要信息。

(2) 自我管理

自我管理的实施主要包括四个步骤:设定目标、自我监控、自我评价和自我强化。②

① 设定目标:帮助学生建立清晰可达到的目标,比如,上课专心听讲,举手才能说话,不打扰其他学生。需要注意的是目标不要太有挑战性或者具有压迫感,比如,我要考班级前三名。

② 自我监控:自我监控相当于自我记录和自我观察,包括对自身行为的系统性观察或记录。成功实施自我监控不是一件容易的事情,需要学生在教师的训练下掌握相关要领:

第一,选择并清晰定义目标行为,也就是何种行为发生时需要记录下来;

第二,选择适合自己的数据记录方法;

第三,初期教师需要指导学生进行自我记录的过程;

第四,学生独立地进行自我监控。

下面介绍两种自我记录的方式:

第一种:初期自我监控训练时的自我记录

适合初期进行自我监控训练使用的自我记录方式,可用来帮助在教室内、特别是难以专注学习的学生。可给予相关提示,如可用录音机定时发出给学生提供线

---

① 邓猛.特殊儿童的教育[M].北京:中央广播电视大学出版社,2011:200.
② 李芳,李丹.特殊儿童应用行为分析[M].2版.北京:北京大学出版社,2018:153—157.

索询问的声音(预录的声音时长可从 10 秒到 90 秒不等,平均间隔 45 秒),如,我是否……(通常是在注意状态下),同时学生在一张表格上自我记录反应情况。这个简单的流程能有效地增加学生专注学习的行为,这些学生的年龄从五岁到青少年不等,包括多动障碍和许多其他障碍的学生。

表 9-2 是进行自我监控的学生可用的记录表格范例,表 9-4 是自我监控活动的实例。

表 9-2 自我监控记录表格范例

姓名：＿＿＿＿＿＿＿＿＿＿ 日期：＿＿＿＿＿＿＿＿＿＿

上课前的准备：

当我听到第一个提示音时,我要回答关于我上课前准备的问题。

有没有做好下表所列的准备工作：

桌上放着铅笔		
课本翻到正确的页数		
桌上放着白纸		
其他东西放到书包里		
安静地坐着		
眼睛看着老师		

上课时：

当我听到提示声音时,如果我正专注于课业和我只有在举手后被叫到才说话,我就在记录表格内打勾：

	1	2	3	4	5
专注课业					
只有举手被叫到才说话					

教室内自我监控：

自我监控事项	完成情况
1.做事时没有干扰他人	☆ ☆ ☆ ☆ ☆
2.参与班上活动	☆ ☆ ☆ ☆ ☆
3.听和注意老师说话	☆ ☆ ☆ ☆ ☆
4.当我需要时会请求帮忙	☆ ☆ ☆ ☆ ☆
5.完成作业	☆ ☆ ☆ ☆ ☆
6.交作业	☆ ☆ ☆ ☆ ☆
……	☆ ☆ ☆ ☆ ☆

注：根据学生具体情况删减或添加自我监控事项,根据完成情况完成星星涂色。

其中：

5 颗星：表示完成很好。

4 颗星:表示完成较好。

3 颗星:表示完成一般。

2 颗星:表示完成较差。

1 颗星:表示完成很差。

表 9-3　自我监控活动实例

姓名:_____　　　　　日期:_____

作业检核表

有没有做好下表所列事项:

1. 在作业上写上姓名		
2. 所有句子的第一个字母都大写		
3. 句子结尾标点符号正确		
4. 回答了所有问题		
5. 检查了拼音错误		
6. 准时交作业		

第二种:自我监控训练后期的自我记录方式

适合自我监控训练后期使用的自我记录方式,不需要提示音。学生自己记录自己的行为,例如行为的发生次数、持续时间、行为的发生结果(如:写了几个字,完成了几项任务),如表 9-4 所示。

表 9-4　自我监控记录频率表

姓名:_____　　　　　日期:_____

指导语:当你专注工作或学习时,请在一个格子里填上"＋",当你并未工作和学习时,请在另一个格子里填上"－"。记住不要一次填满所有的格子。

我正在做_____

我正在做_____

自我监控策略使得学生逐渐地从外在的、教师决定的奖赏朝向内在的、自我管

理的方向发展。

③自我评价：学生在自我评价的过程中会增进对于行为的理解，有助于降低不适当的行为和提高学业上的表现。在自我评价中，学生可以采取五级评分法（如数字1~5分别表示好、不太好、一般、差、非常差）或者直接用"好"或者"不好"来评价自己的目标行为的完成情况。在学生进行自我评价之前教师要告知学生哪些行为是好的（如专心听讲），哪些行为是不好的（如不写作业、打扰他人）。学生可以通过模仿或者观看影片加深对于行为好坏的理解。

④自我强化：可让学生参与制订强化的方案，使学生产生成就感与满足感，从而帮助学生能够逐渐地通过他人的管理而转变为自我的管理。

（二）焦虑障碍学生的教学指导

1. 认知行为疗法

目前大量认知行为疗法（Cognitive-Behavioral Theory，CBT）治疗效果的研究显示，针对各种患有不同焦虑障碍的学生的CBT是有效的。典型的CBT主要针对三个方面实施：心理教育、应对技能、暴露和应急管理。[①]

（1）心理教育

实施认知行为疗法前，治疗师需要向学生解释减少过分焦虑的目标。认知行为疗法不是要消除学生所有的焦虑（包括适当的焦虑），而是通过适当的练习消除过度的焦虑。

（2）应对技能

实施认知行为疗法突出三种应对技能：放松训练、自我谈话和解决问题。放松训练可以采取不断放松肌肉和进行腹式呼吸的方法。自我谈话强调让学生学会面对问题而不是回避问题，尽管回避问题在短时间内会有效果，但要让学生学会进行积极的自我谈话，如"我可以""我现在很好"等，这可以改善不良的负面情绪。可以让学生学习解决问题的策略，相关策略包括识别问题、给出解决方案、评估和实施方案等。

（3）暴露和应急管理

暴露是一种打破恐惧刺激之间关联的行为，可提高理解能力以应对危险和恐惧反应。通常，教师可将恐惧分成层级告知学生。鼓励学生分层级地面对恐惧刺激进行应急管理，教师对他们的应对能力要进行预期检验，对他们进行有序的暴露练习。

2. 示范法

可以让学生通过观看影片、观察其他同龄学生接触和玩耍令该学生恐惧的事物时的表现。例如，让学生欣赏电影，电影里的其他孩童一边玩耍一边触摸该学生害怕的小狗，观看其他孩童快乐玩耍的电影情境能够减少该学生对于害怕事物的恐惧。又或者创建真实的现实场景，让学生观察其他同伴接近该学生所害怕的物体的表现。

---

① 董晓星.认知行为疗法在儿童焦虑症治疗中的应用[J].国际精神病学杂志，2013，40(3)：189—192.

3. 系统脱敏法

可以通过系统脱敏法让学生逐步减少对事物的恐惧，并且建立良好的新的行为。系统脱敏法强调渐进的过程。它的具体含义是指在儿童处于充分放松的状态下，让儿童想象自己处于恐惧或者焦虑的刺激情境之中，并让儿童从最不恐惧的情景到最为恐惧的情景，以小步子的方式渐进而缓慢地没有焦虑地——通过，从而降低恐惧感和焦虑感。由于儿童是逐渐想象自己处于从低到高的各种焦虑水平的情境，因此这一方法也称为缓慢暴露法。主要包括三个步骤：①肌肉放松训练：做好放松准备，获得肌肉的深度放松。②建立焦虑等级：根据观察和访谈的资料，将儿童焦虑的事件情景细化，描述产生各种不同程度焦虑的有关情境，并将这些情境按儿童焦虑等级从低到高进行排序。③具体实施系统脱敏法：确保儿童在完全放松的情况下，让儿童对情境进行想象，如果没有产生焦虑，约7~10秒钟后，可以示意停止想象这一情境，然后再次放松，在约15~25秒之后，再次想象那个情境。每个情境要求重复想象3~4次，如果儿童每一次对于这一情景都不会引起焦虑，就可以进入下一个情境了。[①]

（三）攻击性行为儿童的教学指导

1. 社会技能的训练

教师应在不同的场合利用各种机会教导学生正确的行为，设计并指导学生了解规范的意义。例如，开展游戏活动时教师要说明规则，使学生在游戏中遵守规定，并制定赏罚原则，使学生了解遵守规则的重要性及违规的处罚。[②] 通过在游戏中的训练，学生了解到正确行为可以赢得赞赏和肯定，而错误行为会受到惩罚，从而习得正确行为，学会与同学和老师建立良好关系。

2. 表演干预

表演干预主要由五个步骤组成：①情景模拟：创设具有代表性的，发生在日常生活中的情景。情景由人真实地表演出来。②讨论分析：在看完情景表演之后，每个人发表自己的看法，引导学生形成正确的认知。③示范表演：在观看和讨论完表演之后，要求学生围绕刚才的问题情景自己进行表演并提问：在这个情景中你该如何去做？④角色扮演：让学生扮演在生活中遇到的各种角色应有的行为，建立正确的行为。⑤巩固训练：鼓励学生在真实的生活中实践课堂中扮演的角色并持续一段时间，直到角色的良好行为成为自己的良好习惯为止。

3. 发作行为周期和事前矫正

攻击性行为的产生和发展存在一种周期性的规律，有研究者对此做出了清晰的呈现[③]，如图9-5所示。

---

① 伍新春,胡佩诚.行为矫正[M].北京:高等教育出版社,2005:228—234.
② 邓猛.特殊儿童的教育[M].北京:中央广播电视大学出版社,2011:203.
③ James M. Kauffman.情绪与行为障碍学生教育[M].罗湘敏,杨碧桃,黄秋霞,王志玫,译.台北:心理出版社,2008:312—315.

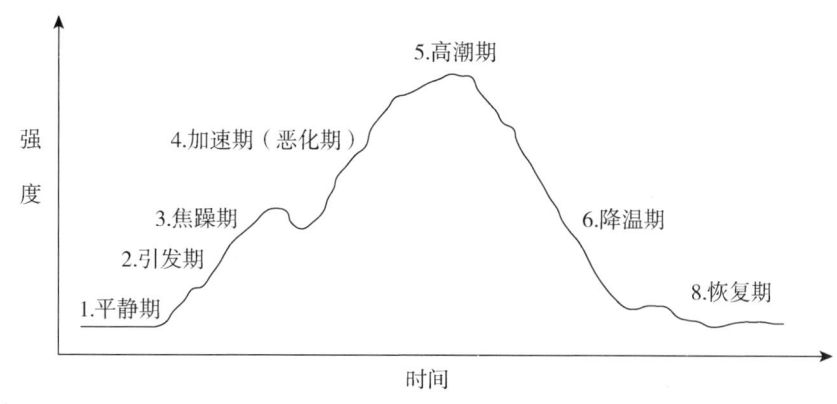

图 9-5 发作行为周期图

根据攻击性行为周期可采取一定矫正措施,具体见表 9-5。

表 9-5 事前矫正表

时期	学生状态	事前矫正(教师做法)
平静期	学生的行为看起来都是合乎期待且适当的,即学生是合作的、服从的	教师不能忽视绝大部分有攻击性行为的学生,至少有的时间学生所表现的行为是适当的,要善于发现其正确行为,并给予赞同和肯定
引发期	校内或者校外的不可控因素使得学生开始感到不安,但是表现不明显	教师要善于察觉、发现事件或者情况,然后采取行动帮助学生解决问题,避免事件逐渐扩大
焦躁期	学生处于焦躁状态,所有行为都没有焦点且不做作业	教师要察觉焦躁征兆,采取行动:让学生从事替代性活动,让学生实施自我管理计划或者运用其他具体方法帮助学生避免不良行为的爆发
加速期	学生会不服从、辱骂或者搞破坏,具有高度干扰性,企图迫使教师进入争论或强求老师的注意力	教师要避免被拉进争论中,使用危机预防策略,此时学生的行为已经难以缓和下来。教师需要向其明确后果,给予信息提示,让他在几秒钟内做决定。比如,"小明,你必须停止乱丢东西的行为,否则我就会叫校长过来。你有几秒钟时间做决定。"然后,最重要的是,要执行所说的后果
高潮期	学生的行为已经失去控制	此时可能需要叫警察或家长来,或把学生带离教室或学校。要处理此种失控行为,做好事前准备是很重要的,所以教师要尽可能保持冷静、有系统且有效地预防受伤或损害,且尽快进入降温期。如果学生频繁出现失控行为,教育人员应对环境及学校课业进行检视,以便发现需要改变的情况
降温期	学生通常开始不再争论,但仍在一种混乱状态之中。其行为可能会从退缩转变到否认,并为所发生的事情责怪他人,希望能做弥补。对老师的提示有反应且愿意做简单的作业	此时教师需要将环境恢复原状(如将书本拾起来、椅子放好、课桌清理干净),并回到例行活动中,帮助学生冷静下来。这个时候若向学生说明问题可能效果不大,学生可能不愿意谈及此事,或者无法思考整个事件产生的原因和规避的方式

续表

时期	学生状态	事前矫正（教师做法）
恢复期	学生在此时期很愿意做简单的抄写作业或做班上的简单工作，但是不愿意谈及有关发生的事情	首先，教师需要对学生表现出的适当行为给予强化，对于严重不当行为不能妥协。其次，向学生说明整个事件，回顾是什么引起了该事件，有哪些替代行为可以选择，若学生为了解决问题做过努力，也要对其加以承认，且要帮助学生制订一份计划以避免事件的再爆发。最后，教师需要向学生强调，在教师的帮助下，这种失控事件是可以避免的，他一定可以成功

三、班级管理

教师必须管理班级环境以减少情绪与行为障碍学生的问题行为，同时增加师生积极交流的频率，并将此作为形成积极行为和获取学业成功的基础。在设计和实施班级管理策略时，教师必须谨慎，避免使用强制的方法迫使学生参与和遵守规则。这种强制方法除了会引起学生的逃避行为外，并没有教学生该做什么，而只关注学生不做什么。[①]

（一）管理策略

1. 主动应对策略

主动应对策略是事先就设计好干预方式，防止问题行为的发生的策略。主动应对策略包括建构合适的课堂自然环境（例如，让最有问题的学生坐在最靠近教师的地方）、制定清晰的规则和提出形成适当行为的期望，以增加学生顺从的可能性为目标而对学生进行具体的指导，鼓励学生积极参与课堂学习和活动，以及用赞扬等正强化来激励适当行为。

2. 同伴干预和支持

借助同伴群体的力量是使情绪与行为障碍学生产生积极改变的一种有效方式。具体策略如下：

（1）同伴监控。同伴观察和记录情绪与行为障碍学生的行为，并且要作出反馈。

（2）同伴对积极行为的报告。同伴及时报告情绪与行为障碍学生的积极行为。

（3）同伴指导。

（4）同伴对抗。同伴要学会面对情绪与行为障碍学生正在发生和即将发生的不适当行为，要能解释为什么这种行为是问题行为，并要示范适当的行为应答。

（二）支持策略

支持策略主要有塑造、强化、代币制等。塑造是指建立个体在当时还不会完成的新的目标行为的过程，即个体从不能做出某一行为到一步一步学会做出这一行为

---

① William L. Heward. 特殊需要儿童教育导论[M]. 肖非，等译. 北京：中国轻工业出版社，2007：214—218.

的过程。强化是指利用强化物增强个体行为的过程。代币是指累积并用来交换其他强化物的条件性强化物,代币制是指使用代币作为强化物进行行为矫正的计划。由于融合环境以及情绪与行为障碍学生个体的复杂性,教师需要根据具体环境和学生自身的情况选择合适的支持策略。

四、家校合作

(一) 尊重家长,建立信任

为了促进学生的发展,让学生能够实现自我价值,在随班就读中获益,教师需要学会尊重家长,耐心倾听家长。因为家庭是学生生活和发展的主要场所,家长的教育方式和家庭成员之间感情的融洽与否是影响学生心理健康发展的重要因素。不和睦的或父母离异家庭,会使学生失去应有的爱抚,容易形成自卑、抑郁、性格古怪、急躁等反常心理,甚至产生攻击行为。[①] 有效地实现家校教育的一致性,对于教师的工作具有事半功倍的效果。前提是家长对教师要有充分信任,而取得家长信任的前提是教师尊重家长,耐心倾听家长,这样才能够获得有益的信息。

(二) 良好沟通,科学指导

有研究者深入研究了认知对情绪的影响,认为情绪的发生与认知的评价、再评价的过程有关,当这种认知评价、再评价的过程发生偏差,则影响情绪的极性。并且多次的评价偏差才可能强化认知系统,最终形成内倾或消极的认知倾向,并固着下来。[②] 因此,对情绪与行为障碍的干预不仅要改善儿童的行为问题,还要改变父母对孩子教育认知的偏差。在实际中,应该重视父母的教养方式,特别是不成功的管教方式与情绪行为障碍儿童不良行为发生、发展的关系,对父母进行咨询、指导。[③] 教师应该定期给学生父母提供正确积极的指导。以下是可借鉴的几种做法。

(1) 改变父母对孩子的刻板印象,帮助家长建立信心。

(2) 与学生建立正向的互动模式并向家长演示这些互动模式。

(3) 协助家庭发掘以及运用来自朋友、邻居、同事或社区其他人士所提供的非正式的信息支持。

(4) 了解与评估家庭的文化差异性,以便为家庭提供有针对性的指导。

(5) 提供广泛性的合作服务蓝图,为家庭提供完整的、弹性的和实用性服务以满足他们的个别需求。

(三) 多方联动,形成合力

(1) 心理辅导教师、班主任、年级组长与家长加强联系,可进行家访、电话沟通、接待来访,加强沟通,形成共识。通过家长会、家长开放日、家长沙龙讲座活动,利用优质家长资源,进行家庭咨询,积极帮助家长转变观念,改变不正确的教

---

① 林秀冰.学龄儿童行为问题与家庭环境关系的调查与分析[J].广东医学院学报,2008,26(2):215—216.
② 张铁杰,康红英,陈蛟,周利国.情绪障碍儿童行为与父母教育子女方式的关系[J].中国健康心理学杂志,2009,17(2):164—166.
③ 同上.

育方式。①

（2）加强与社区的联系，给情绪与行为障碍学生以更多关爱与支持。

（3）争取社会力量的帮助，加强与心理机构和专家的联系，为特殊学生提供专业支持，请他们做讲座、进行个案督导和转介治疗。

第四节　情绪与行为障碍学生的融合教育案例分析

情绪与行为障碍给个体在学习、社会适应和社会交往等方面带来了一系列不利影响。从世界范围来看，相比于其他心理健康问题，情绪与行为障碍的发生率较高，并呈现迅速上涨趋势。在普通学校中，学生的情绪与行为问题，如易怒大哭、大叫大嚷、攻击他人、打砸物品等，给学校管理和教师的教育教学都带来了极大的考验与挑战。

一、基本情况

小A，普通小学二年级学生，无任何相关障碍的医疗诊断信息，无服用药物情况。家中独生女，平时主要由老人照顾。一年级起，经常大嚷大叫、大声哭闹、抢和撕东西、打同学事件每星期发生一到两次。班级其他学生看到小A会紧张、畏惧。

二、现状分析

通过直接观察、访谈教师、分析学生档案资料、量表测查、心理测验等方式，评估分析小A的情况。评估由两到三位工作人员同时在场进行评估，前后用时一星期左右，分析结果如下。

（一）攻击类行为问题综合分析

小A的攻击类行为问题发生的情境主要在学校，且不分室内室外和上什么课，原因主要有以下三个方面：①生理方面，小A的本体感觉较弱。如在体育课等活动类课上，小A的动作幅度过大，有时会打到同学。②生活社交方面，小A的社交技能欠缺，语言使用少，肢体动作表达多或者在使用语言表达沟通无效后，不知道其他正确处理方法。③家庭方面，家长对小A的陪伴少，有时会暴力打骂她，负面情绪积聚且缺乏情绪疏解的渠道和管理调控的方法。

（二）情绪类问题综合分析

小A产生情绪问题的前提事件或者情境主要是考试、听写、预习和写作文等有难度的任务以及需要在规定时间内完成的任务。诱发情绪问题产生的原因有两个方面：在规定时间内无法完成任务时而产生的焦虑（家长要求考满分），和对有难度的任务产生抵触情绪。进一步分析发现，原因可能有4个方面：①生理方面：小A注意的分配和抑制能力可能存在一定的问题，如考试、听写时会边写边玩，做题顺序混

---

① 夏峰.我们从这里起步——上海长宁区特殊教育新发展（2012）[M].北京：中国文联出版社，2012：375—376.

乱，造成在考试、听写时无法在规定时间内出色完成任务。②家庭方面：父母对小A的学业成就要求过高（经常要求满分），正向鼓励较少。③学习问题：需要进一步评估小A的作文等薄弱项存在的问题，有针对性地开展补救教学，一味多写多练会导致更强烈的焦虑。④沟通表达问题：任务难度较大或者时间过长时，小A会产生抵触情绪，但不会用语言表达需要休息的要求。

三、融合教育策略

（一）营造包容的融合环境

在融合环境的营造方面，主要采取以下措施。首先，针对班级中其他学生对小A存在的恐惧心理，疏解其心理问题，发挥同伴支持的作用。其次，根据小A的绘画特长给她找到一个能帮助其他同学的任务，帮助小A找到自己在班级中的归属感。最后，与其他科任教师积极合作，共同营造接纳包容的融合氛围。

（二）进行积极的教学指导

在教学指导上采取以下有针对性的措施：①在体育课等容易出现问题的课前，教师要示范、说明活动的要求与规则，并确认小A已经理解掌握（必要时可以让小A配合老师做示范，加深理解）。②肯定其他学生帮助老师提醒小A等正确做法，同时针对小A不正确的方式提出改正策略，教导问题解决的方法（使用语言，给予下课提醒等）。③当小A能够在类似情境中做出正确行为时，立即给予奖励（比如使用代币奖励）。④调整任务的完成难度，分解任务步骤，增加小A休息的机会。⑤给予小A选择的机会，喜欢的任务和不喜欢的任务或者新旧任务穿插进行。⑥对于像作文写作和预习等短板任务，教师给予分步骤指导，同时最初阶段降低期望要求，分步骤完成后再逐级提高要求。⑦对小A进行适当有效的干预训练：一是感觉统合训练、主要集中进行注意力及本体感觉的训练；二是沟通训练，通过游戏、榜样示范等方式教导学生表达想法的正确方式。⑧教导情绪疏解转移或调整的方法，根据社会现实观点选择教学内容。⑨教导小A利用自我监控策略控制不良行为的发生。

（三）实施有效的班级管理

在班级管理上主要采取了以下措施：①情绪疏解与调整。建立班级情绪报告机制，引导小A在情绪变差时向教师表达。②引导其他学生尊重小A，在各项活动中让小A参与其中、与其他同学一起完成任务，并注意引导他们合作交流。③组织小伙伴在小A的课堂学习和不擅长的领域提供帮助。④利用班会时间引导全体学生认识糟糕的情绪与行为，帮助建立对小A正确的认识，理解小A的行为，并做到不模仿、不嘲笑、不歧视。

（四）促成良好的家校合作

在家校合作方面主要采取了以下措施。首先，班主任、科任教师与家长沟通，调整对学业要求的程度，例如，不能要求小A每次考试都得满分，调整为实施进步奖励或规定在班级中处在第一梯队的次数，一学期达到多少次就可以获得奖励。其次，家长增加陪伴的时间，如绘本共读时间。最后，家长和教师经常保持沟通，了解学生在家中的情况,以便对小 A 作出评估,并使学校做出相应的调整。

四、总结反思

经过两个多月的努力,小 A 的情绪与行为问题由最初的每月 5 次左右下降为每月 1~2 次,同时爆发时长由最初的 20 分钟左右降低为 10 分钟左右,强度也逐渐降低,教师和家长均反馈小 A 的脾气平稳了很多,没有爆发"引人注目"的行为问题,其间与同学的小摩擦均在合理范围内,没有引起其他学生或者学生家长的过度反应。后续追踪调查发现,在一个多月的暑假生活中,家长与小 A 共同执行计划,小 A 的情绪与行为问题得到进一步疏解。

通过以上实例,我们获得以下经验:第一,评估需要贯穿干预过程的始终。第二,家长与教师需要相互配合引导。第三,班级中其他学生的心理疏导与建设同样重要。

【推荐阅读】

[1] 李闻戈.情绪与行为障碍儿童的发展与教育[M].北京:北京大学出版社,2012.

[2] James M.Kaufman.情绪与行为障碍学生教育[M].罗湘敏,杨碧桃,黄秋霞,王志玫,译.台北:心理出版社,2008.

[3] 唐健.情绪行为异常儿童教育[M].天津:天津教育出版社,2007.

【本章小结】

情绪与行为障碍学生是学校教育中最具挑战性的学生,他们大多数能在普通学校中就读。因此十分有必要关注和了解情绪与行为障碍学生的融合教育。本章第一节首先介绍了情绪与行为障碍的定义与分类,为了解情绪与行为障碍学生奠定基础,在此基础上,描述了情绪与行为障碍学生的主要特点,包括生理特点、心理特点以及学习特点。第二节介绍了情绪与行为障碍学生的融合教育历程,以期为我国情绪与行为障碍学生的发展提供借鉴。第三节主要根据情绪与行为障碍学生的特点介绍了情绪与行为障碍学生的融合教育策略,主要包括环境创设、教学指导、班级管理以及家校合作。第四节以案例直观具体地呈现情绪与行为障碍学生的学校融合教育过程中相关策略的应用。

思考与练习

1. 情绪与行为障碍学生的心理发展有什么样的特点?
2. 情绪与行为障碍学生的学习有什么样的特点?
3. 根据情绪与行为障碍学生的身心发展和学习的特点,设计一项适宜普通学生和情绪与行为障碍学生共同参与的教学活动。
4. 如何为情绪与行为障碍学生营造积极的融合班级氛围?

北京大学出版社
教育出版中心 精品图书

21世纪高校广播电视专业系列教材
电视节目策划教程（第二版）	项仲平
电视导播教程（第二版）	程晋
电视文艺创作教程	王建辉
广播剧创作教程	王国臣
电视导论	李欣
电视纪录片教程	卢炜
电视导演教程	袁立本
电视摄像教程	刘荃
电视节目制作教程	张晓锋
视听语言	宋杰
影视剪辑实务教程	李琳
影视摄制导论	朱怡
新媒体短视频创作教程	姜荣文
电影视听语言——视听元素与场面调度案例分析	李骏
影视照明技术	张兴
影视音乐	陈斌
影视剪辑创作与技巧	张拓
纪录片创作教程	潘志琪
影视拍摄实务	翟臣

21世纪信息传播实验系列教材（徐福荫 黄慕雄 主编）
网络新闻实务	罗昕
多媒体软件设计与开发	张新华
播音与主持艺术（第三版）	黄碧云 雎凌
摄影基础（第二版）	张红 钟日辉 王首农

21世纪数字媒体专业系列教材
视听语言	赵慧英
数字影视剪辑艺术	曾祥民
数字摄像与表现	王以宁
数字摄影基础	王朋娇
数字媒体设计与创意	陈卫东
数字视频创意设计与实现（第二版）	王靖
大学摄影实用教程（第二版）	朱小阳
大学摄影实用教程	朱小阳

21世纪教育技术学精品教材（张景中 主编）
教育技术学导论（第二版）	李芒 金林
远程教育原理与技术	王继新 张屹
教学系统设计理论与实践	杨九民 梁林梅
信息技术教学论	雷体南 叶良明
信息技术与课程整合（第二版）	赵呈领 杨琳 刘清堂
教育技术学研究方法（第三版）	张屹 黄磊

21世纪高校网络与新媒体专业系列教材
文化产业概论	尹章池
网络文化教程	李文明
网络与新媒体评论	杨娟
新媒体概论	尹章池
新媒体视听节目制作（第二版）	周建青
融合新闻学导论（第二版）	石长顺
新媒体网页设计与制作（第二版）	惠悲荷
网络新媒体实务	张合斌
突发新闻教程	李军
视听新媒体节目制作	邓秀军
视听评论	何志武
出镜记者案例分析	刘静 邓秀军
视听新媒体导论	郭小平
网络与新媒体广告（第二版）	尚恒志 张合斌
网络与新媒体文学	唐东堰 雷奕
全媒体新闻采访写作教程	李军
网络直播基础	周建青
大数据新闻传媒概论	尹章池

21世纪特殊教育创新教材·理论与基础系列
特殊教育的哲学基础	方俊明
特殊教育的医学基础	张婷
融合教育导论（第二版）	雷江华
特殊教育学（第二版）	雷江华 方俊明
特殊儿童心理学（第二版）	方俊明 雷江华
特殊教育史	朱宗顺
特殊教育研究方法（第二版）	杜晓新 宋永宁等
特殊教育发展模式	任颂羔

21世纪特殊教育创新教材·发展与教育系列
视觉障碍儿童的发展与教育	邓猛
听觉障碍儿童的发展与教育（第二版）	贺荟中
智力障碍儿童的发展与教育（第二版）	刘春玲 马红英
学习困难儿童的发展与教育（第二版）	赵微
自闭症谱系障碍儿童的发展与教育	周念丽
情绪与行为障碍儿童的发展与教育	李闻戈
超常儿童的发展与教育（第二版）	苏雪云 张旭

21世纪特殊教育创新教材·康复与训练系列

特殊儿童应用行为分析（第二版）	李 芳 李 丹
特殊儿童的游戏治疗	周念丽
特殊儿童的美术治疗	孙 霞
特殊儿童的音乐治疗	胡世红
特殊儿童的心理治疗（第三版）	杨广学
特殊教育的辅具与康复	蒋建荣
特殊儿童的感觉统合训练（第二版）	王和平
孤独症儿童课程与教学设计	王 梅

21世纪特殊教育创新教材·融合教育系列

融合教育本土化实践与发展	邓 猛等
融合教育理论反思与本土化探索	邓 猛
融合教育实践指南	邓 猛
融合教育理论指南	邓 猛
融合教育导论（第二版）	雷江华
学前融合教育（第二版）	雷江华 刘慧丽

21世纪特殊教育创新教材（第二辑）

特殊儿童心理与教育（第二版）	杨广学 张巧明 王 芳
教育康复学导论	杜晓新 黄昭明
特殊儿童病理学	王和平 杨长江
特殊学校教师教育技能	昝 飞 马红英

自闭谱系障碍儿童早期干预丛书

如何发展自闭谱系障碍儿童的沟通能力	朱晓晨 苏雪云
如何理解自闭谱系障碍和早期干预	苏雪云
如何发展自闭谱系障碍儿童的社会交往能力	吕 梦 杨广学
如何发展自闭谱系障碍儿童的自我照料能力	倪萍萍 周 波
如何在游戏中干预自闭谱系障碍儿童	朱 瑞 周念丽
如何发展自闭谱系障碍儿童的感知和运动能力	韩文娟 徐 芳 王和平
如何发展自闭谱系障碍儿童的认知能力	潘前前 杨福义
自闭症谱系障碍儿童的发展与教育	周念丽
如何通过音乐干预自闭谱系障碍儿童	张正琴
如何通过画画干预自闭谱系障碍儿童	张正琴
如何运用ACC促进自闭谱系障碍儿童的发展	苏雪云
孤独症儿童的关键性技能训练法	李 丹
自闭症儿童家长辅导手册	雷江华
孤独症儿童课程与教学设计	王 梅
融合教育理论反思与本土化探索	邓 猛
自闭症谱系障碍儿童家庭支持系统	孙玉梅
自闭症谱系障碍儿童团体社交游戏干预	李 芳
孤独症儿童的教育与发展	王 梅 梁松梅

特殊学校教育·康复·职业训练丛书（黄建行 雷江华 主编）

信息技术在特殊教育中的应用	
智障学生职业教育模式	
特殊教育学校学生康复与训练	
特殊教育学校校本课程开发	
特殊教育学校特奥运动项目建设	

21世纪学前教育专业规划教材

学前教育概论	李生兰
学前教育管理学（第二版）	王 雯
幼儿园课程新论	李生兰
幼儿园歌曲钢琴伴奏教程	果旭伟
幼儿园舞蹈教学活动设计与指导（第二版）	董 丽
实用乐理与视唱（第二版）	代 苗
学前儿童美术教育	冯婉贞
学前儿童科学教育	洪秀敏
学前儿童游戏	范明丽
学前教育研究方法	郑福明
学前教育史	郭法奇
学前教育政策与法规	魏 真
学前心理学	涂艳国 蔡 艳
学前教育理论与实践教程	王 维 王维娅 孙 岩
学前儿童数学教育与活动设计	赵振国
学前融合教育（第二版）	雷江华 刘慧丽
幼儿园教育质量评价导论	吴 钢
幼儿学习与教育心理学	张 莉
学前教育管理	虞永平

大学之道丛书精装版

美国高等教育通史	［美］亚瑟·科恩
知识社会中的大学	［英］杰勒德·德兰迪
大学之用（第五版）	［美］克拉克·克尔
营利性大学的崛起	［美］理查德·鲁克
学术部落与学术领地：知识探索与学科文化	［英］托尼·比彻 保罗·特罗勒尔
美国现代大学的崛起	［美］劳伦斯·维赛
教育的终结——大学何以放弃了对人生意义的追求	［美］安东尼·T.克龙曼
世界一流大学的管理之道——大学管理研究导论	程 星
后现代大学来临？	［英］安东尼·史密斯 弗兰克·韦伯斯特

大学之道丛书

市场化的底限	［美］大卫·科伯
大学的理念	［英］亨利·纽曼
哈佛：谁说了算	［美］理查德·布瑞德利

麻省理工学院如何追求卓越 [美]查尔斯·维斯特	
大学与市场的悖论 [美]罗杰·盖格	
高等教育公司：营利性大学的崛起 [美]理查德·鲁克	
公司文化中的大学：大学如何应对市场化压力	
[美]埃里克·古尔德	
美国高等教育质量认证与评估	
[美]美国中部州高等教育委员会	
现代大学及其图新 [美]谢尔顿·罗斯布莱特	
美国文理学院的兴衰——凯尼恩学院纪实 [美]P.F.克鲁格	
教育的终结：大学何以放弃了对人生意义的追求	
[美]安东尼·T.克龙曼	
大学的逻辑（第三版） 张维迎	
我的科大十年（续集） 孔宪铎	
高等教育理念 [英]罗纳德·巴尼特	
美国现代大学的崛起 [美]劳伦斯·维赛	
美国大学时代的学术自由 [美]沃特·梅兹格	
美国高等教育通史 [美]亚瑟·科恩	
美国高等教育史 [美]约翰·塞林	
哈佛通识教育红皮书 哈佛委员会	
高等教育何以为"高"——牛津导师制教学反思	
[英]大卫·帕尔菲曼	
印度理工学院的精英们 [印度]桑迪潘·德布	
知识社会中的大学 [英]杰勒德·德兰迪	
高等教育的未来：浮言、现实与市场风险	
[美]弗兰克·纽曼等	
后现代大学来临？ [英]安东尼·史密斯等	
美国大学之魂 [美]乔治·M.马斯登	
大学理念重审：与纽曼对话 [美]雅罗斯拉夫·帕利坎	
学术部落及其领地——当代学术界生态揭秘（第二版）	
[英]托尼·比彻 保罗·特罗勒尔	
德国古典大学观及其对中国大学的影响（第二版） 陈洪捷	
转变中的大学：传统、议题与前景 郭为藩	
学术资本主义：政治、政策和创业型大学	
[美]希拉·斯劳特 拉里·莱斯利	
21世纪的大学 [美]詹姆斯·杜德斯达	
美国公立大学的未来	
[美]詹姆斯·杜德斯达 弗瑞斯·沃马克	
东西象牙塔 孔宪铎	
理性捍卫大学 眭依凡

学术规范与研究方法系列

如何为学术刊物撰稿（第三版） [英]罗薇娜·莫瑞	
如何查找文献（第二版） [英]萨莉·拉姆齐	
给研究生的学术建议（第二版） [英]玛丽安·彼得 等	
社会科学研究的基本规则（第四版） [英]朱迪斯·贝尔	
做好社会研究的10个关键 [英]马丁·丹斯考姆	
如何写好科研项目申请书 [美]安德鲁·弗里德兰德等	
教育研究方法（第六版） [美]梅瑞迪斯·高尔等	
高等教育研究：进展与方法 [英]马尔科姆·泰特	
如何成为学术论文写作高手 [美]华乐丝	
参加国际学术会议必须要做的那些事 [美]华乐丝	
如何成为优秀的研究生 [美]布卢姆	
结构方程模型及其应用 易丹辉 李静萍	
学位论文写作与学术规范（第二版） 李武 毛远逸 肖东发	
生命科学论文写作指南 [加]白青云	
法律实证研究方法（第二版） 白建军	
传播学定性研究方法（第二版） 李琨

21世纪高校教师职业发展读本

如何成为卓越的大学教师 [美]肯·贝恩	
给大学新教员的建议 [美]罗伯特·博伊斯	
如何提高学生学习质量 [英]迈克尔·普洛瑟等	
学术界的生存智慧 [美]约翰·达利等	
给研究生导师的建议（第2版） [英]萨拉·德拉蒙特等

21世纪教师教育系列教材·物理教育系列

中学物理教学设计 王霞	
中学物理微格教学教程（第三版） 张军朋 詹伟琴 王恬	
中学物理科学探究学习评价与案例 张军朋 许桂清	
物理教学论 邢红军	
中学物理教学法 邢红军	
中学物理教学评价与案例分析 王建中 孟红娟	
中学物理课程与教学论 张军朋 许桂清	
物理学习心理学 张军朋	
中学物理课程与教学设计 王霞

21世纪教育科学系列教材·学科学习心理学系列

数学学习心理学（第三版） 孔凡哲	
语文学习心理学 董蓓菲

21世纪教师教育系列教材

教育心理学（第二版） 李晓东	
教育学基础 庞守兴	
教育学 余文森 王晞	
教育研究方法 刘淑杰	
教育心理学 王晓明	
心理学导论 杨凤云	
教育心理学概论 连榕 罗丽芳	
课程与教学论 李允	
教师专业发展导论 于胜刚	
学校教育概论 李清雁	
现代教育评价教程（第二版） 吴钢	
教师礼仪实务 刘霄

家庭教育新论	闫旭蕾 杨 萍
中学班级管理	张宝书
教育职业道德	刘亭亭
教师心理健康	张怀春
现代教育技术	冯玲玉
青少年发展与教育心理学	张 清
课程与教学论	李 允
课堂与教学艺术（第二版）	孙菊如 陈春荣
教育学原理	靳淑梅 许红花
教育心理学	徐 凯

21世纪教师教育系列教材·初等教育系列

小学教育学	田友谊
小学教育学基础	张永明 曾 碧
小学班级管理	张永明 宋彩琴
初等教育课程与教学论	罗祖兵
小学教育研究方法	王红艳
新理念小学数学教学论	刘京莉
新理念小学音乐教学论（第二版）	吴跃跃

教师资格认定及师范类毕业生上岗考试辅导教材

教育学	余文森 王 晞
教育心理学概论	连 榕 罗丽芳

21世纪教师教育系列教材·学科教育心理学系列

语文教育心理学	董蓓菲
生物教育心理学	胡继飞

21世纪教师教育系列教材·学科教学论系列

新理念化学教学论（第二版）	王后雄
新理念科学教学论（第二版）	崔 鸿 张海珠
新理念生物教学论（第二版）	崔 鸿 郑晓慧
新理念地理教学论（第三版）	李家清
新理念历史教学论（第二版）	杜 芳
新理念思想政治（品德）教学论（第三版）	胡田庚
新理念信息技术教学论（第二版）	吴军其
新理念数学教学论	冯 虹
新理念小学音乐教学论（第二版）	吴跃跃

21世纪教师教育系列教材·语文教育系列

语文文本解读实用教程	荣维东
语文课程教师专业技能训练	张学凯 刘丽丽
语文课程与教学发展简史	武玉鹏 王从华 黄修志
语文课程学与教的心理学基础	韩雪屏 王朝霞
语文课程名师名课案例分析	武玉鹏 郭治锋等
语用性质的语文课程与教学论	王元华
语文课堂教学技能训练教程（第二版）	周小蓬
中外母语教学策略	周小蓬
中学各类作文评价指引	周小蓬
中学语文名篇新讲	杨朴 杨旸
语文教师职业技能训练教程	韩世姣

21世纪教师教育系列教材·学科教学技能训练系列

新理念生物教学技能训练（第二版）	崔 鸿
新理念思想政治（品德）教学技能训练（第三版）	胡田庚 赵海山
新理念地理教学技能训练（第二版）	李家清
新理念化学教学技能训练（第二版）	王后雄
新理念数学教学技能训练	王光明

王后雄教师教育系列教材

教育考试的理论与方法	王后雄
化学教育测量与评价	王后雄
中学化学实验教学研究	王后雄
新理念化学教学诊断学	王后雄

西方心理学名著译丛

儿童的人格形成及其培养	［奥地利］阿德勒
活出生命的意义	［奥地利］阿德勒
生活的科学	［奥地利］阿德勒
理解人生	［奥地利］阿德勒
荣格心理学七讲	［美］卡尔文·霍尔
系统心理学：绪论	［美］爱德华·铁钦纳
社会心理学导论	［美］威廉·麦独孤
思维与语言	［俄］列夫·维果茨基
人类的学习	［美］爱德华·桑代克
基础与应用心理学	［德］雨果·闵斯特伯格
记忆	［德］赫尔曼·艾宾浩斯
实验心理学（上下册）	［美］伍德沃斯 施洛斯贝格
格式塔心理学原理	［美］库尔特·考夫卡

21世纪教师教育系列教材·专业养成系列（赵国栋 主编）

微课与慕课设计初级教程	
微课与慕课设计高级教程	
微课、翻转课堂和慕课设计实操教程	
网络调查研究方法概论（第二版）	
PPT云课堂教学法	
快课教学法	

其他

三笔字楷书书法教程（第二版）	刘慧龙
植物科学绘画——从入门到精通	孙英宝
艺术批评原理与写作（第二版）	王洪义
学习科学导论	尚俊杰